Enseignements Spiritualistes

REÇUS PAR

WILLIAM STAINTON MOSES

(M.-A. OXON)

TRADUIT DE L'ANGLAIS PAR X

———

PARIS
LEYMARIE, ÉDITEUR
42, RUE SAINT-JACQUES, 42
—
1899

ENSEIGNEMENTS SPIRITUALISTES

Enseignements Spiritualistes

REÇUS PAR

WILLIAM STAINTON MOSES

(M.-A. OXON)

Traduit de l'Anglais par X

PARIS

LEYMARIE, ÉDITEUR

42, RUE SAINT-JACQUES, 42

—

1899

ENSEIGNEMENTS SPIRITUALISTES

PRÉFACE

DE L'ÉDITION COMMÉMORATIVE

Cette édition des Enseignements spiritualistes *est publiée par les membres du Conseil de l'Alliance spiritualiste de Londres, en souvenir affectueux de leur ami, Mr W. Stainton Moses, auquel l'Alliance doit son existence ; il en a été le premier et unique Président depuis la fondation en 1884 jusqu'au 5 septembre 1892, époque de sa mort. — Désireux de prouver leur amitié respectueuse à celui avec lequel ils ont eu le plaisir et le privilège de coopérer à l'œuvre qui lui était si chère, et qui prenait une si large place dans sa vie très remplie, les membres du Conseil ont décidé que le témoignage le mieux approprié* à son mérite et à la valeur de ses travaux serait la réédition du livre qu'il considérait lui-même comme la plus utile, en général, de ses publications. — Les autres, sans doute, ont chacune un intérêt spécial qui leur est propre, mais les Enseignements spiritualistes, *révélant les luttes d'un esprit robuste contre un nouvel ordre de pensées, son acceptation graduelle d'une vérité d'abord suspectée et redoutée comme une dangereuse hérésie, posséderont toujours un charme particulier pour ceux, nombreux en ces jours d'audace intellectuelle, qui supportent impatiemment les vieilles croyances et s'efforcent d'obtenir une plus grande liberté et une lumière plus nette.* — Le Conseil, en conséquence, croit que la réimpression des Enseignements spiritualistes *sera accueillie avec satisfaction.*

Signé pour le Conseil de l'Alliance spiritualiste de Londres :

E. DAWSON-ROGERS,
Président.

NOTICE BIOGRAPHIQUE

William Stainton Moses naquit le 5 novembre 1839, à Domington, Lincolnshire. Son père, William Moses, était le principal de l'École de Grammaire, et sa mère, du même comté, était fille de Thomas Stainton, d'Alford. Le jeune William commença ses études sous la direction de son père, il fut ensuite confié à un professeur particulier, qui, frappé de ses aptitudes, engagea vivement M. Moses à envoyer l'enfant dans une école publique. En 1855, William entra à l'École de Grammaire de Bedford; les trois années qu'il y passa lui attirèrent les éloges et les témoignages les plus flatteurs de ses maîtres, charmés de trouver qu'il joignait à ses brillantes facultés un inaltérable sentiment du devoir. Il quitta l'École après avoir gagné de nombreux prix et obtenu l'une des deux bourses fondées en faveur de cet établissement.

De Bedford Stainton Moses entra à Exeter College, Oxford, au début de la session de la Saint-Michel 1858. Sa vie d'étudiant fut en tout digne de sa vie d'École, et les professeurs fondaient sur lui les plus grandes espérances, quand les forces lui manquèrent;

l'excès de travail le fit tomber malade la veille même du jour où il devait passer son dernier examen.

A son entrée en convalescence, on lui ordonna de voyager. Il consacra presque une année à parcourir le continent avec des amis ; au retour, il s'arrêta six mois dans le vieux monastère grec du mont Athos. La curiosité et surtout un grand besoin de méditation et de solitude le poussèrent à rester aussi longtemps dans ce couvent. Plusieurs années après, Imperator, son esprit guide, lui apprit que, dès cette époque, il était influencé par ses amis invisibles, qui l'avaient dirigé vers le mont Athos dans le but d'aider à son éducation spirituelle.

A vingt-trois ans, Stainton Moses, revenu à Oxford, y prit son diplôme et quitta l'Université en 1863. Sa santé beaucoup meilleure n'était pas encore très affermie. Son médecin lui conseillait de vivre à la campagne ; il accepta donc une cure à Maughold, près de Ramsay, île de Man. Il y resta près de cinq ans, suppléant à son recteur qui, très âgé et infirme, ne pouvait plus remplir ses fonctions, et assumant ainsi une double tâche. Une épidémie de petite vérole qui se déclara mit en relief les ressources du cœur et l'intrépidité du caractère de Stainton Moses. Le district manquait de médecin résident, le jeune pasteur avait quelques connaissances médicales, et, dans une certaine mesure, il put soigner les corps aussi bien que les âmes de ses ouailles. Jour et nuit il se multiplia pendant que le fléau sévit et, une ou deux fois après avoir soigné et consolé ses malades, il dut les ensevelir et creuser leur tombe, la panique ayant fait fuir jusqu'au fossoyeur. Les forces de Stainton Moses ne faiblirent pas un instant dans cette terrible épreuve qui le rendit d'autant plus cher à ses paroissiens, mais sa santé l'obligea à chercher une autre résidence, elle ne pouvait soutenir les obligations imposées par l'administration de deux paroisses. Aussitôt que le projet du pasteur fut connu, une pétition, rédigée spontanément par les habitants notables, lui fut adressée pour le prier de revenir sur sa décision et lui exprimer la reconnaissance qu'ils lui conservaient. Stainton Moses s'éloigna à regret pour occuper en 1868 la cure de Saint-Georges, Douglas, île de Man. Il y tomba gravement malade; le Dr Stanhope Speer, qui résidait à Douglas avec sa femme, le soigna, bien qu'il ne pratiquât plus. De cette époque datent des relations qui devinrent intimes et exercèrent une influence considérable sur l'avenir de ces trois personnes. En septembre 1869, Stainton quitta sa cure où il avait fait une profonde impression par ses prédications et sa charité. Après quelques mois passés encore à remplir des fonctions ecclésiastiques à Langton, pour faire un intérim, et dans une cure du diocèse de Salisbury, une affection de la gorge, rapidement aggravée, obligea le pasteur à renoncer au ministère, puisque son médecin lui défendait de prêcher. Moses partit pour Londres où il désirait chercher un emploi dans l'enseignement; il y resta près d'un an hôte du D^r et de Mrs Speer, dirigeant en ami l'éducation de leur fils, auteur du présent article. Entre la fin de 1870 et le commencement de 1871, M. Stainton obtint une place de maître d'anglais à l'University College School, situation qu'il occupa jusqu'en 1889. Il est inutile de dire que, tant que sa santé le lui permit, il remplit sa fonction avec zèle et talent.

En qualité de maître d'anglais d'une grande École, il put exercer son influence sur nombre d'élèves : beaucoup d'entre eux se souviennent de ses excellents conseils, de ses amicales et perspicaces critiques au point de vue du style et du goût littéraire.

La forte personnalité de M. Moses exerçait une énorme influence sur les écoliers confiés à ses seuls soins ; selon une ancienne coutume de l'University College School, qui remet à quelques professeurs choisis un certain nombre de jeunes gens, qu'ils doivent diriger au moral et au physique. L'influence de Stainton ne cessait pas au départ de ses élèves qui sont souvent venus chercher, auprès de lui, dans les cas graves, des conseils toujours donnés avec cordialité, droiture et bonté. Nos relations de maître à élève ont duré plus de sept années, sans interruption, je peux témoigner de l'excellence de son procédé d'enseignement. Rien ne lui coûtait pour aplanir les difficultés et s'assurer qu'il était parvenu à faire clairement comprendre ce qu'il enseignait. Quand sa mauvaise santé lui fit résigner ses fonctions, le conseil de l'University College vota ses meilleurs remerciements à M. Stainton Moses en reconnaissance des longs et utiles services qu'il avait rendus à l'École. Une lettre exprimant les affectueux regrets de vingt-huit de ses collègues lui fut aussi envoyée.

L'attention de M. Moses se porta sur le spiritualisme, pendant son séjour chez le Dr Speer, à Londres, en 1870. Mrs Speer, malade, avait été retenue trois semaines dans sa chambre ; pour se distraire, elle lut *Debatable Land* (Terre contestée), de Dale Owen. Ce livre l'intéressa vivement et, quand elle put reprendre sa place au cercle de famille, elle pria son hôte de le lire et de chercher à découvrir ce qu'il pouvait y avoir de vrai dans les faits que l'auteur racontait : il le lui promit, quoique peu enclin à s'occuper du spiritualisme qui ne l'intéressait pas et lui paraissait tenir de la jonglerie. Depuis quelque temps, M. Stainton Moses et le Dr Speer discutaient sur divers points de controverse religieuse. Tous deux glissaient graduellement vers des idées peu orthodoxes, presque gnostiques, et tous deux étaient de moins en moins satisfaits des doctrines existantes, ils voulaient l'absolue vérité sur la vie future et l'immortalité. En obtenir une preuve à base strictement scientifique paraissait impossible au Dr Speer, qui devenait rapidement un matérialiste endurci. M. Stainton, pour tenir la parole qu'il avait donnée à Mrs Speer, se mit à étudier le spiritualisme, il assista à plusieurs séances où se trouvaient des médiums ; sa première expérience digne d'être citée eut lieu au printemps de 1872, avec Lottie Fowler. Peu après le Dr Speer, qui continuait à regarder le spiritualisme comme un non-sens absurde, fut entraîné par son ami à aller chez le médium William. Ils y retournèrent plusieurs fois et furent bientôt convaincus qu'il y avait *une force* à l'œuvre, en dehors du médium ; ils furent confirmés dans cette opinion par une remarquable séance qui eut lieu chez le Dr Speer, William étant le médium.

Vers cette époque, le pouvoir médiumnique de M. Stainton Moses commença à se développer. Les détails sur cette phase de sa vie sont amplement racontés dans les *Souvenirs* de Mrs Speer publiés dans *the Light* (la Lumière). Mais je pense que certains de mes souvenirs personnels pourront intéresser. J'ai eu le privilège d'assister aux séances qui ont eu lieu pendant les deux dernières années de la médiumnité de M. Moses. Les impressions d'un autre témoin peuvent être utiles, elles confirment de nouveau les pouvoirs extraordinaires du médium et la réalité des phénomènes obtenus par son intermédiaire.

Il est important de remarquer qu'il ne se produisait pas moins de dix espèces différentes de manifestations pendant ces séances. Quand elles étaient moins nombreuses, on nous disait que les conditions n'étaient pas favorables. Quand elles l'étaient, au contraire les manifestations se multipliaient, les coups étaient plus fréquents, les lumières plus brillantes et les sons musicaux plus distincts.

J'énumère brièvement ainsi qu'il suit les formes diverses des phénomènes.

I. — Une grande variété de coups frappés, souvent simultanément, produisant des bruits qui allaient du son d'un coup d'ongle à celui d'un pas assez lourd pour ébranler la chambre. Chaque esprit produisait *toujours* un son distinctif et tellement particulier quelquefois qu'on le reconnaissait à l'instant. Ces sons étaient souvent entendus dans la chambre assez éclairée, pour que les assistants pussent se voir et, ce qui est plus important, pussent voir leurs mains : on percevait fréquemment des coups frappés contre la porte, le buffet et le mur, à distance de la table, autour de laquelle nous étions assis. Je me suis assuré par tous les moyens imaginables que ces coups ne pouvaient être dus à une intervention humaine.

II. — Des coups répondant avec suite et clarté à des questions posées ; donnant parfois de fort longs messages au moyen de l'alphabet. Dans ce cas, tous les bruits cessaient, sauf celui qui était spécial à l'esprit communicateur, une tranquillité parfaite régnait jusqu'à ce que le message fût terminé. Nous pouvions presque toujours nommer immédiatement l'esprit, grâce à l'individualité très distincte des coups qu'il frappait. Quelques-uns des esprits les plus élevés ne se sont jamais manifestés par des coups ; après les toutes premières séances, ils annonçaient leur présence par une note de musique ou une lueur rapide, mais, parmi ceux qui se manifestaient selon le mode ordinaire, il serait difficile d'oublier le pas pesant de « Rector », qui ébranlait l'appartement pendant qu'on avait l'impression qu'il marchait lentement autour du cercle.

III. — De nombreuses lueurs étaient, en général, visibles pour tous les assistants : elles étaient de deux sortes : objectives et subjectives. Les premières ressemblaient habituellement à de petits globes éclairés, qui brillaient gaîment sans vaciller, et se mouvaient rapidement autour de la salle ; chacun les voyait. Un fait curieux relatif à ces lumières m'a toujours frappé : c'est qu'en regardant *sur* le plateau de la table on pouvait voir une lueur montant lentement du plancher et, selon toute apparence, passant *à travers* le bois de la table, qui par elle-même ne semblait opposer aucun obstacle ni à la lumière, ni à la vue des assistants. Il est difficile de bien expliquer ce que je veux dire, mais le dessus de la table eût-il été en verre, l'effet de la lumière ascendante eût été le même que ce que nous voyions au travers de l'acajou massif, et encore aurait-il fallu que le verre fût percé pour laisser émerger la lueur.

Les lumières subjectives étaient décrites par ceux qui pouvaient les voir: M. Moses, Mrs Speer et quelques autres, comme présentant de larges masses de vapeur lumineuse, flottant dans la chambre et prenant les formes les plus variées. Le Dr Speer et moi, étant de nature antimédiumnique, n'avons jamais pu contempler autre chose que les lueurs objectives; une particularité de ces dernières, c'est que, quel que fût leur éclat, elles ne rayonnaient pas et n'éclairaient pas, comme la lampe ordinaire le fait, le plus petit coin sombre. Tout restait obscur dessus, dessous et autour.

IV. — Des parfums variés étaient toujours apportés à notre groupe; c'était surtout le musc, la verveine, le foin frais et une odeur inconnue, odeur d'esprit, nous dit-on. Quelquefois des brises chargées de senteurs glissaient autour de nous, d'autres fois des quantités de musc liquide, etc., étaient versées sur les mains des assistants, et si nous le demandions, sur nos mouchoirs. A la fin des séances, presque toujours un parfum suintait sur la tête du médium, et plus on l'essuyait, plus il devenait abondant.

V. — Les sons musicaux nombreux et variés occupent une très grande place dans la série des phénomènes dont nous avons été témoin. Ayant reçu une sérieuse éducation musicale, j'étais capable d'apprécier à leur juste valeur l'importance de ces manifestations; j'étais aussi en situation de juger du plus ou moins de possibilité de leur émission par des moyens naturels ou par une intervention humaine. Ces sons peuvent, en gros, être divisés en deux classes. Ceux qui provenaient, notoirement, d'un instrument, un harmonium, placé dans la pièce, où nous faisions tous la chaîne autour de la table, et ceux qui résonnaient dans un appartement dépourvu de piano, violon ou instrument quelconque. Les sons obtenus sans aucun moyen apparent étaient naturellement ceux qui étonnaient davantage. On pouvait en distinguer environ quatre offrant de sensibles différences.

1° Ce que nous appelions les clochettes féeriques, ressemblant au tintement produit par un petit marteau frappant sur des touches de verre; les sons étaient clairs, vibrants, mélodieux, sans jamais donner un air défini, mais faisant, si on le demandait, la gamme parfaite ascendante et descendante. Il était difficile de savoir d'où venaient les sons; j'ai souvent appliqué mon oreille sur la table, la musique paraissait être dans le bois, par-dessous; si, au contraire, je me plaçais dessous, elle semblait être au-dessus de la table.

2° Un son qui paraissait être rendu par un instrument à cordes, se rapprochant plus de notre violoncelle que de tout autre, quoique plus sonore et plus puissant; il ne donnait que des notes isolées et n'était émis que par un esprit qui s'en servait pour répondre aux questions au lieu de frapper des coups.

3° Un son imitant exactement le bruit d'une sonnette à main ordinaire, tintant aigrement pour annoncer la présence de l'esprit auquel ce son appartenait. Nous avions naturellement pris la précaution de nous assurer qu'il n'existait pas de sonnette dans la chambre. Y en aurait-il eu une, qu'elle aurait pu difficilement sonner de tous côtés le long des murs et au plafond.

4° Un son, excessivement difficile à décrire, même d'une manière approximative. Je ne puis en donner une idée sans le secours du lecteur; je le prie donc de se figurer le doux son d'une clarinette augmentant d'intensité jusqu'à produire le son éclatant d'une trompette et diminuant de nouveau en redescendant à la première émission étouffée, parfois aussi s'éteignant dans une longue plainte mélancolique. N'ayant jamais entendu rien qui approche de ce son vraiment extraordinaire, je ne peux en offrir qu'une description très insuffisante. Il est à remarquer que nous avons seulement obtenu des notes isolées et au mieux des mesures détachées. Les agents invisibles attribuaient ce fait à l'organisation antimusicale du médium.

VI. — Nous recevions souvent de l'écriture directe sur une feuille de papier placée au centre de la table, à égale distance de chacun des assistants; parfois l'un de nous posait ses mains sur un morceau de papier daté et marqué; ordinairement, à la fin de la séance, on y trouvait un message écrit ; nous placions un crayon sur le papier, quelquefois aussi un petit morceau de plomb, le résultat était le même. En général, l'écriture répondait à nos questions, mais nous recevions de temps à autre des communications indépendantes, brèves et des messages de bienvenue.

VII. — Il n'était pas rare de voir des corps pesants, tables, chaises, se livrer à des mouvements marqués : par exemple, la table était soulevée à un angle considérable ; les chaises d'un ou de plusieurs des assistants étaient repoussées loin de la table, jusqu'au mur qui se trouvait à quelque distance; la table s'éloignait des personnes assises d'un côté pour s'avancer irrésistiblement contre celles qui étaient en face, et qui devaient se retirer pour ne pas être heurtées par un meuble aussi lourd. Ce meuble autour duquel nous avions l'habitude de siéger était une table à manger, en solide acajou de Honduras, d'un poids énorme, ce qui n'empêchait pas qu'elle fût remuée avec une facilité à laquelle nos efforts réunis ne pouvaient aboutir, il nous était impossible de l'empêcher d'aller dans telle ou telle direction. Nous avons souvent et toujours en vain essayé de faire obstacle à cette puissante force invisible.

VIII.—Le passage de la matière à travers la matière se produisait quelquefois d'une façon saisissante par l'apport de divers objets au travers de portes fermées et verrouillées; des photographies, des cadres, livres et autres objets provenant des chambres voisines ou de celles de l'étage supérieur nous étaient apportés, je ne sais comment, mais ils ne s'en trouvaient pas plus mal, quel que fût le procédé employé.

IX. — La voix émanant directement de l'esprit, au lieu de la voix produite par le médium en transe, n'a été que très rarement entendue ; et elle n'était jamais distincte.

Quand cette manifestation fut obtenue, par exception, nous pûmes, en prêtant une oreille attentive, distinguer une ou deux phrases tronquées, plutôt sifflées dans un murmure rauque, que parlées. Ces sons émis avec une difficulté évidente paraissaient, en général, être lancés en l'air, au-dessus de nous. Tant d'autres moyens de communication nous étaient offerts, que la voix directe fut peu recherchée.

X. -- Mrs Speer a traité longuement, dans ses *Souvenirs*, le fait des discours prononcés par M. Moses en état de transe, sous l'inspiration de divers esprits. J'ajouterai mon impression personnelle. La voix, tout en passant par la bouche du médium, n'était pas la sienne, on s'en apercevait immédiatement, les idées aussi étaient souvent en désaccord avec celles que M. Stainton Moses professait à ce moment-là. De nombreux esprits se servaient de ce mode de communication, la voix qui parlait changeait et nous reconnaissions parfaitement l'Intelligence, qui se communiquait, au son de sa voix et à sa manière d'énoncer. Nous entendions un ou deux discours à chaque séance, ils étaient toujours articulés sur un ton digne, modéré, en termes clairs et persuasifs.

Pendant la période active de sa médiumnité, M. St. Moses s'occupa avec beaucoup d'assiduité à former des sociétés dont le but devait être d'étudier le spiritualisme et toutes les questions qui s'y rapportent. Il a contribué à créer : l'*Association nationale britannique des Spiritualistes*, 1873; — la *Société psychologique de la Grande-Bretagne*, avril 1875 (il fut un des premiers membres du Conseil de cette société); — la *Société des recherches psychiques*, 1882. Enfin, en 1884, il fonda l'*Alliance spiritualiste de Londres*, il en fut le premier président et conserva ce poste jusqu'à sa mort. Il ajouta à ses autres devoirs, peu d'années avant sa fin, la charge de diriger la publication du *Light*, journal spiritualiste. Son activité médiumnique quant aux phénomènes physiques cessa complètement, mais jusqu'à sa mort il conserva la faculté d'écrire automatiquement.

Dès 1889, sa santé déclina, des attaques successives d'influenza minèrent une constitution qui n'avait jamais été robuste, et le 5 septembre 1892, au moment où on le croyait une fois de plus hors de danger, il expira. Tous ceux qui le connaissaient éprouvèrent une terrible émotion.

La personnalité de M. Stainton Moses était infiniment intéressante, ceux qui ont vécu dans son intimité peuvent seuls l'apprécier à sa juste valeur. Sa force de caractère était peu commune, ses facultés hors ligne et la variété de ses aptitudes surprenante. Aucun travail ne le rebutait, aucun détail ne lui paraissait insignifiant quand il s'agissait de servir la vérité. Consciencieux jusqu'au scrupule, il remplissait ses devoirs professionnels avec dévouement et s'occupait de ses recherches spiritualistes et de l'immense correspondance qu'elles entraînaient avec une énergique ardeur. Toujours prêt à répondre et à aider de son mieux les chercheurs de vérité, il consacrait une partie de son temps à visiter nombre de personnages considérables par leur rang social, politique, littéraire, scientifique ou artistique, qui, s'intéressant aux phénomènes spiritualistes, désiraient l'entendre à ce sujet. Ces personnes vivent et ne veulent pas être nommées.

En dehors du spiritualisme, M. Stainton Moses offrait un ensemble de qualités rarement réunies chez un seul individu. Juste, équitable, d'un jugement droit et sain, jamais homme n'eut un cœur plus chaud, des sympathies plus ardentes et ne fut plus empressé à assister de ses conseils ceux qui s'adressaient à lui. Très modeste, il ne tirait aucune vanité de ses dons médiumniques, uniques en leur genre ; il ne refusait jamais de discuter, ne dédaignait aucun contradicteur. La claire intelligence de M. Moses et son esprit logique lui permettaient de confondre d'une façon décisive les antagonistes qui se risquaient à l'attaquer sans raison ni savoir. M. Stainton Moses aimait la retraite et détestait s'exhiber en public pour parler ou pour présider des meetings. Ses dons l'obligèrent à sacrifier son inclination et à sortir souvent de ses habitudes studieuses ; il s'y soumit avec courage, tact et discrétion et remplit son devoir, donnant l'exemple d'un parfait oubli de soi. Il a emporté le respect affectueux et l'estime de centaines d'hommes qui chérissent le souvenir de son amitié et le conservent comme un legs précieux.

Dans les limites d'une courte notice, il est impossible de donner une esquisse complète du caractère de M. Stainton Moses. J'aurais aimé pouvoir insister sur les admirables éléments qui composaient ce caractère; son amour de la vérité, sa pureté, son intégrité, son amitié si confiante, généreuse, large et chaleureuse ; son esprit qu'aucune ombre d'orgueil, de fanatisme ou de suffisance ne ternissait. Que pourrais-je dire à sa louange qui pût augmenter l'affection et la vénération de ceux qui l'ont connu, tandis qu'à ceux qui n'ont pas eu ce bonheur je ne peux donner qu'une faible idée de son mérite et de ses talents. Puissions-nous retirer un utile secours des enseignements inspirés qu'il nous a laissés et auxquels ce bref mémoire doit servir d'introduction, et pour un temps au moins répétons la vieille formule : *Requiescat in pace !*

CHARLTON TEMPLEMAN SPEER.

NOTE DU TRADUCTEUR

Le lecteur est prié de ne pas s'effrayer des nombreuses répétitions de mots et d'idées qu'il trouvera dans ce volume. Il ne doit pas oublier que les *Enseignements spiritualistes* ont été dictés à un médium théologien, chercheur de bonne foi, mais réfractaire d'abord à ces révélations, raisonneur, habitué aux arguties et se servant d'un langage assez spécial.

Il a fallu pratiquer des coupures, pour ne pas fatiguer inutilement l'attention, mais la traduction française a conservé autant que possible le caractère du texte original.

Cette série de messages, qui offre peu d'informations nouvelles à ceux qui sont déjà versés dans l'étude des recherches psychiques, les intéressera cependant, parce que certains mots, certaines phrases, — soulignés d'ailleurs partout où on les a trouvés, — ont un sens ésotérique parfaitement conforme à celui de l'antique science de la sagesse, sens non moins indiqué par les paroles du Christ, ayant trait aux mystères révélés à ceux seuls qui savent voir et entendre.

Ces instructions, d'ordre encore élémentaire et remontant à vingt-cinq ans, engageront peut-être quelques personnes inexpérimentées en ces matières à poursuivre leurs investigations sur un sujet qu'on ne devrait jamais perdre de vue.

INTRODUCTION

Les communications, qui forment l'ensemble de ce volume, sont dues au procédé connu sous le nom d'écriture automatique ou passive qu'il faut distinguer de la psychographie. Dans le premier cas, le psychique tient la plume ou le crayon, ou place sa main sur la planchette, et le message est écrit sans l'intervention consciente de son esprit. Dans le second cas, l'écriture est directe ou obtenue sans que la main du psychique soit employée et quelquefois même sans plume ni crayon.

L'écriture automatique est une méthode bien connue pour entrer en communication avec le monde invisible, avec ce que nous nommons vaguement l'Esprit. J'emploie ce mot comme le plus intelligible, sans vouloir entrer en discussion avec ceux qui le jugent impropre. Mes interlocuteurs s'appellent Esprits, peut-être parce que je les qualifie ainsi, et Esprits ils restent pour moi.

Il y a dix ans juste, le 30 mars 1873, que ces messages commencèrent à être tracés par ma main, un an environ après mes premières investigations sur le spiritualisme. Avant d'écrire, j'avais reçu plusieurs communications; ce moyen fut adopté parce qu'il était plus commode et aussi dans le but de conserver un corps d'enseignement suivi. La laborieuse méthode de frapper les messages était évidemment mal appropriée pour recevoir des instructions telles que celles qui composent ce volume. Si elles avaient été énoncées par les lèvres du médium en transe, elles pouvaient être perdues en partie, de plus il aurait été impossible de se fier à la passivité mentale du psychique et de ne pas craindre quelque reflet de ses idées.

Je me procurai un carnet de poche et le portai habituellement sur moi. Je découvris bientôt que l'écriture était beaucoup plus courante quand le cahier était imprégné de l'aura psychique, de même que les coups sont frappés plus facilement sur une table qui sert d'habitude aux expériences. Quand Slade ne pouvait recevoir de messages sur une ardoise neuve, il manquait rarement d'en obtenir s'il prenait la sienne. Je ne suis pas responsable du fait; la raison d'ailleurs en est suffisamment intelligible.

D'abord l'écriture fut très menue et irrégulière; j'étais obligé d'écrire lentement et de surveiller la main, suivant les lignes de l'œil; sans cette précaution, le message devenait bientôt incohérent et finissait en barbouillage.

Au bout de très peu de temps, je pus me dispenser de ces soins. A mesure que l'écriture devenait de plus en plus exacte, sa régularité et sa beauté croissaient. Quelques-unes des pages sont de superbes spécimens de calligraphie. Les réponses à mes questions (écrites au haut des feuilles) sont en paragraphes et arrangées comme pour la presse; le nom de Dieu toujours tracé en majuscules, lentement, et pour ainsi dire avec vénération. Le sujet traité était toujours d'un caractère pur et haut; beaucoup de ces messages me sont personnels, dictés pour me guider. Ces communications écrites se sont succédé sans interruption jusqu'en 1880, elles ne se sont jamais écartées du but avoué, sans cesse répété : d'instruire, d'éclairer, de guider par des Esprits dignes de remplir cette tâche; je n'ai pu y découvrir rien d'incompatible ni de léger : ni plaisanterie, ni vulgarité, ni inconvenance, ni, autant que je le sache, aucune affirmation fausse ou pouvant égarer.

Ces Esprits, jugés ainsi que je voudrais être moi-même jugé, étaient ce qu'ils prétendaient être : sincères, graves, sérieux.

Les premières communications furent toutes de style uniforme, écrites en petits caractères et signées *Doctor* (l'Instructeur). Pendant les années qui ont suivi, la forme de ses messages n'a jamais varié. N'importe où ni quand il écrivait, son écriture restait identique, subissant moins de changements que la mienne dans la dernière décade. Le tour de phrase restait le même, bref, on se sentait en présence d'une individualité bien déterminée. Pour moi, il est quelqu'un, avec ses particularités mentales et morales aussi nettement définies que celles des êtres humains avec lesquels je suis en contact, si, en vérité, je ne lui fais pas tort en le comparant à eux.

Après un certain temps, des communications vinrent d'autres sources; elles se distinguèrent chacune par sa propre écriture et des traits personnels de style et d'expression, qui, une fois assumés, restèrent invariables. J'en arrivai à pouvoir dire de suite qui écrivait, en jetant les yeux sur la calligraphie.

Par degrés, je découvris que beaucoup d'Esprits ne pouvant, par eux-mêmes, influencer ma main, recouraient, à l'aide d'un Esprit, *Rector*, qui, sans doute, écrivait plus librement, il m'imposait aussi moins de fatigue ; car l'écriture par un Esprit qui s'essayait était souvent incohérente et produisait toujours une tension douloureuse sur mon système nerveux. Il ignorait que ma réserve de force s'épuisait rapidement et je souffrais en proportion.

L'écriture de l'Esprit qui servait ainsi de secrétaire était courante, facile à déchiffrer, tandis que celle de beaucoup d'Esprits était ratatinée, de forme archaïque, péniblement tracée et presque illisible. Ainsi et comme chose toute naturelle, *Rector* écrivit ; mais quand un Esprit venait pour la première fois ou quand on désirait confirmer la communication, l'Esprit responsable du message écrivait lui-même.

On ne doit pas conclure que tous les messages provenaient d'une inspiration unique. Cependant la majorité des communications contenues dans ce livre est dans ce cas. Ce volume est le recueil d'une période pendant laquelle *Imperator*, seul, s'occupait de moi, il ne tenta jamais d'écrire, *Rector* lui servit donc d'*amanuensis*. Plus tard, les communications ont paru émaner d'un groupe d'Esprits associés qui employaient ce secrétaire *Rector* pour transcrire leurs instructions ; ceci s'accentua de plus en plus pendant les cinq dernières années, où je reçus ces communications.

Les circonstances accompagnant la réception des messages variaient à l'infini. Cependant, en règle générale, il était nécessaire que je fusse isolé ; plus mon esprit était passif, plus la communication s'obtenait aisément. Mais j'en ai reçu dans toutes sortes de conditions. Les débuts furent difficiles, car il fallait prendre l'habitude mécanique ; quand elle fut acquise, les pages se couvraient rapidement les unes après les autres. Les spécimens des matières traitées contenus dans le présent ouvrage peuvent permettre au public d'en apprécier la valeur.

Ce qui est imprimé aujourd'hui a été revisé par une méthode semblable à celle employée pour l'écrire. Publiés d'abord dans le journal *le Spiritualiste*, les messages ont été revus, sans être altérés en substance, par ceux qui les avaient d'abord dictés. Quand la publication fut commencée dans le *Spiritualiste*, je n'avais aucune intention de faire ce qui s'exécute en ce moment. Des amis désirèrent que des spécimens fussent publiés, et les choix furent faits sans qu'il entrât dans la pensée de continuer. J'étais uniquement dominé par le désir de ne pas livrer à la publicité ce qui m'était personnel, et par nécessité j'excluais tout ce qui pouvait contenir des allusions à des personnes encore vivantes, que je n'avais pas le droit de mettre en évidence ; il me déplaisait assez de faire paraître des choses qui me concernaient intimement. Quelques-unes des communications les plus remarquables ont dû être supprimées ; ce qui est imprimé ne doit être regardé que comme un simple échantillon de ce qui ne peut voir le jour et doit être réservé pour l'époque éloignée où il n'y aura plus à craindre de froisser personne.

Il est intéressant de savoir si mes propres pensées n'ont pas exercé une influence quelconque sur les sujets traités dans les communications. J'ai pris une peine extraordinaire pour prévenir une telle éventualité. Au début, l'écriture était lente et je devais la suivre des yeux, mais dans ce cas même, les idées n'étaient pas miennes. Du reste, les messages prirent bientôt un caractère sur lequel je ne pouvais avoir de doutes, puisque les opinions énoncées étaient contraires à ma façon de penser. Je m'attachai à occuper mon esprit pendant que l'écriture se produisait; j'en arrivai à lire un ouvrage abstrait, à suivre un raisonnement serré, tandis que ma main écrivait avec une régularité soutenue. Les messages ainsi donnés couvraient de nombreuses pages, sans correction ni fautes de composition dans un style souvent beau et vigoureux.

Je ne suis pas cependant embarrassé de convenir que mon propre esprit était utilisé et que ce qui était dicté pouvait dépendre, dans la forme, des facultés mentales du médium. Autant que je le sache, on peut toujours retrouver la trace des particularités du médium dans les communications ainsi obtenues. Il ne peut guère en être autrement. Mais il reste certain que la masse des idées qui passèrent par moi était hostile, opposée dans son ensemble à mes convictions établies; de plus, en plusieurs occasions, des nformations, auxquelles j'étais assurément étranger, me furent apportées claires, précises, définies, faciles à vérifier et toujours exactes. A beaucoup de nos séances, des esprits venaient et frappaient sur la table des renseignements sur eux-mêmes très nets, que nous vérifiions ensuite. J'en ai reçu aussi, à plusieurs reprises, par le moyen de l'écriture automatique.

Je peux positivement affirmer et prouver que, dans un cas, je reçus une information qui m'était toute nouvelle ; dans d'autres cas, je crois également que j'étais en relation avec une intelligence extérieure qui me présentait des idées autres que les miennes. La nature du sujet, la qualité inhérente de beaucoup des communications contenues dans ce volume conduiront probablement le lecteur à la même conclusion.

Je n'ai jamais pu être maître de l'écriture, elle venait sans être appelée, et, quand je la cherchais, j'étais le plus souvent incapable de l'obtenir. Une soudaine impulsion, venant je ne sais comment, me poussait à m'asseoir et à me préparer à écrire. Pendant la période où les messages furent réguliers, j'avais pris l'habitude de consacrer la première heure du jour à les attendre. Je me levais tôt et je passais ce temps matinal dans une chambre, uniquement consacrée à ce qui était en intention et en but un service religieux. L'écriture venait alors fréquemment, mais je ne pouvais en aucune façon y compter. Des communications spirituelles se produisaient sous d'autres formes, il était rare que je n'en reçusse aucune, à moins d'être malade, ce qui arriva souvent dans les dernières années et mit fin aux messages.

Les communications spéciales qui me vinrent de l'Esprit que je connaissais sous le nom d'*Imperator* marquent une époque dans ma vie. J'ai noté l'intense exaltation d'esprit, la lutte véhémente et les intervalles de paix (auxquels j'ai souvent aspiré depuis sans y parvenir, sauf très rarement), qui marquèrent leur transmission. Ce fut une période d'éducation pendant laquelle je fus soumis à un développement spirituel, qui était en fait une véritable régénération. Je ne puis espérer, je n'essaie pas de faire comprendre ce que j'ai éprouvé alors. Mais peut-être quelques intelligences connaissant dans leur for intérieur les dispensations de l'esprit concevront-elles que la certitude de l'action bienfaisante de l'esprit extérieur sur moi fut finalement établie. Je n'ai jamais depuis, même dans les rêveries d'un esprit extrêmement sceptique, entretenu un doute sérieux.

Cette introduction, à mon grand déplaisir, a tourné en biographie. Je plaide pour m'excuser que je sais que l'histoire de la lutte de l'Esprit et d'une âme chercheuse en a aidé d'autres. Il est, hélas! indispensable que je parle de moi pour rendre ce livre intelligible. J'en regrette la nécessité et ne m'y soumets que de par la conviction de pouvoir être utile à quelques-uns. Je suppose que deux âmes n'emploient jamais la même méthode pour découvrir la lumière, mais je crois que les besoins et les difficultés de chaque esprit ont une ressemblance de famille, et que c'est peut-être rendre service à quelques-uns, dans l'avenir, que de leur apprendre comment j'ai été éclairé.

La forme de ces communications, la manière dont elles ont été obtenues, leur influence éducatrice sur moi, sont d'infimes accessoires. Ce qui est important, c'est leur valeur intrinsèque, l'affirmation, la fin dévoilée, la vérité essentielle qu'elles contiennent Pour beaucoup de gens, elles seront absolument sans portée, parce que leur vérité n'est pas vérité pour eux. Pour d'autres, elles seront simplement curieuses. Pour d'autres encore, elles ne paraîtront qu'un conte futile. Je ne m'attends pas à ce qu'elles soient généralement acceptées et je me tiendrai pour satisfait si elles peuvent simplement rendre service à quelqu'un.

(M. A. Stainton Moses.)

30 mars 1883.

SECTION PREMIÈRE

(Après une conversation sur l'époque actuelle et les traits qui la distinguent, il fut écrit) :

De grands efforts sont faits pour répandre la connaissance d'une vérité progressive ; efforts des messagers de Dieu auxquels résistent maintenant comme toujours les hordes des adversaires. L'histoire du monde est l'histoire de la lutte entre le bien et le mal ; Dieu et la vertu d'une part et l'ignorance, le vice, le mal spirituel, mental et corporel de l'autre. Il y a des périodes nous traversons l'une d'elles, pendant lesquelles une poussée extraordinaire se produit. L'armée des messagers de Dieu est massée en grande force, les hommes sont influencés, les connaissances se répandent et la fin approche. Craignez pour les déserteurs, les faibles de cœur, les temporisateurs, les curieux frivoles ! Craignez pour eux, mais non pour la cause de la vérité de Dieu.

— *Oui. Mais comment tant d'âmes qui doutent peuvent-elles savoir ce qu'est la vérité de Dieu. Beaucoup cherchent anxieusement sans trouver ?*

Ceux qui cherchent anxieusement trouvent toujours, quoiqu'ils puissent avoir à attendre longtemps ; oui, même jusqu'à ce qu'ils parviennent à une plus haute sphère d'existence. Dieu éprouve chacun, et à ceux seulement qui en sont dignes, la connaissance supérieure est accordée. La préparation doit être complète avant que le degré soit franchi. C'est une inaltérable loi. L'aptitude précède la progression. La patience est imposée.

— *Oui. Mais les obstacles provenant des dissensions intérieures, de l'impossibilité de prouver l'évidence, des préjugés, de beaucoup d'autres causes semblent presque invincibles ?*

A vous. Pourquoi intervenir dans ce qui est l'œuvre de Dieu. Obstacles ! vous ne savez pas ce qu'ils sont comparés à ceux que nous avons supportés dans le passé. Eussiez-vous vécu sur la terre aux derniers jours de la Rome impériale, vous auriez appris alors ce que peuvent les puissances liguées des ténèbres. Tout ce qui était spirituel avait fui d'horreur un empire imprégné de débauche, de sensualité, de bassesse et de vices. Le froid était la glace du désespoir, l'obscurité celle du sépulcre. Le corps, le corps était tout, et les gardiens éperdus fuyaient une scène qu'ils ne pouvaient regarder et dont ils ne pouvaient mitiger les maux. Il y avait incrédulité, en vérité et pire ! Le monde méprisait nous et nos efforts, raillait toute vertu, tournait en dérision le Suprême, se moquait de l'immortalité, ne vivait que pour manger, boire et se vautrer dans la fange. Animaux dégradés ! Ah oui ! ne dites pas que le mal est invincible quand le pouvoir de Dieu et de ses Esprits a prévalu et a purifié un tel bourbier.

(On s'étendit encore sur l'échec répété de plans bienfaisants pour l'homme, échec motivé par son ignorance et son obstination. Je demandai si l'effort actuel serait un autre insuccès.)

Dieu donne beaucoup plus que vous ne pensez. De toutes parts se créent des centres d'où la vérité de Dieu se répand dans les cœurs anxieux et imprègn les esprits pensants. Il y a beaucoup d'âmes pour lesquelles la parole donnée autrefois est encore suffisante et qui ne sont pas susceptibles d'en recevoir une autre. De celles-là nous ne nous mêlons pas. Mais beaucoup d'âmes aussi, sachant ce que le passé a pu leur enseigner, aspirent à une autre connaissance. Elle leur est donnée dans telle mesure que le Très-Haut le juge opportun.

Par ces âmes mieux instruites, la vérité se transmet à d'autres et les glorieuses nouvelles se propagent jusqu'au jour où nous serons appelés à les proclamer du haut de la montagne, et les affidés de Dieu, cachés, surgiront de leurs humbles refuges terrestres pour porter témoignage de ce qu'ils auront vu et su ; les petits ruisseaux négligés par l'homme se réuniront et le fleuve de la vérité de Dieu, omnipotent dans son énergie, inondera la terre et entraînera dans son irrésistible course l'ignorance et l'incrédulité, la folie et le péché qui maintenant vous effraient et vous inquiètent.

— *Cette nouvelle révélation dont vous parlez est-*

elle contraire à l'ancienne ? On spécule beaucoup sur ce sujet.

La révélation vient de Dieu, et ce qu'il a révélé à une époque ne peut pas contredire ce qu'il a révélé à une autre. Chaque révélation, en l'espèce, est une révélation de vérité, mais de vérité révélée en proportion des nécessités de l'homme et en concordance avec ses capacités. Ce qui paraît inconsistant n'est pas dans la parole de Dieu, mais dans l'esprit de l'homme. L'homme ne s'est pas contenté du simple message, il l'a adultéré avec ses gloses, surchargé avec ses déductions et ses spéculations, et ainsi, les années s'écoulant, il arriva que ce qui venait de Dieu devint méconnaissable : contradictoire, impur et terrestre. Au lieu de pouvoir adapter raisonnablement la révélation qui suit à celle qui l'a précédée, il devient nécessaire de rejeter la superstition accumulée sur les vieilles fondations. L'œuvre d'élimination doit précéder le travail d'addition. Les révélations ne sont pas contradictoires, mais il est indispensable de faire disparaître les détritus amoncelés par l'homme avant que la vérité de Dieu puisse être, de nouveau, révélée. L'homme doit juger d'après la lueur de raison qui est en lui. C'est l'ultime pierre de touche. L'intelligence progressiste acceptera ce que l'esprit ignorant ou rempli de préjugés refusera. *La vérité de Dieu n'est imposée à personne.* Aussi, à de certains moments, dans le cours des siècles antérieurs y a-t-il eu révélation spéciale pour un peuple spécial. Il en a toujours été ainsi. Moïse a-t-il été accepté, sans réserve, par son propre peuple? Et les prophètes ? Et Jésus même ?

Et Paul ? Et n'importe quel réformateur dans n'importe quel siècle, parmi n'importe quelle race. *Dieu ne change pas, il offre, mais il ne force pas à accepter.* Il offre et ceux qui sont préparés reçoivent le message.

Les ignorants et les indignes le repoussent. Cela doit être. Les dissensions et les différences que vous déplorez ne sont que le triage du faux et du vrai ; elles proviennent de causes indignes et sont fomentées par de malveillants esprits. Vous devez aussi vous attendre à de sérieux ennuis causés par les pouvoirs ligués du mal. Mais portez vos regards au delà du présent. Regardez le lointain avenir et ayez bon courage.

— *À propos des guides des Esprits, comment sont-ils désignés ?*

Les guides des Esprits ne sont pas toujours attirés par ceux qu'ils dirigent, quoique ce soit habituellement le cas. Parfois ils sont choisis parce qu'ils ont une aptitude particulière pour enseigner. Parfois ils sont chargés d'une commission spéciale. Quelquefois ils sont désignés parce qu'ils peuvent suppléer à ce qui manque aux caractères qui leur sont confiés pour qu'ils les élèvent. Quelquefois ils choisissent eux-mêmes le sujet qu'ils désirent influencer. C'est un grand plaisir pour les esprits élevés. D'autres fois encore, ils veulent, pour leur propre progrès spirituel, être attachés à une âme dont la culture est pénible et difficile. Parfois, ils sont attirés par pure affinité ou par les restes d'une affection terrestre. Très fréquemment, quand il n'y a pas mission spéciale, les guides sont changés à mesure que l'âme progresse.

— *Qui sont les Esprits qui retournent sur terre?*

Principalement ceux qui sont le plus rapprochés dans les trois plus basses sphères ou états d'être. Ils conversent plus facilement avec vous. Parmi les hauts Esprits, ceux qui peuvent revenir sont doués d'une faculté analogue à ce qu'est sur terre le pouvoir médiumnique. Nous ne pouvons que vous dire qu'il est très difficile, pour nous, Esprits Élevés, de trouver un médium par lequel nous puissions communiquer. De nombreux Esprits entreraient volontiers en relations avec vous, s'ils avaient un médium convenable, mais ils ne veulent pas perdre leur temps en recherches prolongées. Vous comprenez, d'après cela, que les communications puissent offrir tant de variantes; celles qui, vérification faite, se trouvent être fausses, ne le sont pas toujours volontairement. Avec le temps, nous connaîtrons mieux les conditions qui influent sur les communications.

— *Vous avez parlé d'adversaires. Quels sont-ils ?*

Les esprits antagonistes qui, ligués contre notre mission, s'efforcent de l'entraver, qui poussent les hommes et d'autres esprits contre nous et notre œuvre. Ces esprits réfractaires aux impulsions du bien se sont réunis sous la direction d'une intelligence encore plus malfaisante, pour nous nuire, nous embarrasser et arrêter notre marche. Leur puissante et néfaste activité stimule les mauvaises passions, elle s'ingénie à nous imiter pour agir sur les âmes inquiètes, chercheuses. Ces esprits se plaisent par-dessus tout à les attirer vers ce qui est bas et méprisable, quand nous cherchons à les diriger tendrement vers ce qui est noble et affiné. Ils sont les ennemis de Dieu et de l'homme, ennemis du Bien. Ministres du mal. Nous menons contre eux une guerre perpétuelle.

— Il est bien stupéfiant d'apprendre qu'il existe une aussi puissante organisation du mal. Il y a des gens, vous le savez, qui nient absolument l'existence du mal et enseignent que tout est bon quoique déguisé ?

Hélas, hélas ! Rien de plus triste que l'abandon du bien et le choix du mal ! Vous vous étonnez que tant de mauvais esprits fassent obstruction. Ami, c'est ainsi et ce n'est pas surprenant. L'âme va à la vie spirituelle avec les goûts, les prédilections, les habitudes, les antipathies de sa vie terrestre. Nul changement, sauf l'accident d'être libéré du corps. L'âme, qui sur terre avait des goûts bas et des habitudes impures, ne change pas sa nature en sortant de la sphère terrienne, pas plus que l'âme qui a été vraie, pure, progressiste ne devient basse et mauvaise par la mort. Vous n'imagineriez pas une âme noble et haute dégénérant après qu'elle a disparu à vos regards. Cependant vous inventez la purification d'un esprit haïssant Dieu et le bien, leur préférant la sensualité et le péché, devenu par habitude infâme et sacrilège. L'un n'est pas plus possible que l'autre. Le caractère de l'âme croît heure par heure, jour par jour, il n'est pas posé sur elle comme une chose qu'on peut rejeter. Il s'identifie à la nature de l'esprit, en devient inséparable. Il n'est pas plus possible que le caractère soit détruit, sauf par le lent procédé de l'oblitération, qu'il ne le serait de couper une étoffe en laissant intacts les fils tranchés par le ciseau. Plus encore; l'âme cultive des habitudes, qui s'enracinent tellement, qu'elles deviennent parties essentielles de son individualité. L'esprit, qui a cédé aux appétits d'un corps sensuel, devient, à la fin, leur esclave, il ne saurait être heureux dans un milieu pur et relevé, il soupirerait après ses anciens refuges et ses habitudes. Ainsi, vous le voyez, les légions des adversaires sont simplement les masses des esprits arriérés, non développés, qui se coalisent ensemble, par similitude de goûts, contre tout ce qui est bon et sain. Ils ne peuvent progresser que par la pénitence, en recevant les instructions données par de plus hautes intelligences, enfin par le graduel et laborieux effort qui anéantit le péché. De tels esprits sont nombreux et ce sont les adversaires. L'idée qu'il n'y a ni mal, ni antagonisme contre le bien, ni ligue pour résister au progrès et à la vérité, est un piège manifeste, tendu pour vous égarer.

— *Ont-ils un chef ? Un diable ?*

Beaucoup de chefs les gouvernent, mais non un diable, tel que la théologie l'a inventé. Les Esprits bons ou mauvais sont soumis à l'autorité de puissantes Intelligences.

SECTION II

(Les réponses données dans cette deuxième section viennent de la même source. La conversation commença par quelques questions sur ce qui pouvait rendre le plus de services à la vie de l'esprit pendant son apprentissage terrestre. On fit grand cas du cœur et de la tête indispensables au développement graduel, régulier, des moyens complets du corps, et on insista sur l'intelligence et l'affectuosité. On dit que le manque d'équilibre est une grande cause ou de recul ou d'incapacité au progrès. Je suggérai le philanthrope comme le type humain se rapprochant le plus de l'Idéal. On répliqua.)

Le vrai philanthrope, l'homme qui a à cœur l'intérêt et le progrès de ses frères, est l'homme type, le véritable enfant du Père Tout-Puissant qui est le grand Philanthrope. Le vrai philanthrope est celui qui croît heure par heure à l'image de Dieu. Il s'épanouit par le constant exercice des sympathies éternelles, dans le développement desquelles l'homme trouve un bonheur sans cesse grandissant. Le philanthrope et le philosophe, l'homme qui aime l'humanité et l'homme qui aime la science pour elle-même, ceux-là sont les inestimables joyaux de Dieu, et ce qui leur est promis est illimité. L'un, qu'aucune restriction de race ou de lieu, de croyance ou de nom n'entrave, enveloppe de son amour l'humanité entière. Il aime les hommes en frère, il ne demande pas quelles sont leurs opinions, il ne voit que leurs besoins, il leur enseigne la connaissance progressive et il est béni. Celui-là est le philanthrope, et non celui qui aime ceux qui pensent comme lui, qui aide ceux qui l'adulent et donne des aumônes pour que son action généreuse soit connue ; contrefacteur de la véritable philanthropie, il cherche à lui dérober l'apparence de cette simple bienveillance universelle qui est sa marque distinctive. L'autre, le philosophe, dégagé des théories, sur ce qui devrait être et par conséquent doit être, délié de toute sujétion aux opinions sectaires, aux dogmes d'une école spéciale, libre de préjugés, prêt à recevoir la vérité quelle qu'elle soit, pourvu qu'elle soit prouvée, cherche dans les mystères de la divine Sagesse et en cherchant trouve son bonheur. Il n'a pas à craindre d'en épuiser les trésors, car ils sont intarissables. Sa joie à travers sa vie est de pénétrer chaque jour plus avant dans le domaine des hautes connaissances et d'y recueillir une ample moisson d'idées plus vraies sur Dieu et l'univers. L'union de ces deux caractères : le philanthrope et le philosophe, réalise l'homme parfait ; ceux qui sont pénétrés par ces nobles dispositions, fondues l'une dans l'autre, montent plus vite et plus haut que les esprits qui progressent sans elles.

— *Vous dites sa vie ? La vie est-elle éternelle ?*

Oui, nous avons toute raison de le croire. La vie.

a deux parties : la progressive et la contemplative. Nous qui sommes en progrès et qui espérons progresser pendant des myriades sans nombre de siècles, — comme vous dites — vers le point le plus éloigné que votre esprit limité puisse atteindre, nous ne savons rien de la vie de contemplation. Nous croyons que loin, loin, dans la vaste éternité, il y aura une période à laquelle les âmes avancées arriveront éventuellement, quand leurs progrès les amèneront au centre de l'Omnipotent et que là elles dépouilleront leur premier état et baigneront dans la pleine Lumière de la divinité, contemplant les secrets de l'univers. Nous ne pouvons vous parler de cela. C'est trop élevé. Ne planez pas à de telles hauteurs. La vie est sans fin, comme vous l'entendez, mais seule l'approche du seuil vous concerne et non l'entrée dans le temple intérieur.

— *Certainement. En savez-vous davantage sur Dieu que quand vous étiez sur la terre ?*

Nous en savons davantage sur les opérations de son amour, sur les actes de ce bienfaisant pouvoir qui contrôle et guide les mondes. Nous savons quelque chose de lui, mais nous ne le connaissons pas, ni ne le connaîtrons, comme vous l'entendez, jusqu'à ce que nous entrions dans la vie contemplative. Il ne nous est connu que par ses actes.

(Dans d'autres conversations, je fis encore allusion au conflit entre le bien et le mal ; et une longue réponse à ma question, ou plutôt à ce qui était dans ma pensée, fut écrite. On dit que la tempête ferait rage, avec des intervalles de calme, pendant dix à douze ans, puis qu'une période de repos suivrait. C'est presque le seul cas que j'aie noté, où on se soit aventuré à prophétiser. Quoique les idées de ce message aient été depuis répétées avec plus de force et de précision, je le donne tel quel pour montrer le caractère de l'enseignement à cette époque.)

Ce que vous entendez sont les premiers mumures d'un conflit qui sera long et ardu. Ce sont des occurrences périodiques. Si vous lisiez l'histoire, avec les yeux de l'esprit, vous verriez qu'il y a toujours eu des batailles renouvelées à de certains intervalles, entre le bien et le mal. Il y a eu des phases où les intelligences non développées ont prédominé. Le retour de ce sombre état de choses est dû spécialement aux grandes guerres qui éclatent parmi vous. Beaucoup d'esprits sortent prématurément de leurs corps ; ils le quittent avant d'y être préparés, et à l'heure du départ ils sont irrités, altérés de sang, débordant de mauvaises passions. Ils sont longtemps et grandement nuisibles dans l'après-vie.

Rien n'est plus dangereux pour les âmes que d'être brusquement séparées de leur habitat corporel et d'être lancées dans la vie spirituelle, agitées par de violentes passions, dominées par des sentiments de vengeance. Il est mauvais que qui que ce soit puisse être jeté hors de sa vie terrestre, avant que le lien soit naturellement coupé. Toute destruction de vie corporelle est folle et grossière ; grossière, en témoignant d'une barbare ignorance des conditions de vie, de progrès, dans l'après-vie ; folle, en libérant de ses entraves un esprit arriéré, irrité, qui obtient ainsi une capacité malfaisante plus étendue. Vous êtes aveugles, ignorants dans vos actes vis-à-vis de ceux qui offensent vos lois ou les règles morales et restrictives qui gouvernent vos rapports sociaux. En présence d'une âme dégradée, commettant des délits contre la morale ou les lois constituées, vous prenez aussitôt les mesures les plus promptes pour augmenter sa capacité criminelle. Au lieu de soustraire un tel être aux influences délétères, de lui éviter tout contact vicieux, en l'isolant, pour que, par leur influence éducatrice, les intelligences plus relevées puissent contre-balancer le pernicieux pouvoir du mal, vous le placez au milieu de malsaines associations, en compagnie de coupables comme lui, là où l'atmosphère même est lourde de vice, où les esprits non développés s'agglomèrent et où par les associés humains et ceux qui sont invisibles les tendances sont complètement mauvaises.

Puérile et courte vue? Nous ne pouvons entrer dans vos cavernes de criminels. Les esprits missionnaires s'arrêtent ; ils pleurent en face d'une association humaine et spirituelle, malfaisante, formée contre eux par l'ignorance insensée de l'homme. Avec une telle méthode, il n'est pas étonnant que vous ayez acquis la conviction que la disposition déclarée au crime est rarement guérissable ; vous êtes vous-mêmes les complices manifestes des esprits, qui assistent avec joie aux chutes qu'ils ont encouragées. Combien de fois une âme égarée, — par ignorance aussi souvent que par choix, — est-elle sortie de vos geôles, endurcie et suivie de guides dangereux? Vous ne le savez pas et ne pouvez le savoir. Mais si vous vouliez essayer d'un meilleur système envers vos coupables, vous obtiendriez un gain perceptible et d'incalculables bénédictions seraient conférées aux mal guidés et aux vicieux.

Vous devriez enseigner vos criminels, vous devriez les punir comme ils le sont ici, par la démonstration du dommage qu'ils se causent à eux-mêmes, en commettant des fautes qui retardent leur futur progrès. Vous devriez les confier aux esprits avancés, ardemment dévoués, qui, parmi vous, seraient capables de leur inculquer le dégoût du péché et la soif du mieux, alors les bandes des Bienheureux s'associeraient à leurs efforts, et les Esprits des plus hautes sphères pourraient répandre sur eux leur confortante et bénigne influence. Mais vous réunissez vos dangereux Esprits, vous les punissez vindicativement, vous les traitez comme des gens dont on ne peut plus rien espérer, et celui qui a été la victime de votre ignorante répression poursuit sa course folle de péché suicidant, jusqu'à ce que vous ajoutiez, à la série de vos actes insensés, le dernier et le pire : que vous supprimiez le coupable. Vous le délivrez d'un grand frein et vous l'envoyez travailler sans encombre, sous l'infernale suggestion de ses passions enflammées.

Aveugles, aveugles, vous ne savez pas ce que vous faites. Vous êtes vos pires ennemis, les véritables alliés de ceux qui luttent contre Dieu, contre nous, contre vous.

Vous vous arrogez faussement le droit, par Loi Divine, de verser le sang humain. Vous errez sans savoir que les Esprits ainsi maltraités se vengeront à leur tour sur vous. Vous avez encore à apprendre les premiers principes de cette divine tendresse compatissante, qui travaille, par nous, à sauver l'âme viciée, à la relever des profondeurs du péché, à la purifier, et à lui révéler la bonté. Vous avez composé un Dieu dont les actes sont d'accord avec vos propres instincts ; vous avez inventé qu'Il siège en Haut, indifférent au sort de ses créatures, jaloux seulement de son propre pouvoir et de son honneur. Vous avez fabriqué un monstre qui se complaît à nuire, à tuer, à torturer, un dieu qui se réjouit en infligeant d'amers châtiments sans fin ni mitigation ; vous lui avez fait prononcer des paroles que Dieu n'a jamais connues ; vous lui attribuez des lois que Dieu désavouerait.

Dieu, notre cher Dieu. Aimant, tendre, pitoyable, se réjouir, en frappant d'une main cruelle ses fils égarés et ignorants. Méprisable fable ! Vicieuse et stupide conception née dans l'esprit brutal, grossier et borné de l'homme. Un tel Dieu n'existe pas, il n'y en a pas. Il n'est nulle part, sauf dans l'imagination dégradée de l'homme.

Bon Père, révèle-toi à ces aveugles vagabonds et apprends. Toi à eux. Dis-leur qu'ils rêvent mal de Toi, qu'ils ne te connaissent ni ne peuvent te connaître jusqu'à ce qu'ils désapprennent leurs ignorantes conceptions de la Nature et de ton Amour.

Oui, ami, vos geôles, votre meurtre légal et tout l'ensemble de votre procédure criminelle est basé sur l'erreur. Vos guerres et vos massacres en gros sont encore plus épouvantables. Vous réglez vos différends avec vos voisins, qui devraient être vos amis, en poussant à la haine les unes des autres des masses d'esprits ; — nous ne voyons pas le corps ; — nous ne nous soucions que de l'esprit temporairement vêtu des atomes terriens. Vous portez ces esprits au comble de la rage et de la fureur et aussitôt ceux que vous ne voyez pas, encore liés à la terre, animés des mêmes hideuses passions, font foule et incitent les viciés, qui n'ont pas quitté leurs corps, à commettre cruautés et violences.

Ah! ami, vous avez beaucoup, beaucoup à apprendre, et la triste obligation de défaire *après* ce que vous faites maintenant vous en convaincra. Apprenez d'abord la leçon d'or que Pitié et Amour sont la sagesse et non vengeance ni châtiments haineux. Il faut que vous connaissiez Dieu, nous et vous-même, pour être en état de progresser et de participer à nos travaux au lieu d'aider à ceux de nos adversaires.

Ami, quand on viendra s'informer auprès de vous de l'utilité de notre message, des bénéfices qu'il peut conférer à ceux auxquels le Père l'envoie, dites que c'est un Évangile qui révèle un Dieu de tendresse, de pitié, d'amour au lieu d'une fabuleuse divinité rigoureuse et cruellement passionnée ; dites qu'il les mènera à connaître des Intelligences dont la vie entière n'est qu'amour, miséricorde, aide efficace pour l'homme, combinée avec l'adoration du Suprême. Dites que cette Parole amènera l'homme à voir sa propre folie, à repousser ses fausses théories, à cultiver son intelligence pour qu'elle progresse, à saisir toutes les occasions opportunes pour qu'elles lui profitent, à servir ses concitoyens afin que, dans les rencontres extra-terrestres, ils ne puissent pas lui reprocher d'avoir été, pour eux, nuisible ou malveillant.

Dites que telle est votre glorieuse mission, si on vous raille, à la façon des ignorants qui se vantent d'un savoir imaginaire, tournez-vous vers les âmes progressistes qui recevront l'enseignement de sagesse. Parlez-leur du message de Divine Vérité qui régénérera le monde ! et pour les aveugles, priez afin qu'ils ne soient pas désespérés quand leurs yeux s'ouvriront.

SECTION III

(L'intensité avec laquelle le message ci-dessus fut écrit était une chose complètement nouvelle pour moi; la plume couvrait page sur page, traçant minutieusement les caractères, marquant toujours le nom de Dieu en capitales, paragraphant et laissant une marge, de sorte que l'écriture frappait l'œil comme une belle œuvre calligraphique. La main cinglait, le bras battait et j'avais conscience que des flots de force passaient en moi. La communication terminée, je restai anéanti de fatigue avec un violent mal de tête à la base du cerveau. Le jour suivant, j'en demandai la cause ; on me répondit ainsi qu'il suit, mais beaucoup plus tranquillement) :

Votre mal de tête a été la conséquence de l'intensité du pouvoir et de la rapidité avec laquelle il a été tiré de vous ; nous ne pouvons pas traiter, sans véhémence, un tel sujet, car il est d'un intérêt vital pour ceux vers lesquels nous sommes envoyés. Nous voudrions vous pénétrer de la conviction qu'il est de première nécessité d'obéir à ces lois inaltérables, que Dieu a établies pour vous et que vous violez à vos risques et périls.

Les guerres ne sont que le résultat de votre frénétique âpreté au gain, qui excite vos passions ambitieuses, dominatrices, vindicatives. Et qu'en advient-il ? Les belles œuvres de Dieu détruites, les paisibles efforts, les agréables et ingénieux produits de l'industrie humaine réduits à néant ; les saints liens du foyer, de la parenté tranchés ! Des milliers de familles plongées dans la détresse ; des rivières de sang versé sans cause; d'innombrables âmes arrachées de leur corps pour être précipitées dans la vie spirituelle, sans préparation, sans éducation, sans purification. Tant que vous ne saurez pas mieux faire, votre race ne progressera que lentement, car vous semez sans cesse une graine qui produit une moisson d'obstacles contre nous.

« Vous avez beaucoup à désapprendre pour la conduite des affaires d'État et aussi en économie sociale. Que de choses à ajouter au peu que vous savez !

Par exemple : vous légiférez pour les masses, mais vous vous occupez seulement du délinquant. Votre législation doit punir, mais elle doit aussi guérir. Vous enfermez ceux que vous croyez fous dans la crainte qu'ils ne nuisent aux autres. Il y a peu d'années, vous les torturiez et remplissiez vos asiles de malheureux, dont la seule maladie était de ne pas partager les sottes opinions de leurs compatriotes, ou d'infortunés, qui étaient sous l'influence d'esprits non développés, il y a eu beaucoup de ces derniers, il y en a encore. Vous apprendrez un jour, à vos dépens, que quitter le chemin battu n'est pas toujours la preuve d'un esprit dément et que servir de véhicule à l'enseignement spirite ne prouve pas qu'une intelligence soit déséquilibrée. Le pouvoir de proclamer leur mission a été enlevé à de nombreux sujets; on a faussement dit que nous avions rempli vos hôpitaux et conduit nos médiums à la folie, parce que des hommes aveugles ont libellé *déments* tous ceux qui se risquent à proclamer leur relation avec nous et notre enseignement; ils ont décidé que d'être en communion avec le monde spirituel est une preuve d'insanité. En conséquence, ceux qui l'avouent sont fous, ils doivent être enfermés. Et parce que ces ignorants sont parvenus, grâce à leurs assertions menteuses, à imprimer le stigmate et à incarcérer les médiums, ils nous chargent, par surcroît, du péché qu'ils ont inventé, de conduire nos médiums à la démence.

Si ce n'était de l'ignorance, ce serait du blasphème. Nous n'avons apporté que bénédiction à nos amis. Nous sommes pour eux des interprètes de Vérité divine. Si l'homme attire par sa disposition perverse et sa vie coupable des esprits congénères, qui exagèrent encore sa méchanceté, la faute doit retomber sur sa tête, il n'a fait que cultiver la moisson qu'il avait semée; il était fou déjà, en négligeant son propre esprit et son corps; fou en repoussant les saintes influences. Mais nous ne nous occupons pas de celui-là. Plus fous que d'autres vraiment sont ces stupides ivrognes que vous ne jugez pas fous! Il n'y a pas, aux yeux de l'esprit, de plus épouvantable spectacle que celui de ces antres impurs où les méchants se réunissent pour plonger leurs sens dans l'oubli, pour exciter les concupiscences de leurs misérables corps, pour s'offrir, en proie volontaire, aux pires esprits qui rôdent autour d'eux et trouvent une jouissance à revivre de nouveau leurs vies corporelles infâmes. Ce sont les bouges de la plus hideuse dégradation, une tache sur votre civilisation, une disgrâce pour votre intelligence.

— *Qu'entendez-vous par revivre de nouveau leurs basses vies ?*

Ces esprits liés à la terre conservent en grande partie leurs dispositions et passions terrestres. Les désirs du corps ne sont pas éteints, quoique la faculté de les satisfaire soit supprimée.

L'ivrogne conserve son ancienne soif, mais exagérée, aggravée par l'impossibilité de l'étancher. Le désir inassouvi le brûle et le pousse à rechercher les lieux témoins de ses vices d'autrefois, à entraîner des misérables comme lui sur la pente de la déchéance complète. Par eux il revit son existence antérieure ; il se désaltère, avec une féroce satisfaction, par les excès qu'il les incite à commettre, et ainsi son vice se perpétue augmentant la masse de péché et de douleur. Le stupide misérable, stimulé par des agents qu'il ne peut voir, s'enfonce de plus en plus dans la fange. Sa femme, ses enfants innocents ont faim, pleurent et agonisent ; près d'eux flotte et sur eux s'afflige l'ange gardien, sans pouvoir, pour atteindre le coupable, qui brise leurs vies et leurs cœurs. Quand nous vous disons que l'Esprit, esclave de la terre, revit sa vie d'excès dans les excès de ceux qu'il est capable de conduire à la ruine, ce n'est qu'une imparfaite image.

Le remède est lent, car il ne se trouve que dans l'élévation morale et matérielle de la race, dans la croissance graduelle en connaissances plus pures et plus exactes, dans une éducation avancée, au sens le plus étendu du mot.

— *Ces efforts pourraient alors prévenir l'obsession telle que vous la dépeignez ?*

Oui, à la fin ; rien d'autre ne le pourra, aussi longtemps que vous persisterez à alimenter activement la source malsaine.

— *Les enfants passent-ils de suite dans une haute sphère ?*

Non, on ne peut être ainsi dispensé de l'expérience de la vie terrestre. L'absence de contamination assure un rapide accès aux sphères de purification ; mais l'absence d'expérience et de savoir impose un dressage et une éducation par des Esprits, dont la charge spéciale est de diriger ces tendres âmes et de suppléer à ce qui leur manque. Ce n'est pas un gain d'être retiré de la vie terrestre, sauf dans un cas, le mauvais usage d'occasions opportunes, qui aurait entraîné une grande perte de temps et retardé le progrès. L'âme qui acquiert davantage est celle qui se consacre à la tâche qui lui est dévolue, qui travaille avec zèle à son propre perfectionnement et au bien des autres, qui aime et sert Dieu, et suit la direction de ses guides. Cette âme-là progresse rapidement, elle a moins de choses à désapprendre. Toute vanité et égoïsme sous quelque forme que ce soit, toute inertie et indolence, toute indulgence personnelle entrave le progrès. Nous ne disons rien du vice et du péché avérés, ni du refus obstiné d'apprendre et d'être enseigné. Amour et science aident l'âme. L'enfant peut avoir l'une de ces choses, il ne peut obtenir l'autre que par l'éducation, fréquemment acquise, soit en étant attaché à un médium, soit par une nouvelle vie terrestre. Beaucoup d'Esprits enfants, qui auraient été exposés à la tentation, à de pénibles épreuves, quittent la terre, sans souillures, ils gagnent ainsi en pureté ce qu'ils ont perdu en savoir. Mais l'Esprit qui a lutté et vaincu est le plus noble; purifié par l'épreuve, il monte à la sphère réservée aux âmes qui ont combattu avec succès. Une telle expérience est nécessaire et, dans le but de l'obtenir, de nombreux Esprits choisissent un retour sur terre afin de gagner, en s'attachant à un médium, ce qui leur manque. Il faut à l'un la culture des affections, à un autre la souffrance et le chagrin ; à celui-ci la culture mentale ; à celui-là dominer, limiter les impulsions de l'esprit et les équilibrer.

Tous les Esprits qui reviennent, sauf ceux qui, comme nous, sont chargés d'une mission, ont un but immédiat à atteindre ; en s'associant à nous et à vous, ils avancent, ce qui est le désir dominant de l'esprit. Il leur faut du progrès, du savoir, de l'amour jusqu'à ce que, l'ivraie étant arrachée, leur âme puisse prendre un vol de plus en plus rapide vers le Suprême.

— *Le retour sur la terre n'est pas la seule méthode de progrès ?*

Non, ce n'est même pas la méthode usuelle. Nous avons beaucoup d'écoles d'instruction et nous n'employons pas une seconde fois celle dont le système a échoué.

(Quelque conversation étant échangée au sujet de l'habitat et de l'occupation de l'Esprit, je m'enquis, ne recevant guère d'information satisfaisante, si l'écrivain connaissait des états d'être, en dehors du sien, soit au-dessus, soit inférieurs à celui de l'incarnation sur terre. Il me fut affirmé que les Esprits ne pouvaient pas embrasser dans son ensemble l'étendue infinie de l'existence spirituelle, et que leurs connaissances étaient limitées, par l'abîme qui sépare ce qu'on appelle sphères de probation ou quelquefois de purgatoire (dans lesquelles l'âme se développe en se perfectionnant) des sphères de contemplation d'où l'âme qui y est parvenue ne sort plus, excepté dans de très rares occasions).

Le passage de la plus élevée des sept sphères de probation à la plus basse des sphères de contemplation est un changement analogue à celui que vous nommez mort. Cet *au delà* nous est peu connu, quoique nous sachions que les Bienheureux, qui y vivent, ont le pouvoir de nous aider et de nous guider, même pendant que nous veillons sur vous. Expérimentalement nous ne savons rien de ce qui les occupe, sauf qu'une science supérieure leur permet de mieux comprendre la Divine Perfection, de saisir plus exactement les causes des choses et d'adorer de plus près le Suprême. Nous sommes fort éloignés de cet état de béatitude. Nous avons notre tâche à accomplir, et en y travaillant nous trouvons nos délices. *Rappelez-vous, sans cesse, que les Esprits parlent d'après l'expérience et le savoir qu'ils possèdent; quelques-uns interrogés sur des points abstraits et répondant, selon leurs moyens, se trompent.* Ne les blâmez pas, néanmoins. Nous croyons établir une certitude quand nous disons que votre terre est la plus haute des sphères, auxquelles succèdent sept sphères de travail actif, puis sept sphères de Divine contemplation. Mais chaque sphère a de nombreux degrés.

Nous vous avons déjà fait entrevoir comment les âmes, qui se dégradent volontairement, arrivent de chute en chute à rendre la rénovation difficile. Toujours préférer le mal au bien engendre la haine du bien et le besoin du mal. Les esprits de ce caractère ont été, habituellement, incarnés dans des corps où les passions animales dominaient, ils y ont cédé d'abord et ont fini par en être les esclaves. Nobles aspirations, désirs de sainteté et de pureté, divine ardeur, tout est submergé ! L'Esprit est entouré d'impures influences, qui éteignent en lui la moindre lueur morale ou intellectuelle. Le cas est périlleux.

Les gardiens se retirent effrayés, ils ne peuvent respirer cette atmosphère, d'autres esprits les remplacent, mais, possédés des mêmes vices, ils revivent leurs sensuelles existences et se complaisent à avilir le malheureux dont ils se sont emparés. Cette tendance du péché corporel à se continuer est l'une des plus effroyables conséquences de la volontaire et grossière transgression aux lois de la nature. L'Esprit, qui a uniquement vécu pour et par les satisfactions matérielles, erre, après la mort de son corps, partout où l'appellent ses anciennes voluptés ; il revit sa vie corporelle dans les vices de ceux qu'il attire au péché. Si vous pouviez voir les sombres Esprits, faisant foule, partout où les vicieux se réunissent, vous sauriez quelque chose des mystères du mal. L'influence de ces vils Esprits facilite la chute persistante et ne montre qu'infranchissables obstacles à celui qui aurait une velléité de retour. Chaque misérable est le centre d'un groupe malfaisant, qui met une ardeur féroce à le ravaler à son propre niveau.

Tels sont ceux qui, dépouillés de leurs corps, gravitent dans des régions inférieures à la terre. Ils vivent avec leurs tentateurs, dans l'espoir d'assouvir des passions, des appétits, non abolis, malgré la perte des moyens qui permettaient autrefois de les satisfaire.

Dans ces sphères, ils restent cependant accessibles aux tentatives des Esprits missionnaires, qui cherchent à éveiller en eux un désir d'amélioration. Quand ce désir perce, l'Esprit fait son premier pas en avant. Il est moins rebelle aux saintes influences et est protégé par les Esprits purs et dévoués, chargés de secourir les âmes en péril.

Vous avez, autour de vous, des hommes ardents et généreux qui ne craignent pas de pénétrer dans les plus infâmes refuges du vice, pour sauver, aider quelques misérables. Leur amour et leur abnégation les couronneront de gloire. Ainsi, parmi nous, des Esprits se sont voués au travail d'assister les avilis, les abandonnés. Par leurs efforts, nombre d'Esprits se relèvent et, sauvés de la dégradation, ils poursuivent laborieusement une longue purification à travers les sphères de probation. Nous savons peu de choses des basses sphères. Nous savons, vaguement, qu'il y a des lignes de démarcation entre les degrés et les différentes sortes de vice. Ceux qui méconnaissent et refusent d'accepter la moindre lueur vivifiante, qui se vautrent dans le crime, tombent si bas qu'ils perdent conscience de leur identité et sont pratiquement éteints ; en tant que cela concerne l'existence personnelle, c'est du moins ce que nous croyons. Hélas ! Combien cette pensée est accablante ! De tels cas sont rares, atteignant seulement l'âme qui, de propos délibéré, a rejeté tout ce qui est bon. Ceci est le péché jusque dans la mort, dont Jésus a parlé à ses disciples. C'est le péché d'exalter l'animal jusqu'à extinction du spirituel, de dégrader même le corporel. La bête est corrompue et malade, écrasée sous les passions malsaines, l'esprit est étouffé et se perd dans une insondable obscurité.

Ceci est le péché impardonnable. Non parce que le Suprême ne veut pas pardonner, mais parce que *le pécheur veut qu'il en soit ainsi*. Impardonnable parce que le pardon est impossible là où le péché est congénial et inaccessible à la pénitence.

Le châtiment suit toujours la faute, non par mesure arbitraire, *c'est l'inévitable résultat de la violation de la loi*. Les conséquences de la transgression ne peuvent être évitées, quoiqu'elles puissent être palliées par le remords, qui suggère le dégoût de la faute et le désir de la réparer. C'est le premier pas, une meilleure aspiration naît dans l'esprit.

L'atmosphère spirituelle change, les bons guides y entrent promptement pour aider l'âme qui veut lutter. Elle est éloignée des ennemis. Remords et chagrin sont encouragés. L'esprit devient doux, plus tendre, sensible aux saines influences. L'âme progresse. Ainsi la faute est expiée, la longueur et l'amertume de la pénitence allégées. Ceci est vrai de tout temps.

C'est d'après ce principe que nous avons signalé la folie de votre conduite vis-à-vis de ceux qui transgressent vos lois. Si nous agissions de même avec les coupables, il n'y aurait pas de rénovation, et les sphères des dépravés seraient remplies d'âmes perdues sans retour. Mais Dieu est plus sage et nous sommes ses ministres.

SECTION IV

(Les pages ci-dessus sont choisies parmi une quantité de messages écrits pendant les mois de mai et d'août 1873. A cette époque, l'écriture était devenue facile, il semblait aussi qu'il fallût moins d'effort pour trouver les mots appropriés.

Plusieurs faits et des récits précis sur la vie de quelques Esprits avaient déjà été racontés. Par exemple, le 22 mai 1873, j'écrivais sur un tout autre sujet, quand la communication fut suspendue, et on écrivit le nom de Thomas-Auguste ARNE. On dit qu'on le mettait en relation avec moi à cause de son intérêt pour un de mes élèves, fils du Dr Speer, qui montrait de grandes capacités musicales.

J'étais alors fortement impressionné par le caractère de l'écriture automatique et les informations reçues. Je demandai d'abord si je pourrais obtenir d'Arne par le médium de l'esprit Docton (qui écrivait) quelques indications exactes sur sa vie. La requête fut accueillie sans délai. La date de la naissance d'Arne (1710), son École (Éton), son professeur de violon (Festing), ses œuvres ou plutôt huit ou neuf d'entre elles, le fait que *Rule Britannia* était contenu dans le *Masque d'Alfred* et une quantité de minutieux détails furent donnés sans la moindre hésitation. Profondément surpris de recevoir une telle masse d'informations, non seulement étrangères à mon esprit, mais aussi à mes dispositions et pensées, car je suis, en musique, d'une ignorance complète et je n'ai rien lu sur ce sujet, je demandai comment il était possible de fournir autant de renseignements précis.

On me répondit que c'était très difficile et possible seulement quand le médium se trouvait dans un état absolument passif et *réceptif*. De plus, me dit-on, les esprits avaient accès à des sources d'information, ils pouvaient en user pour raviver leurs souvenirs. Je demandai comment ? En lisant sous de certaines conditions dans un but déterminé, ou en s'enquérant comme fait l'homme ; quoique possible, c'est moins facile aux esprits.

Mon ami pouvait-il lui-même recueillir des informations ? Non, il avait depuis trop longtemps quitté la terre, mais il nomma deux esprits accoutumés à écrire quelquefois et capables de remplir cette tâche. Je demandai que l'un d'eux fût amené. J'étais assis dans une chambre qui n'était pas la mienne, attendant un élève. Cette pièce servait de salle d'étude et les murs étaient garnis de planches chargées de livres. L'écriture cessa. Après un intervalle de quelques minutes, une autre écriture apparut.)

— *Pouvez-vous lire ?*

— Non, ami, je ne peux pas, mais Zachary Gray et Rector le peuvent ; je ne suis pas capable de me matérialiser ou de commander aux éléments.

— *Un de ces esprits est-il là?*

— J'en amènerai un tout à l'heure, j'enverrai. Rector est là.

— *On me dit que vous pouvez lire; est-ce vrai? Pouvez-vous lire dans un livre?*

(L'écriture change.)
— Oui, ami, avec difficulté.

— *Voulez-vous écrire pour moi la dernière ligne du I*^{er} *livre de l'Énéide?*

— Attendez. Omnibus errantem terris et fluctibus æstas.
(C'était exact.)

— *Exact, mais je peux l'avoir su, pouvez-vous aller à la bibliothèque prendre l'avant-dernier livre sur la seconde planche et me lire le dernier paragraphe de la 94*^{e} *page? Je ne l'ai pas vu et ignore même son nom.*

— « Je prouverai brièvement par une courte nar-
« ration historique que la papauté est une nou-
« veauté qui s'est graduellement élevée ou a surgi
« depuis l'époque primitive et pure du christianisme,
« non seulement depuis l'âge apostolique, mais
« depuis la lamentable union de l'Église et de l'État
« par Constantin. »
(A l'examen, le livre était un singulier ouvrage, intitulé : « *Rogers antipopopriestian*, une tentative

pour purifier le christianisme en le libérant de la papauté, de la politique et de la prêtrise. » L'extrait ci-dessus était exact moins le mot narration substitué à celui de récit.)

— *Comment suis-je tombé sur un passage si approprié ?*

— Je ne sais pas, mon ami, c'était une coïncidence. Le mot a été changé par erreur. Je m'en suis aperçu quand c'était fait, mais n'ai pas voulu rectifier.

— *Comment lisez-vous ? Vous écriviez plus lentement, par sauts et saccades ?*

— J'ai écrit ce dont je me souvenais. Je suis allé ensuite pour lire davantage ; il faut un effort spécial pour lire et ce n'est utile que comme preuve. Votre ami avait raison hier au soir, nous pouvons lire, mais seulement quand les conditions sont très bonnes. Nous lirons une fois encore, écrirons, puis nous vous indiquerons le livre dont nous nous serons servi : « Pope est le dernier grand écrivain de cette école de poésie, la poésie intellectuelle, ou plutôt de l'intellectuel mêlé à l'imagination. » C'est écrit exactement. Allez et prenez le 11e volume sur la même planche (je pris un livre intitulé *Poésie, Roman et Rhétorique*), il s'ouvrira à la page, lisez et reconnaissez la permission qui nous est donnée de vous montrer notre pouvoir sur la matière. Gloire à Dieu. Amen !

'(Le livre s'ouvrit à la page 145; la citation était parfaitement exacte. J'ignorais ce livre et n'avais par conséquent aucune idée de ce qu'il contenait.)

APPENDICE A LA SECTION IV

Dans la section IV, on a rapporté des détails sur la vie d'Arne, musicien compositeur. Le 25 mars 1874, une quantité de faits et de dates furent donnés spontanément sur d'autres compositeurs dont j'ignorais même les noms, savoir : D*r* Benjamain Cook, Pepuxh, Wellesley, C*te* de Mornington. Les indications étaient absurdement minutieuses, rédigées comme de brèves notices destinées à un dictionnaire biographique. Leur auteur, *Doctor*, les qualifiait de sans valeur, sauf pour vous convaincre « de la fin que nous poursuivons, car les détails de la vie terrestre nous offrent maintenant peu d'intérêt ».

Le 16 juillet 1874, malade et confiné dans ma chambre, je reçus une autre communication à propos de ces esprits musiciens, qui ne m'intéressaient pas du tout et qui avaient cependant une intime connexion avec une personne que je voyais chaque jour. Cette fois, on parlait de John Blow, compositeur dès son enfance cité comme l'élève de Christophe Gibbon et le successeur de Purcell à l'abbaye de Westminster. Une question amena la date de 1648-1708. Je suppose que mon état supersensitif créait un lien entre moi et ces esprits et avait attiré cette visite de hasard.

Le 5 octobre 1874. — Une preuve plus personnelle

fut fournie. Le même esprit (voir section IV), qui avait été désigné comme capable d'écrire un extrait tiré d'un livre, transcrivit des observations sur d'anciennes chroniques qui, dans leur ensemble, ne m'étaient pas inconnues, puisqu'elles rentraient dans le courant de mes études. Les détails étaient donnés avec tant de précision qu'ils se trouvaient en dehors de ma capacité mentale, car c'est une particularité de mon esprit de ne pouvoir ni retenir, ni reproduire des faits dans leurs détails infimes, il est également réfractaire pour apprendre les dates et s'en souvenir; loin d'essayer de me corriger, j'ai plutôt encouragé cette disposition naturelle pour m'adonner à la culture des idées générales qui me paraissent infiniment plus utiles.

Un fait singulier, c'est que presque toutes les communications écrites par ma main, sauf celles qui ont été dictées par *Imperator*, se distinguent par un luxe de détails infiniment petits et une absence d'ampleur et de diversité dans les vues.

A cette même époque (1874), vingt-six lignes, extraites des ouvrages de Norton, vieil alchimiste, furent écrites dans des caractères curieusement archaïques, très différents de tous ceux employés jusque-là. J'ai pu vérifier, non sans difficulté, l'exactitude de la citation, car on sait peu de chose sur Norton; la date de sa naissance et celle de sa mort ne sont même pas bien connues. On nous dit qu'il était un vieil étudiant d'occultisme, médium pendant sa vie, ce qui lui permettait de revenir plus facilement sur terre. Son poème était intitulé : *l'Ordinal ou Manuel d'art chimique*, rédigé pour son patron l'archevêque Neville, d'York.

Je pourrais multiplier les exemples, ils ne prouveraient rien de plus. J'ai choisi, presque au hasard, dans la masse des faits, un certain nombre de cas à citer.

En voici cependant encore un, dont je parle à cause de la circonstance singulière qui nous permit de vérifier l'authenticité de la communication. Il semble que le même pouvoir qui produisit le fait fournit la méthode de vérification. Ce fait avait le mérite d'être absolument inconnu à toutes les personnes présentes, je le reproduis d'après mes notes.

25 mars 1874. — Un esprit communique par la table un nom et des particularités, complètement ignorés de tous les membres du cercle. Le jour suivant, je demande ce que cela signifie ?

L'esprit a dit vrai en se nommant Charlotte Buckworth. Elle n'a pas de relation spéciale avec nous, mais elle a été autorisée à parler, parce qu'elle se trouvait là, par chance, et que cela pouvait vous offrir une preuve. Les conditions étaient défavorables pour notre travail, nous n'arrivions pas à les harmoniser, elles restaient troublées, ce qui est inévitable après une journée telle que celle que vous veniez de passer. Les influences contradictoires au milieu desquelles vous étiez jeté introduisaient des éléments de désordre que nous ne pouvions contrôler.

(J'étais resté avec quatre personnes plus ou moins médiums, ce genre de société m'impressionne toujours.)

Vous ne savez pas combien vous êtes sensible à de pareilles influences. L'esprit venu à vous a quitté la terre, il y a plus de cent ans, il est entré soudain et sans préparation dans la vie de l'esprit en 1773 ; il passa dans la maison d'un ami, Jermyn Street, où il était venu pour une partie de plaisir. Il pourra probablement vous en dire plus long.

— *Ira-t-on chercher cet esprit ?*

Nous n'avons pas d'action sur lui.

— *Sait-on quelque chose de plus sur cette personne ?*

Oui, elle était très anxieuse d'en dire davantage, mais le pouvoir était épuisé. Occupée dans sa sphère spéciale après un long sommeil, elle vient seulement d'être mise en contact avec l'atmosphère de la terre. Elle est attirée par les cercles où règne l'harmonie, étant elle-même une nature aimante. Son départ de votre terre a été subit, car elle est tombée en dansant et a aussitôt quitté son corps.

— *Quelle a été la cause de sa mort ?*

Faiblesse du cœur accrue par une danse violente. C'était une fille étourdie quoique de disposition douce et aimable.

— *Où et dans quelle maison cela est-il arrivé ?*

Nous ne pouvons le dire. Elle sera probablement capable de parler elle-même.

(D'autres sujets furent traités et il ne fut plus question de Charlotte. Le même jour, dans l'après-

SECTION IV

midi, étant occupé et hors de chez moi, je fus obligé, malgré moi, de céder à l'impulsion d'écrire la brève communication suivante :)

Nous nous sommes assurés que c'était de chez un Dr Baker que Lottie partit, le 5 décembre. Nous ne saurions en dire plus, mais c'est assez.

(La vérification de ce fait fut aussi inattendue que l'incident lui-même, auquel nous n'avions plus pensé, jugeant que nous n'avions aucun moyen de contrôle. Quelque temps après, le Dr Speer reçut un de ses amis, très amateur de livres ; nous causions tous les trois dans une chambre où il y en avait beaucoup qu'on consultait rarement, ils étaient rangés sur des planches allant du plancher au plafond. L'ami du Dr Speer, que j'appellerai M. A., monta sur une chaise pour atteindre le rayon le plus élevé qui était entièrement occupé par des volumes du Registre annuel. Il en prit un au milieu d'un nuage de poussière et se mit à le commenter ; on pouvait, dit-il, dans ce résumé utile des événements annuels, trouver presque tous les renseignements. Comme il prononçait ces mots, l'idée me vint que ce serait le moment de vérifier l'information, donnée sur la mort de Charlotte. Il me sembla que j'entendais une voix s'adressant à *mon sens intime*. Je me mis à la poursuite du volume de 1773 et j'y trouvai parmi les nécrologies un récit de cette mort qui avait eu lieu dans une maison à la mode, pendant une fête. Le livre était recouvert d'une épaisse couche de poussière. Depuis quelque cinq ans qu'on avait arrangé cette bibliothèque, personne n'avait songé à toucher ces livres, et, sans les goûts d'amateur de M. A., aucun de nous n'aurait pensé à en prendre un.

Je citerai encore ici : le 29 mars 1874, une communication fut écrite dans mon cahier, je ne savais qu'en faire : l'écriture m'était inconnue, très tremblante et heurtée, elle paraissait tracée par une personne extrêmement faible et âgée. La signature resta une énigme jusqu'à ce qu'elle fût déchiffrée par l'esprit secrétaire. Ce message émanait d'une très vieille femme, dont je n'avais jamais entendu parler ; elle était morte à plus de quatre-vingt-dix ans dans une maison peu éloignée de celle où notre cercle se réunit. Le nom de la résidence où s'étaient écoulées les premières années de cette dame, son âge, la date du décès furent donnés très exactement. Je n'ai ni l'autorité ni le désir de demander à ses amis encore vivants la permission d'imprimer ces détails intimes. Le message fut apparemment transmis parce que « l'esprit », qui avait, nous dit-on, quitté la terre au mois de décembre 1872, « étant plein de ses années terrestres, s'était reposé de son labeur ». A son réveil, sa vieille demeure l'avait attiré, puis le cercle qui se trouvait dans le voisinage immédiat.

Dans cette circonstance comme dans tous les cas où l'identité a été prouvée, je crois que les informations sont dues à l'insistance d'Imperator, qui voulait me procurer une preuve évidente de l'identité spirituelle ou plutôt de l'individualité perpétuée après la mort corporelle. Les faits furent sans doute choisis à dessein ; je n'ai jamais pu obtenir une preuve suggérée par moi ou intervenir d'une façon quelconque, malgré mon ardent désir d'avoir le moyen d'établir une conviction rationnelle. Le plan de mes instructeurs paraît avoir été préconçu.

SECTION V

(Le jour suivant, j'eus une longue conversation au sujet du pouvoir exercé, sur terre, par les esprits, pouvoir étendu, dit-on. Je questionnai sur la nature de ce pouvoir appliqué aux individus ; on m'indiqua des cas d'obsession absolue. On dit qu'il était prudent de le mettre seulement à la portée d'esprits sages et intègres, de leur tracer des règles pour l'exercer, afin d'éloigner les esprits arriérés qui obsèdent et tout au moins de réduire matériellement leur capacité de nuire. On insista sur l'universalité de l'action spirituelle, bienfaisante ou non, selon ce que veut l'homme, dont elle dépend dans une large mesure. Je demandai quelles étaient les conditions les meilleures pour recevoir cette influence, qui tendait à se répandre beaucoup.)

Il y a, vous le savez, des variétés de médiumnité et il y a divers modes par lesquels s'exerce l'influence de l'esprit. Certains sujets sont choisis pour les seules particularités physiques qui en font des véhicules bien préparés; leur organisation corporelle est adaptée au but de manifester extérieurement l'influence spirituelle sous sa forme la plus simple. *Ils ne sont pas inspirés mentalement, et les informations, qui* seraient données par les esprits qui se servent d'eux, ne mériteraient aucune créance ; ils sont employés comme *moyens démonstratifs du pouvoir de l'esprit*, pour obéir à l'agent invisible extérieurement capable de produire des phénomènes objectifs.

Ils vous sont connus comme les instruments à travers lesquels les phénomènes élémentaires sont manifestés. Leur travail n'est pas moins significatif que celui qui est produit par d'autres. Ils se rattachent à la fondation de la croyance.

Quelques sujets sont choisis à cause de leur nature douce et aimante ; ils ne sont utilisés pour aucun acte physique, phénoménal ; souvent, ils ne sont même pas en communication consciente avec le monde spirituel, mais ils reçoivent la direction spirituelle ; leurs âmes douces et pures sont cultivées, perfectionnées par des soins angéliques ; ils arrivent par degrés à recevoir consciemment les communications des sphères, où il leur est donné d'être assez clairvoyants pour apercevoir quelques aspects de leur future demeure. Un esprit ami et affectionné est attiré vers eux, ils sont enseignés, impressionnés et guidés jour par jour. Ce sont les âmes tendres entourées d'une atmosphère de paix, de pureté et d'amour ; elles vivent dans le monde pour y donner un éclatant exemple et passent en pleine maturité aux sphères de repos et de sérénité pour lesquelles leur vie terrestre les a préparées.

D'autres encore sont intellectuellement cultivés et prêts à offrir à l'homme une connaissance plus étendue et des vues plus larges pour approcher de la vérité. Les esprits avancés influencent les pensées, suggèrent des idées, fournissent les moyens d'acquérir le savoir et de le communiquer à l'humanité. Les voies par lesquelles les esprits exercent leur influence sur les hommes sont aussi multiples que variées. Par des moyens ignorés de vous, les événements sont arrangés de façon à amener la fin qu'ils ont en vue. La tâche la plus difficile pour nous est de choisir un médium par lequel les messages d'esprits élevés puissent être rendus publics.

Le sujet doit avoir des facultés réceptives, car nous ne pouvons pas mettre dans un esprit plus d'informations qu'il n'en peut recevoir ; en outre, il doit être dégagé de sots préjugés mondains, il faut qu'il ait désappris ses erreurs de jeunesse et prouvé qu'il peut accepter une vérité même quand elle est impopulaire.

Plus encore, il doit être exempt de dogmatisme théologique et de parti pris sectaires. Il ne doit pas être enfoui sous des notions terrestres. Il ne doit pas être lié par la fallacieuse illusion *qu'il sait*, c'est être ignorant de sa propre ignorance. Il doit avoir une âme libre et chercheuse, une âme qui veut savoir progressivement et qui a la perception de la vérité d'au delà, qui croit qu'on ne peut cesser d'aspirer à la vérité.

Enfin, notre œuvre ne doit pas être défigurée par l'assertion personnelle d'un esprit antagoniste, ou par les desseins intéressés d'un fol orgueil ; avec de tels sujets, nous ne pouvons que chercher à oblitérer graduellement l'égoïsme et le dogmatisme qui les aveuglent. Nous désirons pour notre travail un esprit capable, ardent, chercheur de vérité, impersonnel, aimant. N'avons-nous pas bien dit qu'il était difficile de trouver une telle individualité parmi les hommes? Difficile, en vérité, presque impossible. Nous prenons alors ce que nous pouvons trouver de mieux, et par des soins constants nous le préparons pour l'ouvrage désigné. Nous lui inspirons un esprit d'amour et de tolérance pour des opinions contraires à ses propres dispositions mentales. Cela l'élève au-dessus des préjugés dogmatiques et le prépare à découvrir que la vérité multiple et variée *n'est la propriété de personne*. Provision de savoir est donnée à l'âme qui peut la recevoir. La fondation une fois solidement établie, la superstructure s'élève sans danger. Les opinions et le ton de la pensée sont lentement formés jusqu'à ce qu'ils soient en harmonie avec le but que nous poursuivons.

Beaucoup et beaucoup de choisis tombent ici ; nous les abandonnons, persuadés qu'ils doivent être laissés pour un temps, incapables de recevoir la vérité dans votre monde. Imbus des vieux préjugés, cramponnés aux articles dogmatiques, ils ne peuvent nous servir.

Les solides conséquences de notre enseignement sont une parfaite véracité unie à une absence de crainte et d'anxiété. Nous amenons l'âme à s'en remettre avec une confiante quiétude à Dieu et à ses instructeurs spirituels ; nous la disposons à attendre avec patience ce qu'il nous est permis de faire et d'enseigner. Cet état d'esprit est tout opposé à l'agitation tracassière et plaintive que manifestent beaucoup d'âmes ; à ce point encore, nombre d'entre elles s'écartent épeurées, inquiètes, assiégées de doutes. La vieille théologie leur enseigne un Dieu qui guette leur chute, un diable qui tend perpétuellement des pièges. Elles s'effraient de la nouveauté de notre enseignement ; leurs amis parlent d'antéchrist. Les anciennes fondations sont ébranlées, les nouvelles ne sont pas construites ; les adversaires pénètrent et tentent l'âme vacillante ; elle craint, s'éloigne et nous est inutile. De plus, nous poursuivons l'égoïsme sous toutes ses formes. Il n'y a rien de plus complètement fatal à l'influence spirituelle que la recherche de soi, de sa propre satisfaction, la vantardise, l'arrogance ou l'orgueil. L'intelligence doit être subordonnée, ou nous ne pouvons agir ; si elle est dogmatique, elle est inutilisable ; si elle est arrogante et égoïste, nous ne pouvons l'approcher. La profonde abnégation est la vertu, qui a paré les sages et les saints de tous les temps. Les voyants qui, dans le lointain passé, transmettaient le message de vérité relative, utile à leur génération, étaient des hommes qui s'oubliaient pour se dévouer à leur mission. Ceux qui parlaient aux Juifs étaient des hommes très détachés d'eux-mêmes, purs et sincères dans les actes de leur vie. Jésus a donné le magnifique exemple du plus complet oubli de soi. Il vécut, parmi vous, uniquement dévoué, agissant toujours pour soulager, éclairer, instruire. Il se sacrifia, jusqu'à la mort, pour la vérité. Par lui vous est offert le plus pur modèle que l'histoire puisse citer. Son existence témoigne de ce qui est humainement possible à l'homme. Ceux qui depuis ont combattu l'erreur et répandu sur le monde les rayons de vérité ont été des hommes de détachement, ardemment dévoués à une tâche pour laquelle ils se savaient choisis. Socrate et Platon, Jean et Paul, pionniers de vérité, hérauts de progrès, avaient des âmes dénuées d'égoïsme, dédaignant les avantages personnels, ne recherchant ni pompe, ni grandeur. Ils possédaient au plus haut degré l'ardeur et l'unité de dessein, le dévoûment à leur mission, l'oubli d'eux-mêmes et de leurs intérêts. Autrement ils n'auraient pas accompli leur tâche. L'égoïsme en aurait dévoré la moelle. L'humilité, la sincérité, l'enthousiasme ardent les portèrent.

Voilà le caractère que nous cherchons. Il est rare, aussi rare que beau. Cherche, ami, l'esprit du philosophe calme, confiant, véridique, actif. Cherche l'esprit du philanthrope aimant, tolérant, prêt et prompt à donner l'aide nécessaire. Ajoute l'abnégation du serviteur de Dieu qui fait son service sans chercher de récompense. Pour un tel homme, le saint et noble travail est possible, nous veillons sur lui avec un soin jaloux ; les anges du Père lui sourient, l'entourent et le protègent contre le mal.

— *Mais vous décrivez un caractère parfait ?*

Oh non ! vous n'avez aucune conception de ce qu'est l'esprit parfait. Vous ne pouvez pas plus vous le figurer que vous ne savez comment l'âme fidèle absorbe l'enseignement spirituel et croît de plus en plus à la ressemblance de son maître. Vous ne voyez pas, comme nous, la croissance graduelle de la semence plantée et soignée par nous au prix d'un lourd labeur. Vous savez seulement que l'âme grandit en vertus aimables, devient plus belle et plus digne d'être aimée. Le caractère que nous avons essayé, incomplètement, d'esquisser en termes intelligibles, pour vous, n'est pas parfait, mais n'est qu'une vague peinture de ce qu'il deviendra.

Ce que vous appelez perfection est taché, terni par des fautes que l'esprit voit.

— Oui certainement ; mais on ne peut en trouver que très peu ?

Peu ou aucun, sauf en germe. Nous ne cherchons pas la perfection ; nous ne désirons que sincérité avec un vif désir de perfectionnement, un esprit libre, réceptif, pur et bon. Attendez avec patience. L'impatience est une faute terrible. Évitez l'excès de recherche anxieuse, quant aux causes, que vous ne pouvez contrôler. Laissez-nous cela. Réfléchissez dans la solitude à ce que nous vous disons.

— Je suppose qu'une vie retirée est plus favorable que le tourbillon affairé de la ville ?

(Ici l'écriture passa subitement des caractères menus et nets de *Doctor* à une calligraphie d'un archaïsme très particulier, presque indéchiffrable et signée *Prudens*.)

Le monde affairé est contraire aux choses de la vie spirituelle. Les hommes s'absorbent dans ce qu'ils peuvent voir, saisir, accumuler et cacher ; ils oublient qu'il y a une vie future de l'esprit. Ils deviennent si matériels, si occupés d'intérêts humains qu'il n'y a plus de place chez eux pour ce qui durera cependant, quand ils auront passé. La constante préoccupation, d'ailleurs, ne laisse pas de loisir pour la contemplation et l'esprit s'affaiblit, faute d'aliments ; le corps est usé, accablé sous le poids du travail et des soucis et l'esprit est presque inaccessible. Au surplus, l'atmosphère est lourde du conflit des passions, inimitiés, jalousies, contentions qui nous sont hostiles. Autour de la ville agitée, avec ses multitudes réunies dans des lieux où les vices les tentent, les légions d'esprits adverses flottent, prêts à entraîner à la ruine ceux qui sont faibles. Ils nous causent bien des chagrins et beaucoup d'anxiété. La vie de contemplation convient le mieux pour communier avec nous. Il ne s'agit pas de supplanter la vie d'action, mais il faut, en quelque sorte, les combiner. Cela peut se pratiquer assez facilement, quand les forces physiques ne sont pas épuisées par des soucis pesants et un labeur excessif.

Le désir doit être inhérent à l'âme, et quand il existe, ni l'obsédante inquiétude ni les tentations mondaines n'empêchent de reconnaître un monde de l'esprit et de communier avec lui. Le cœur doit être préparé, mais il nous est plus aisé de faire sentir notre présence quand les entours sont purs et paisibles.

SECTION VI

(A cette époque, je rencontrai M. Home, ce fut par hasard, le jour du Derby, il déclara médiumniquement qu'il était impossible aux esprits de rien faire dans les conditions troublées où on se trouvait. Le jour suivant (29 mai) j'eus une conversation à ce sujet au cours de laquelle on écrivit:)

Ces sortes de fêtes, comme vous les appelez, causent une perturbation importante dans les conditions morales; il nous est très difficile de vous atteindre. Quand de semblables occasions leur sont offertes, les esprits, nos antagonistes, se massent ensemble pour agir, avec succès, sur des hommes réunis dans le but de satisfaire à leurs basses passions. Il y avait hier des foules excitées au plus haut degré, les unes par la cupidité, qu'il y eut gain ou perte, les autres par des boissons enivrantes. Proies faciles, elles étaient attaquées par des esprits leur ressemblant. Même, sans faute absolue, ces réunions attirent des esprits mal réglés, qui sont souvent les agents volontaires d'une influence émanant d'autres esprits arriérés. Évitez-les. Gardez-vous des dispositions mentales immodérées, irréfléchies, violentes. Ces jours-là, les agents protecteurs doivent faire de grands efforts pour s'opposer à l'assaut des non-développés, menés à l'attaque, et pour prévenir de leur mieux la chute des âmes tentées.

— *Mais ce que vous dites s'appliquerait à toutes les fêtes nationales ?*

Non, pas nécessairement. La fête qui procure le délassement du corps et de l'esprit ne ressemble pas à ces orgies. Quand les forces physiques usées, par un travail accablant, se récupèrent dans un repos agréable et que l'esprit harassé est rafraîchi par un amusement modéré, il se détend et oublie momentanément ses soucis ; diversion naturelle qui le fortifie et le stimule ; le calme de son esprit le rend accessible aux bienfaisantes influences des célestes gardiens, dont les pouvoirs sont ainsi fortifiés, réduisant à rien les projets des adversaires, même puissants. Vous devez pénétrer beaucoup plus avant dans la connaissance de la direction spirituelle et dans celle de vos devoirs mutuels, pour empêcher que vos réjouissances nationales soient autre chose que dégradantes pour votre peuple. Une fête marquée par des rixes et des débauches, le jeu et les passions sensuelles irritées, ne peut être un saint jour pour nous, mais, au contraire, un jour de crainte, de surveillance et de prière. Dieu aide et garde les âmes aveugles dans leur démence !

(Notre séance fut à ce moment troublée par des intrusions irrégulières. Une tentative, faite pour obtenir les photographies de quelques-uns des esprits familiers, échoua. Un esprit reproduit sur la plaque s'appropria le nom de *Rector*, mais on nous dit que c'était faux et qu'on n'avait aucune relation avec cet esprit inconnu et trompeur. J'essayai sans résultat d'obtenir d'autres informations intelligibles, et je fus obligé de cesser. Le jour suivant, ayant recouvré mon état passif habituel, l'écriture vint sans être sollicitée. A propos des difficultés qui s'étaient élevées la veille, je m'informai s'il nous était possible d'aider aux manifestations d'une façon quelconque.)

Rector n'a pu communiquer avec vous, à cause de votre état troublé, suite de l'extrême fatigue que vous a fait éprouver la séance. L'information donnée était complètement fausse. Votre esprit affirmait avec véhémence que le portrait était celui de *Rector*, qui ne connaissait pas assez cette forme de communication, pour savoir que votre disposition énervée, fiévreuse, jointe à un état intellectuel positif, obstiné, rendait impossible de vous transmettre n'importe quelle indication véridique. Quand vous vous sentez ainsi, ne cherchez aucune communication sur aucun sujet ; elle serait inexacte, incomplète et souvent nuisible.

(J'étais fort contrarié.)

— *Mon mince fonds de foi risque d'être épuisé si ces incidents se renouvellent. Cela n'était encore jamais arrivé ?*

Vous ne vous étiez jamais mis en communication sans ma (*Doctor*) présence ou celle d'un autre guide capable de vous prévenir et de vous préserver. Vous l'avez fait cette fois, quand les esprits, qui contrôlent les éléments physiques, étaient seuls présents ; aussi les résultats ont-ils été violents et ingouvernables.

Alors on vous a mis en garde. Ceci est un autre avertissement. *Rector* n'a pu influencer votre esprit positif et votre état fiévreux ne permettait pas de vous contrôler.

(Depuis lors j'ai toujours scrupuleusement évité d'essayer l'écriture automatique, quand j'étais soit malade et endolori, soit mentalement tourmenté, anxieux ou auprès de personnes atteintes des mêmes souffrances, ou entouré d'influences qui pouvaient faire obstacle. J'attribue à ces précautions le caractère régulier de mes communications. En général, elles sont curieusement courantes, les cahiers dans lesquels elles ont été écrites sont sans ratures et leur ton est très uniformément soutenu.)

Maintenez-vous aussi passif et tranquille que vous le pouvez. N'essayez pas de communiquer avec nous quand vous êtes excédé de travail, agité par des soucis ou épuisé de corps. N'ajoutez pas au cercle de nouveaux membres, qui ne peuvent que déranger et perturber les conditions. Souffrez que nous perfectionnions notre expérimentation avant d'intervenir pour la gâter. Nous vous aviserons des changements désirable que nous voudrons introduire dans notre cercle. Ne changez rien à la chambre où vous vous assemblez et tâchez autant que possible de vous réunir avec un esprit passif et un corps sain.

— *Oui. Travailler tout le jour du corps et du cerveau n'améliore pas les conditions, je suppose. Mais le dimanche est ordinairement pire.*

Ce n'est pas un jour favorable pour nous ; parce que si la tension de corps et d'esprit a cessé, la réaction laisse l'esprit plus enclin au repos qu'à l'action. Nous craignons de produire de nouvelles manifestations physiques avec vous ; ces expériences pourraient vous faire mal ; du reste, elles sont d'un intérêt secondaire, n'étant que des signes qui témoignent de notre mission, et nous ne désirons pas que vous vous reposiez sur elles. Il y a une autre raison qui nous empêche de manifester pour vous le dimanche. Vous ignorez les difficultés soulevées par le changement des conditions. Vous avez déjà entendu dire qu'il n'est pas bon de s'asseoir immédiatement après un repas. Les conditions physiques que nous réclamons sont la passivité et la rapide réceptivité, non la passivité provenant de paresse ou de torpeur. Il n'y a pas de pire condition que l'état de somnolence, qui suit un repas copieux arrosé d'une boisson stimulante. Ce stimulant peut, en certains cas, aider à des manifestations matérielles ; pour nous, c'est un obstacle, puisqu'il attire des esprits plus grossiers et arrête notre action. Nos projets ont été fréquemment frustrés par ces moyens. Vous ferez bien d'y penser et de vous garder tous de n'importe quel genre d'excès, quand vous voudrez communiquer avec nous. Un corps échauffé ou inerte, un esprit vague et inactif nous empêchent d'opérer librement. Un membre du cercle ainsi disposé, un malade ou un être souffrant réagissent sur nous et créent dans un groupe des conditions défavorables que nous ne pouvons surmonter.

— *Mais sûrement un corps affaibli et une nature détraquée par le manque de nourriture ne valent rien?*

Nous ne conseillons que la modération. Le corps

doit être fortifié par la nourriture, mais vous ne devez prendre séance que quand elle est assimilée. Il vous faut un stimulant modéré pour suffire à votre tâche quotidienne, mais il ne doit être pris qu'avec précaution. Vous pouvez voir que vous n'entrez en communication avec nous que sous les conditions [indiquées. Quand le corps et l'esprit sont prédisposés au sommeil, incapables d'une attention soutenue, ou malades, ou souffrants, il vaut mieux ne pas siéger à moins qu'on ne vous le dise. Un corps débilité par le jeûne n'est pas plus profitable qu'un corps épaissi et surchargé d'aliments recherchés. La tempérance et la modération nous aident. Si vous désirez, ami, faciliter notre travail et atteindre à de meilleurs résultats, vous devez apporter aux séances un corps solide et sain, des sens nets et éveillés, un esprit passif apte à recevoir. Alors nous ferons pour vous plus que vous ne pensez. Avec un cercle harmonieux convenablement constitué, les manifestations seront d'un ordre moins inférieur et l'enseignement donné plus relevé, plus digne de foi. La lumière dont vous parlez (1) est pâle, claire, sans fumée, quand les conditions sont bonnes ; elle devient terne, sale et fumeuse, si elles sont mauvaises.

(Il avait été dit qu'un couple ami, qui s'était sou-

---

(1) A cette époque, nous avions à nos séances habituelles une quantité de grandes lueurs phosphorescentes : claires et d'un jaune pâle, dans les conditions favorables ; rouges et fumeuses, quand quelque chose n'allait pas. Ces lumières étaient semblables à la lampe portée par l'esprit John King et atteignaient de grandes proportions sous des conditions favorables. On en trouvera une description complète dans mon prochain volume : *Recherches personnelles sur les Phénomènes objectifs du Spiritualisme.*

vent manifesté, était maintenant placé dans d'autres sphères de travail ; je demandai si les liens du mariage se perpétuaient.)

Cela dépend entièrement de la similitude de goûts et de l'égalité du développement. Dans le cas où cette conformité existe, les esprits peuvent progresser côte à côte. Dans notre cas, nous savons seulement que la communauté de goûts et d'association permet à ceux qui sont au même niveau de se développer par une aide mutuelle.

Pour nous, tout est subordonné à l'éducation de l'esprit, qui doit se développer sans cesse. Il ne peut y avoir communauté d'intérêt qu'entre des âmes congéniales ; en conséquence, aucun lien ne peut être perpétué, s'il n'est une occasion de progrès. Les liens antipathiques, qui ont empoisonné la vie terrestre de l'âme et ont entravé son ascension progressive, cessent avec l'existence corporelle. L'union des âmes, pour lesquelles l'incarnation matérielle a été une source de support, d'assistance, est accrue après la libération de l'esprit. Les liens affectueux qui enlacent de telles âmes sont le plus grand encouragement au développement mutuel. Les relations sont donc perpétuées, non parce qu'elles ont une fois existé, mais parce que dans l'éternelle adaptation des choses elles servent à l'éducation de l'esprit, le lien du mariage devient une alliance de solide amitié, durable et fortifiée par l'aide et le progrès mutuels. Toutes les âmes qui se soutiennent mutuellement restent en relations affectueuses jusqu'au moment où il leur est plus utile de se séparer ; elles s'éloignent sans chagrin, car elles peuvent communiquer encore et prendre part à ce qui intéresse les unes et les autres. Une loi contraire ne ferait que perpétuer des maux et suspendrait la marche du progrès. Il n'est permis à personne de faire cela.

— *Non, mais je me figure que des âmes, sans être exactement au même niveau mental et moral, peuvent cependant être remplies d'amour mutuel ?*

Ces âmes-là ne peuvent jamais être réellement séparées. Les considérations de temps et d'espace vous empêchent de comprendre notre état. Vous ne pouvez pas deviner comment des esprits peuvent être à une grande distance (selon votre notion d'espace), sans cesser d'être, comme vous le diriez, intimement unis. Nous ne connaissons ni temps ni espace. Nous ne pouvons être en union étroite qu'avec un esprit absolument au même niveau mental et progressif. En vérité, toute autre union serait impossible pour nous. Une âme peut être liée d'affection à une autre âme, sans l'intime relation que nous avons en vue, en parlant de même niveau de développement. L'amour unit les esprits à n'importe quelle distance.

Vous le voyez dans votre bas état d'existence. Le frère aime le frère, malgré les océans qui les séparent, les longues années écoulées sans s'être vu ni parlé. Leurs occupations ont pu être entièrement différentes, il est possible qu'ils n'aient aucune idée en commun et cependant ils s'aiment. La femme aime la brute dégradée qui mutile son corps et s'efforce d'écraser son esprit. L'heure de la dissolution la libérera du joug et de la douleur. Elle planera, lui tombera. Mais le lien ne sera pas encore brisé, quoiqu'il ne doive pas tarder à l'être. Même ici l'espace est annihilé, il n'existe pas pour nous. Ainsi vous pouvez vaguement comprendre ce que nous entendons par union, identité de développement, communauté d'intérêts, progression mutuelle et affectueuse. Nous ne connaissons pas les indissolubles liens dont on s'occupe chez vous.

— *Alors les paroles de la Bible sont vraies :* « *Ils ne se marient ni ne sont donnés en mariage, mais sont comme les anges de Dieu ?* »

Exactement. Nous avons déjà parlé de la loi de progrès et de la loi d'association. Elles sont immuables. Ce qui aujourd'hui vous paraît bon, vous le rejetterez avec le corps. Votre état actuel colore vos vues d'une teinte particulière. Nous sommes obligés de nous servir d'allégories et d'emprunter votre phraséologie pour expliquer beaucoup de choses : aussi ne devez-vous pas trop appuyer sur la signification littérale des mots que nous employons pour décrire ce qui, n'existant que pour nous, ne trouve pas sa contre-partie dans votre monde, dépasse vos connaissances présentes, et ne peut être dépeint qu'approximativement dans un langage terrestre. Ceci est un conseil nécessaire.

— *Oui. Cela expliquerait les contradictions qu'on trouve en certains cas dans les communications spirites ?*

De telles différences proviennent souvent de l'ignorance même des esprits, de leur incapacité à faire passer leurs idées par le canal de communication, de conditions fâcheuses au moment de la séance et d'autres causes : par exemple, les sottes questions et une curiosité puérile amènent les sottes réponses d'esprits au même plan que le questionneur.

— *Mais un esprit élevé ne voudrait-il pas essayer de relever le questionneur au lieu de répondre au sot selon sa sottise ?*

Oui, ce serait possible, mais la stupide disposition d'esprit empêche trop souvent un tel effort. Les semblables s'attirent et le curieux vulgaire, qui demande sans vouloir être instruit, mais pour satisfaire à un caprice ou pour nous embarrasser, ne reçoit de réponse, s'il la reçoit, que d'un esprit à son image. Ce n'est pas la disposition qui convient pour communiquer avec nous. Un esprit respectueux, attentif, obtient l'information et l'instruction qu'il est en mesure de recevoir. Les curieux frivoles, ignares et présomptueux, reçoivent ce qu'ils cherchent, ils sont renvoyés sans répliques ou avec celles qui conviennent à leurs questions. Fuyez-les, ils sont vides et sots.

SECTION VII

(Un esprit dont les traits m'étaient familiers fut photographié ; son costume ayant quelque chose d'anormal, j'en demandai la raison ; on me répondit que les conditions, sous lesquelles s'effectue la matérialisation partielle, nécessaires à la photographie, différaient de celles convenant à l'esprit qui se présente lui-même à la vision hyperphysique.

Quelques communications se rapportant à la philosophie néo-platonicienne suivirent. L'exposition de la phase spéciale de l'enseignement néo-platonicien fut des plus minutieuses et entièrement nouvelle pour moi. Le souffisme ou la méditation extatique, qui essaie par transport de rejeter tout ce qui n'est pas Dieu et d'atteindre la Vérité, par transfusion dans le Divin, fut exposé tout au long et illustré en la personne d'un de ses professeurs. J'appris ainsi beaucoup de choses dont j'ai retrouvé la trace, surtout dans les leçons de l'esprit en question, adouci et modifié par l'expérience.

Après cela, il y eut une courte suspension. Une nouvelle imposture qui se produisit dans un cercle où j'allais amena de vifs débats. Je fus pressé de m'abstenir de prendre part à d'autres réunions tant que la nôtre durerait ; on m'expliqua qu'il était de la plus haute importance d'éviter les contacts avec des médiums ou de fortes influences magnétiques quelles qu'elles fussent, que je ne pouvais être qu'un élément de trouble en me mêlant à d'autres groupes, ce qui réagirait sur le nôtre. Quelques remarquables extraits de vieux poètes, surtout de Lydgate, furent alors écrits par un esprit, qui ne faisait pas autre chose et paraissait enchanté de cette occupation ; il employait une écriture très marquée.

A une séance tenue le 13 juin 1873, de nombreuses questions furent posées sur des points de théologie et un long discours fut prononcé (le médium étant en transe). Il fut rédigé, en partie, sur l'heure, mais beaucoup de points furent omis ou imparfaitement rappelés. Le jour suivant, sans être interrogé, le même esprit qui avait parlé la veille au soir écrivit :)

Hier au soir, beaucoup de choses ont été dites à la hâte, elles ne sont pas exactement résumées dans le compte rendu, transcrit sur l'heure. Il est de la dernière importance que, sur un sujet aussi capital, nous nous exprimions avec soin et que vous puissiez comprendre précisément ce que nous désirons exposer. Nous voulons donc établir, d'une façon plus nette, ce que nous avons imparfaitement présenté au cercle. Les conditions de contrôle ne nous permettent pas oujours d'être aussi précis, en nous servant de la parole, que nous le sommes en communiquant par écrit, et cela malgré la soigneuse attention que nous y portons. L'isolement complet assure les conditions convenables pour être précis et exact.

Nous traitons de la Divine mission qui nous est dévolue. Au nombre des continuelles difficultés qui nous assaillent, une des plus sérieuses est que ceux dont nous souhaitons la coopération, parce qu'ils sont adaptables à notre objet, sont ordinairement entravés par des notions théologiques préconçues ou s'effraient de ce qui semble contredire ce qu'ils ont appris. Alors nous sommes incapables de les influencer et nous nous affligeons vivement qu'on attribue ce qui dérive de Dieu à des adversaires, à un diable tout-puissant et malfaisant ! Parmi tous nos opposants, ceux-ci nous attristent le plus. Le pseudo-savant qui ne veut rien voir qu'avec son propre médium, à ses conditions à lui, qui ne veut traiter avec nous que pour démontrer que nous sommes des trompeurs, des menteurs ou les fictions d'un cerveau détraqué, celui-là nous importe peu. Son œil aveuglé ne peut voir, son intelligence obscurcie, encombrée, rétrécie par une longue vie sacrifiée aux préjugés ne peut guère nous servir. Il peut, tout au plus, pénétrer avec peine dans les mystères de communion des sphères ; la base de connaissance qu'il pourrait acquérir, quoique utile et même de valeur, ne rendrait que de très minces services à notre œuvre spéciale. Nous ne cherchons pas davantage à engager l'attention des quelques hommes de science qui daignent s'occuper de l'aspect phénoménal de notre ouvrage. L'esprit dès longtemps habitué à l'observation des phénomènes de la physique est mieux préparé à élucider ces faits, qui sont de son domaine. Notre étude est différente et se rapporte à l'influence de l'esprit sur l'esprit et à la connaissance de ce que nous pouvons révéler sur la destinée de l'esprit. La catégorie des esprits ignorants et incultes, quoiqu'elle puisse plus tard atteindre un niveau où nous nous rencontrerons, ne peut servir actuellement. Elle ne sait rien de ce que nous avons à dire et ne le saura qu'après une période infinie de préparation préliminaire. Également nous avons peu à dire aux orgueilleux, à ceux qui, dans leur hautaine confiance en eux-mêmes, se croient sages, aux fils de la routine et de la respectabilité. Une évidence toute physique peut seule les atteindre. L'histoire que nous sommes chargés de publier ne serait pour eux qu'un conte de nourrice.

C'est vers les âmes ouvertes, qui ont connaissance de Dieu, du ciel, de l'amour et de la charité, que nous nous tournons avec un vif empressement ; elles désirent s'instruire et connaître le port auquel elles aspirent. Mais, hélas ! nous trouvons trop souvent les religieux instincts naturels, implantés par Dieu et nourris par l'esprit, étouffés ou défigurés par la rétrécissante influence d'une théologie humaine qui a grandi imperceptiblement, pendant les longs siècles d'ignorance et de folie. Ces esprits sont armés de toutes pièces contre la vérité qu'ils aiment cependant. Parlons-nous d'une révélation du Père Céleste ; ils ont déjà une révélation, ils ont décidé qu'elle est complète ; signalons-nous ses inconsistances en leur démontrant que nulle part elle ne prétend à la finalité ni à l'infaillibilité qu'ils lui assignent. Ils nous répondent par des mots sans suite, tirés des formulaires d'une Église, ou par une opinion empruntée et adoptée d'après quelque personne, qu'ils veulent considérer comme infailliblement inspirée. Ils nous appliquent un témoignage, puisé dans quelque récit sacré, qui a été donné à une époque spéciale, dans un but déterminé, et qu'ils s'imaginent être d'une application universelle et continue.

Si nous nous référons aux preuves, aux soi-disant

miracles qui attestent la réalité de notre mission, comme ils attestaient la mission de ceux que nous avons influencés dans le passé, ils nous répondent que le temps de ces miracles n'est plus, que les inspirés du Saint-Esprit avaient été autorisés à les produire, seulement dans les siècles lointains du passé. Ils nous disent que le diable, qu'ils ont eux-mêmes inventé, a le pouvoir de contrefaire l'œuvre de Dieu et ils nous relèguent dans les ténèbres, notre mission étant en antagonisme déclaré contre Dieu et le Bien. Ils voudraient, certes, nous aider, car ce que nous disons est probable, mais nous venons du diable. Nous devons en venir, parce qu'il est écrit dans la Bible que de faux et décevants esprits viendront. Il doit en être ainsi, car un Saint Maître n'a-t-il pas prophétisé ceux qui renieraient le fils de Dieu. Il doit en être ainsi, car ne mettons-nous pas la raison humaine au-dessus de la foi, ne changeons-nous pas la place où Dieu avait placé Christ et sa mission. Ne prêchons-nous pas un séduisant Évangile où les bonnes actions profitent à celui qui les accomplit. Tout cela n'est-il pas entrepris par l'Archi-Ennemi transformé en ange de lumière, pour tromper les âmes et les entraîner à la ruine.

Ces arguments, honnêtement exprimés par ceux dont nous voudrions gagner la confiance, nous causent un amer chagrin. Ces âmes, qui résistent par une piété mal comprise, sont aimantes, ardentes, il ne leur manque que l'ouverture d'esprit en vue du progrès réel, tendance qui les transformerait en lumières, brillant au milieu de l'obscurité terrestre. Nous voudrions leur confier notre message, car la connaissance qu'elles ont de Dieu et du Devoir est déjà un terrain solide; mais, avant de bâtir nos fondations, nous devons faire disparaître les détritus qui empêchent de construire solidement.

La Religion pour être digne de son nom a deux buts: Dieu et l'homme. Que peut objecter à cela la foi reçue, nommée orthodoxe par ses professeurs? En quoi différons-nous et comment notre message s'accorde-t-il avec la raison ? Car, de prime abord, nous en appelons à la raison, qui est implantée dans l'homme. Nous nous réclamons d'elle, car ce fut au nom de la raison que les sages fixèrent la liste des écrits contenant, selon eux, la révélation exclusive et finale de Dieu. Ils en appelèrent à la raison pour sanctionner leur décision. Nous aussi. Nos amis croient-ils que la Direction divine a prescrit, pour eux, ce qui serait pour tous les âges l'ensemble de la vérité révélée.

Nous aussi, nous sommes les messagers du Très-Haut, non moins envoyés que les esprits qui guidèrent les Voyants hébreux et qui aidèrent ceux dont le *fiat* établit la parole Divine. Notre message est leur message, seulement plus avancé, notre Dieu, leur Dieu, seulement plus clairement révélé, moins humain, plus divin. Que l'appel soit ou non de Divine inspiration, la raison humaine (guidée, sans doute, par des agents spirituels, mais étant toujours la raison) emporte la décision finale. Et ceux qui rejettent cet appel sont, par leurs propres bouches, convaincus de folie. La foi aveugle ne peut pas remplacer la confiance raisonnée ; car la foi est foi quand elle repose sur des assises solides et choisies, que la Raison confirme, sinon elle ne peut s'imposer à personne. Si elle ne s'appuie sur rien du tout, nous n'avons pas besoin de démontrer sa nullité et sa fausseté.

Nous nous tournons donc vers la raison ! Comment peut-il être raisonnablement prouvé que nous venons du diable ? En quoi notre credo est-il dangereux ? Sous quel rapport peut-on nous accuser de tendance infernale ? Ce sont les points sur lesquels nous vous instruisons.

SECTION VIII

(Après un long discours (en transe) sur les sujets traités dans la dernière communication, l'écriture fut reprise, le jour suivant, par le même esprit *Imperator*, se servant de l'amanuensis ordinaire, connu sous le nom de *Rector*. Après que ce qui suit fut écrit, on en discuta longuement, quelques réflexions furent ajoutées et l'on réfuta ces attaques contre l'enseignement donné.

Au point de vue où je me plaçais alors, cet enseignement pouvait fort bien être qualifié d'athéiste ou de diabolique par des fidèles. Je les trouvais pour ma part latitudinaires et je soutins des opinions se rapprochant davantage de la doctrine orthodoxe.

Pour suivre mon argument, le lecteur doit se rappeler que j'avais été élevé en stricte conformité avec les principes de l'Église protestante, que je m'étais appliqué à l'étude des théologies grecque et romaine et que je m'étais rallié, comme s'accordant le mieux avec les miennes, aux opinions de la fraction anglicane, de l'Église d'Angleterre. Quelques-unes de mes idées s'étaient modifiées, mais, en somme, je restais solidement attaché à la Haute Église.

A l'époque dont je parle, remonte cet état (auquel je ferai souvent allusion), une grande exaltation spirituelle, causée par la présence d'une intelligence dominante, j'en étais profondément conscient ; l'action qu'elle exerça sur moi produisit un travail de pensée équivalent à une régénération spirituelle.)

Vous reprochez à nos instructions leur incompatibilité avec le credo reconnu orthodoxe. Nous avons encore à dire sur ce sujet.

La religion, la vie saine de l'esprit a deux faces, l'une dirigée vers Dieu, l'autre vers l'homme. Que dit de Dieu le credo spiritualiste ? Au lieu d'un tyran jaloux et irrité il révèle un Père aimant, en vérité, juste, bon et rempli d'affection pour la moindre de ses créatures. Il ne reconnaît aucune nécessité de propitiation envers ce Dieu. Il rejette comme fausse toute notion présentant cet Être Divin sous l'aspect d'un maître vindicatif, punissant violemment le transgresseur ou exigeant le sacrifice des uns pour racheter le péché des autres. Encore moins enseigne-t-il que cet Être omnipotent trône dans un ciel où son occupation consiste à recevoir l'hommage des élus et à regarder les tortures des damnés, privés à jamais de lumière et d'espoir.

Un tel anthropomorphisme ne peut trouver place dans notre credo. Dieu, tel qu'il se fait connaître à nous par l'ordonnance de ses lois, est parfait ; Dieu centre d'amour et de lumière agit en stricte conformité avec ses immuables lois morales qui règlent nécessairement l'existence. Dieu est le grand objet de notre Amour, jamais de notre terreur ; ce que nous savons de Lui, vous ne pouvez même pas vous le figurer. Cependant aucun de nous ne l'a vu. Nous ne saurions goûter les sophismes métaphysiques par lesquels une indiscrète curiosité et une spéculation extra-subtile ont obscurci la primitive conception de Dieu, acceptée par les hommes ; elle était supérieure à celle qui a suivi. Nous n'épions pas. Nous attendons qu'il nous soit permis de savoir davantage. Vous devez aussi attendre. Nous parlons, en général, des relations entre Dieu et ses créatures, cependant nous pouvons élaguer nombre de petites inventions humaines, qui d'âges en âges ont été accumulées autour et sur les vérités centrales, par exemple, l'élection d'un petit nombre de favorisés. *Il n'y a d'autres élus que ceux qui travaillent par eux-mêmes à s'élever d'accord avec les lois qui les gouvernent.*

Nous ignorons la toute-puissance de la foi aveugle ou de la crédulité. Nous reconnaissons la valeur d'un esprit accessible, loyal, dégagé des étroitesses soupçonneuses. Celui-là s'approche de Dieu et s'attire la direction angélique. Mais nous dénonçons hautement la doctrine destructive qui affirme que, la foi, la croyance, l'assentiment accordés aux opinions dogmatiques, ont le pouvoir d'effacer les transgressions ; qu'une vie terrestres vicieuse, souillée peut être abolie et l'esprit se relever, purifié par l'aveugle acceptation d'une idée, d'une imagination, d'une croyance irraisonnées. Une telle doctrine a avili plus d'âmes, qu'aucune autre superstition que nous pourrions indiquer.

Nous n'enseignons pas davantage qu'une croyance soit suprêmement efficace à l'exclusion des autres, aucune forme de culte n'a le monopole de la vérité ; toutes en possèdent le germe, *toutes sont soumises à l'erreur.* Nous savons ce que vous ne savez pas ; quelles circonstances déterminent la forme religieuse adoptée par un incarné, nous l'apprécions en conséquence. Nous connaissons des intelligences très supérieures, haut placées dans la hiérarchie spirituelle, qui ont progressé en dépit du culte qu'elles professaient sur terre. Nous n'accordons de valeur qu'à la poursuite zélée de la vérité, qui anime les propagateurs des doctrines les plus dissemblables. La spéculation pure n'a aucune valeur pour nous. Nous repoussons avec dégoût les enquêtes oiseuses par lesquelles vos théologies ont prétendu résoudre les mystères de la science transcendante, nous ne nous soucions pas des puériles discussions que les hommes recherchent et nous ne nous occupons du sectarianisme que pour déclarer qu'il n'y a pas de plus dangereux agent provocateur, semant la rancune, la haine, la malignité et la mauvaise volonté.

Nous traitons de la religion en ce qui touche vous et nous dans un sens plus simple. L'homme, esprit immortel, à ce que nous croyons, placé dans la vie terrestre comme dans une école, a de simples devoirs à remplir ; en les remplissant il se prépare à des travaux plus relevés. *Gouverné par des lois immuables, ses transgressions lui font perdre du temps et l'accablent de maux ; son obéissance, au contraire,* lui assure le calme et de nouvelles lumières. Il reçoit la direction d'esprits qui ont suivi avant lui la même voie, et qui ont mission de le guider, *s'il le veut*. Il a en lui un besoin de justice qui le poussera plus directement vers la vérité, s'il permet qu'on le dirige et le protège. S'il refuse le secours offert, il tombera de transgression en détérioration. Ses péchés se châtient eux-mêmes et il n'éprouve que misère sans consolation.

Cette existence matérielle n'est qu'un fragment de

vie, mais ses actes comportent des résultats qui survivent à la mort du corps charnel ; il faut donc, quand les actes ont été mauvais, les expier dans la douleur. Les conséquences des bonnes actions sont également permanentes, elles attirent autour de l'âme pure des influences qui l'accueillent et l'aident dans les sphères.

La vie, nous vous l'enseignons, est une et indivisible. Une dans son développement progressif et une dans l'effet, partout semblable, des lois éternelles, inflexibles, qui la dirigent. Il n'y a point de favoris, personne n'est puni, sans merci, pour des erreurs inévitables. La justice éternelle est corrélative de l'amour éternel. La miséricorde n'est pas un attribut divin, elle est inutile, car elle implique la rémission d'une peine infligée. Cette rémission n'a pas d'objet, sauf dans le cas où la résultante de la vie matérielle est négative.

La Pitié est divine, la Miséricorde humaine. Nous ne reconnaissons pas la piété sensationnelle qui s'absorbe dans la contemplation et néglige le devoir. Nous savons que ce n'est pas glorifier Dieu. Nous prêchons la religion du travail, de la prière et de l'adoration.

Nous vous disons votre devoir — corps et âme réunis — envers Dieu, votre frère et vous-même. Nous laissons aux sots, tâtonnant dans l'obscurité, les oiseuses querelles de mots sur des fictions théologiques. Nous nous occupons de la vie pratique, et notre credo peut être brièvement résumé ainsi :

Honorez et aimez votre Père, Dieu. *(Adoration.)*	DEVOIR ENVERS DIEU.
Aidez votre frère dans la voie du progrès. *(Amour fraternel.)*	DEVOIR ENVERS LE PROCHAIN.
Soignez et gardez votre propre corps. *(Culture corporelle.)*	
Accroissez votre savoir autant que possible. *(Progrès mental.)*	
Cherchez à découvrir de plus en plus la Vérité progressive. *(Croissance spirituelle.)*	DEVOIRS ENVERS SOI.
Agissez toujours droit et bien selon ce que vous savez. *(Intégrité.)*	
Cultivez la communion avec le monde spirituel par la prière et de fréquentes relations. *(Éducation spirituelle.)*	

Ces règles indiquent, en gros, ce qui est important pour vous. N'obéissez à aucun dogme sectaire ; n'adhérez pas aveuglément à des instructions qui ne s'appuient pas sur la raison ; n'acceptez pas, sans réserve, des communications, d'application privée, faites à une époque spéciale. Vous apprendrez plus tard que la révélation ne cesse jamais ; elle est progressive, sans heure ni limites ; elle n'appartient à aucun peuple, ni à aucune personne. Dieu se découvre graduellement à l'homme.

Vous apprendrez aussi que toute révélation se produisant par un instrument humain, elle est, en conséquence, et dans une certaine mesure, sujette à erreur. Aucune révélation n'est d'inspiration directe. De ce que des choses dites, par des médiums, à des époques différentes, ne paraissent pas d'accord, il n'en résulte pas nécessairement une dérogation à la vérité. Ces récits peuvent être vrais, chacun dans leur genre, quoique d'une application différente. Ne basez votre jugement que sur la droite raison. Pesez ce qu'on dit Recevez ou rejetez. Si on vous fait une offre prématurée et que vous soyez incapable de l'accepter, alors, au nom de Dieu, mettez-la de côté, ne vous occupez que de ce qui satisfait votre raison et peut aider votre âme dans sa marche en avant. Le temps viendra où ce que nous vous montrons de la vérité divine sera reconnu parmi les hommes. Nous nous contentons d'attendre, et nos prières vers le Dieu suprême, toujours sage, se joindront aux vôtres afin qu'il guide les chercheurs de vérité, où qu'ils soient, qu'ils puissent obtenir des connaissances élevées et une vue intérieure de la vérité plus complète et plus abondante.

Que sa bénédiction repose sur vous.

SECTION IX

(Ces déclarations ne concordaient, en aucune manière, avec mes opinions d'alors; j'objectai qu'elles étaient incompatibles avec l'enseignement reconnu des Églises orthodoxes et qu'en fait elles annihilaient quelques dogmes essentiels de la foi Chrétienne; je suggérai que le message pouvait avoir été adultéré au passage, et qu'il y manquait beaucoup de choses que je regardais comme capitales; j'ajoutai que, si on prétendait qu'un tel code fût complet et pût être pris pour règle de vie, j'étais prêt à argumenter contre lui. On répliqua):

Ce qui vous a été dit est correct, en tant qu'esquisse, mais on ne prétend pas que ce soit une image parfaite de la vérité. C'est un pâle contour, obscurci et terni en maints endroits, mais vrai en substance. Sans doute, nos paroles contreviennent à ce qu'on vous a appris de croire nécessaire au salut. Sans doute, l'esprit non préparé, les trouve nouvelles et destructives. Il n'en est pas ainsi. Dans ses grandes lignes, le credo spiritualiste pourrait être accepté par tous ceux qui ont un peu pensé aux questions théologiques, avec un esprit libre, envisageant, sans effroi, les conséquences de la recherche de la vérité. Il se recommande à ceux dont la pensée n'est pas arrêtée par les vieux préjugés. Nous avons dit qu'il fallait opérer un vaste déblayage ; que le travail de destruction devait précéder le travail d'érection. Bref, nous devons assainir avant de bâtir.

— Oui, mais les débris que vous voulez écarter sont précisément ce que les Chrétiens ont considéré depuis le commencement comme les doctrines fondamentales de la foi.

Non, ami, pas tout à fait. Vous exagérez. Si vous relisez les très imparfaites narrations qui racontent la vie de Jésus, vous n'y trouverez pas qu'il ait jamais réclamé pour lui, rien qui approche de l'attitude que l'Église chrétienne lui a imposée après coup. Il était beaucoup plus tel, que nous le déclarons, que conforme au modèle présenté par l'Église appelée de son nom.

— Je ne puis admettre cela. Et l'expiation (la réconciliation de Dieu avec l'homme par la mort de Dieu-Christ), qu'en faites-vous ?

Il y a du vrai dans un certain sens. Nous ne le nions pas. Nous combattons seulement cette grossièreté humaine qui rend Dieu méprisable, sous la forme d'un cruel tyran, qui ne peut-être apaisé que par la mort de son fils. Nous ne sommes pas détracteurs de l'œuvre de Jésus quand nous désavouons les fables déshonorantes qui, groupées autour de son nom, ont dénaturé la simple grandeur de sa vie, le but moral de son sacrifice. Nous aurons, plus tard, autre chose à vous dire, sur la formation graduelle d'un dogme qui arrive à être établi *de fide* au point que le rejeter ou le nier devient péché mortel! Si l'homme était abandonné à ses propres conclusions, on tiendrait pour irrémissible hérésie, digne du feu éternel, la négation de ce fait : que le Dieu suprême a délégué à un homme une de ses inaliénables prérogatives. Une importante section de l'Église chrétienne revendique pour son chef une science infaillible et persécute dans la vie jusqu'à la honte, et condamne dans la mort jusqu'aux tourments éternels, ceux qui ne veulent pas accepter cette affirmation. Ce n'est pourtant qu'un dogme récent qui a crû au milieu de vous, ainsi ont grandi tous les dogmes. Par suite, il est devenu presque impossible à la raison humaine, non assistée, de distinguer la vérité de Dieu sous les gloses dont l'homme l'a couverte. Ainsi tous ceux qui ont eu l'audace de porter la main sur ce fatras ont été tenus pour maudits. C'est l'histoire de tous les temps et il n'est pas juste de nous accuser de malfaisance si, d'après notre point de vue supérieur, nous vous mettons en garde contre les fictions humaines, que nous essayons de détruire.

— *Oui, cela peut être ; mais la croyance dans la Divinité de Jésus et dans son sacrifice ne peut guère être appelée dogme créé par l'homme. Vous précédez toujours votre nom d'une croix (✠ Imperator); je présume donc que pendant votre vie terrestre vous avez tenu à ces dogmes.* ✠ Rector, *un autre esprit qui se communique, use aussi du signe de la croix et il doit presque, si ce n'est tout à fait, être mort pour eux. Il*

*me semble alors qu'il y a contradiction. Supposons
que les dogmes sont erronés et inutiles, supposons
même qu'ils sont faux. Que puis-je en conclure ? Avez-
vous changé vos opinions ? Étiez-vous chrétien quand
vous viviez sur terre ou ne l'étiez-vous pas ? Si vous
ne l'étiez pas, pourquoi la croix ? Si vous l'étiez, pourquoi ce changement de sentiments. La question entière
est intimement liée à votre identité. Je ne vois pas
comment votre enseignement coïncide avec la croyance
que vous professiez sur terre ? Il est beau, pur mais
pas chrétien ; raisonnablement, ce n'est pas celui
qu'on s'attend à voir énoncer sous l'égide de la croix.
Telle est mon impression. Si je parle par ignorance,
éclairez mon ignorance. Si je parais curieux, il
faut m'excuser, car je n'ai pour vous juger d'autres
moyens que vos paroles et vos actes. Autant que je
suis en état de juger, vos paroles et vos actes sont
nobles, purs et rationnels, mais pas chrétiens. Je désire
seulement une base raisonnable pour former une opinion qui puisse satisfaire mes doutes présents ?*

On vous donnera cela en temps voulu. Cessez
maintenant. (L'écriture, malgré mon désir et mes
efforts pour l'obtenir, ne revint que le 20 Juin. Le
message ci-dessus est du 16 Juin.)

Je vous salue, bon ami. Nous allons vous donner
plus d'information sur les points qui vous inquiètent.
Vous voulez savoir jusqu'à quel point le signe de la
croix peut être légitimement associé avec notre enseignement. Nous vous le montrerons.

Ami, le signe qui est l'emblème de la vie et de
l'œuvre de Jésus le Christ ne peut loyalement cou-
vrir la plupart des doctrines qui passent aujourd'hui

pour siennes. La prédisposition de toutes les classes de religionistes a toujours été de s'occuper de la lettre et de négliger l'esprit ; de s'attarder sur des expressions émanant d'écrivains quelconques et de négliger la tendance dominante de l'enseignement. Les hommes se sont mis à la poursuite de la vérité, avec des idées préconçues, et ils ont trouvé ce qu'ils voulaient, non ce qui était. Des expressions et des mots isolés ont été arrachés des versets et manipulés, par ceux qui s'appliquaient à commenter les textes, de façon à leur prêter une signification à laquelle les rédacteurs primitifs n'avaient jamais songé. D'autres ont cherché, dans les annales, des mots pouvant servir à soutenir une théorie, sans même se targuer de poursuivre la vérité, et ils ont découvert ce qui pouvait servir leur dessein. Ainsi lentement, laborieusement l'édifice s'est élevé, construit par des hommes, se délectant aux querelles de mots, ou possédés par une idée dont ils trouvent partout la preuve confirmée, ne voulant voir qu'elle.

Nous avons déjà dit qu'une grande partie de ce que nous voulons expliquer se rapporte à ce que vous qualifiez de Divine Inspiration.

Ceux que vous reconnaissez pour les défenseurs orthodoxes de la foi chrétienne vous disent qu'une mystérieuse personne, l'une des trois individualités qui composent l'indivisible Trinité, prit possession de l'esprit de certains hommes et par leur voix donna à votre monde un corps de doctrine complet, d'une force permanente, dont rien ne peut être soustrait, auquel il est criminel de rien ajouter, puisqu'il est la parole immédiate de Dieu, contenant en soi la vérité éternelle. Les sentiments de David et Paul, de Moïse et de Jean sont, non seulement en harmonie avec la volonté suprême, mais sont la pensée intime de la Divinité. Les mots ont, non seulement l'approbation de Dieu, mais ils ont été prononcés par lui. Bref, la Bible fond et forme est la propre parole de Dieu, chaque mot est divin, il doit être étudié et interprété comme tel, même dans cette version qui a été traduite dans votre langage par des hommes qui, pour accroître la merveille, sont supposés être, à leur tour, dépositaires de la Vérité divine et guidés par elle dans leur travail de traduction.

C'est ainsi que des doctrines épouvantables et des conclusions poussées à l'extrême peuvent s'appuyer sur de simples mots, car, chaque parole, chaque tour de phrase de la révélation de Dieu n'est-il pas divinement à l'abri de toute erreur humaine ? Les défenseurs de l'orthodoxie ont donc pu établir une quantité de dogmes d'après le choix qu'ils ont fait dans les textes qui leur plaisaient, ne tenant pas compte des autres. Pour eux la Bible est l'expression directe du Suprême.

Les penseurs qui n'ont pu accepter cette manière de voir sont arrivés, en étudiant la Bible, à y porter atteinte. Ceci conduit aux réflexions que nous allons vous présenter ; ils révèrent les annales qui composent votre Bible, et les regardent comme l'histoire des formes sous lesquelles la vérité de Dieu a été, d'âge en âge, révélée à l'homme. Ils étudient ces récits, qui indiquent la marche progressive de l'homme dès qu'il a commencé à chercher la connaissance de Dieu et la destinée de l'esprit ; ils suivent le développement graduel de cette révélation depuis les temps de brutale et barbare ignorance où Dieu, qui, ami d'Abraham, mangeait et conversait au seuil de sa tente, était aussi le juge qui gouvernait son peuple, le roi qui marchait à la tête des armées ou le Tyran révélé par le médium de quelque voyant ; puis ils arrivent à la période où Dieu apparaît sous un aspect plus vrai de tendresse, d'amour et de compassion paternelles ; ces investigations les amènent à constater la continuité du progrès et, s'ils les poursuivent, ils acquerront la certitude que cette progression n'a jamais cessé et que, si la connaissance que l'homme peut avoir de son Dieu est loin d'être complète, sa capacité pour comprendre s'accroît à mesure que son aspiration se développe. Arrivé à ce point, le chercheur de vérité sera préparé à recevoir notre enseignement. C'est à lui et à ses pareils que nous nous adressons. Nous ne disons rien à ceux qui, follement, s'imaginent posséder la parfaite connaissance ; avant que nous puissions nous occuper d'eux, il faut qu'ils reconnaissent leur parfaite ignorance ; tout ce que nous pourrions dire glisserait sur l'impénétrable barrière, derrière laquelle ils sont murés par le dogmatisme et la présomptueuse ignorance ; il faut qu'ils apprennent *au delà*, dans la douleur, ce qu'ils n'ont pas voulu savoir ici ; le retard qu'ils apportent à leur évolution spirituelle sera un terrible obstacle pour eux.

Si vous avez compris exactement ce que nous venons d'exposer, nous pouvons procéder et ajouter quelques mots sur la nature de la révélation et le caractère de l'inspiration.

Nous vous disons alors que les livres sacrés, qui composent votre Bible, avec beaucoup d'autres, qui n'y sont pas inclus, sont les annales de cette marche graduelle vers la connaissance de Soi que le Dieu Grand a donnée à l'homme. Le principe qui domine dans ces récits est un, identique à celui qui gouverne nos relations avec vous. L'homme ne reçoit de vérité que ce qu'il peut comprendre, pas plus, sous aucun prétexte, mais autant qu'il peut en porter pour satisfaire à ses supplications. Cette vérité est révélée par l'instrumentalité de l'homme et est toujours plus ou moins imprégnée des pensées, des opinions du médium. Les esprits communicateurs sont forcés d'employer les matériaux fournis par l'intelligence du médium, ils les façonnent, pour qu'ils servent à leur dessein, effaçant les erreurs, inspirant de nouveaux aperçus sur la vérité. La pureté du message de l'esprit dépend beaucoup de la passivité du médium et des conditions dans lesquelles le message est communiqué. On trouve çà et là dans votre Bible les traces de l'individualité du médium, d'erreurs causées par un contrôle imparfait; l'empreinte de ses opinions aussi bien que des détails particuliers référant aux besoins spéciaux du peuple, auquel le message fut d'abord adressé.

Vous pouvez constater, par vous-même, de nombreux exemples de ce fait. Quand Isaïe répéta au peuple le message dont il était chargé, son discours fut marqué de sa propre individualité et il l'adapta aux besoins particuliers du peuple, qui l'écoutait. Il parla, en vérité, du Dieu unique, mais il en parla en chants poétiques, avec des images extatiques, style très différent des métaphores caractéristiques d'Ézéchiel. Daniel a ses visions de gloire; Jérémie, ses refrains des paroles du Seigneur; Hosée, son symbolisme mystique. Chacun selon son mode individuel parle du même Jéhovah, tel qu'il le connaît. Similairement, plus tard la nature caractéristique des communications individuelles est conservée. Si Paul et Pierre parlent de la même vérité, presque nécessairement ils l'envisagent sous un aspect différent. La vérité n'en est pas moins vraie parce que deux hommes d'esprits divers la voient chacun autrement et en usent selon qu'ils la comprennent. L'individualité du médium est palpable dans la manière, sinon dans la matière de la communication.

L'inspiration est divine, mais le médium est humain. Il en résulte que l'homme peut trouver dans la Bible le reflet de son propre esprit, quel que soit le genre de cet esprit. La connaissance de Dieu est si minime, ce que l'homme en peut comprendre est si peu de chose, que toute personne qui s'appuie sur les révélations passées, sans vouloir ni pouvoir les élargir, doit trouver dans la Bible le reflet de son esprit. Elle cherche son idéal et le trouve dans les dires de ceux qui ont parlé pour des gens placés au même niveau mental. Si aucun voyant ne la satisfait, elle cherche dans les versets ce qui lui plaît, rejette le reste et de pièces et de morceaux manufacture sa propre révélation.

C'est ainsi que se forment les sectes, elles fabriquent leur idéal et le prouvent par des citations tirées de la Bible. Personne ne peut accepter l'ensemble, parce que l'ensemble n'est pas homogène. Quand ceux, qui ont ainsi arrangé une révélation, se trouvent face à face avec les partisans d'autres révélations produites par le même genre de travail, les batailles de mots s'engagent, les explications (ainsi qu'ils les nomment), les commentaires de textes s'accumulent ; tout s'obscurcit, les paroles déformées sont interprétées dans un sens qui n'a jamais été ni celui de l'esprit communicateur ni celui du prophète ou du Maître. Ainsi l'inspiration devient le véhicule des opinions sectaires, la Bible, un arsenal, dans lequel chaque combattant trouve son arme favorite, et la théologie, qui n'est qu'une notion de nature privée, s'appuie sur des interprétations dilatoires.

Nous sommes accusés de différer d'opinion avec cette théologie! nous n'avons rien de commun avec elle. Elle est de la terre, basse et déshonorante dans sa conception de Dieu, dégradante par son influence sur l'esprit, insultant à la Divinité qu'elle fait profession de révéler. En vérité, nous la contredisons et la désavouons. C'est notre mission de renverser son enseignement et d'y substituer des vues plus nobles et plus vraies sur Dieu et l'esprit.

Une autre raison, par laquelle beaucoup de faussetés se rapportant à Dieu ont cours parmi vous, comme dérivant de la Bible, c'est que l'idée d'inspiration infaillible conduit les hommes, non seulement à attacher trop d'importance à des mots ou à des phrases, mais à tomber dans l'erreur d'interpréter trop littéralement ce qui n'avait qu'une signification spirituelle typique. En communiquant à votre plan mental des idées qui lui paraissent inccacevables, nous sommes obligés d'employer des expressions empruntées à votre ordre de pensée. Nous commettons fréquemment des fautes, appliquant mal les termes, qui sont eux-mêmes parfois insuffisants pour exprimer ce que nous voulons dire. Presque tous les dires médiumniques sont figurés, spécialement quand les esprits ont essayé d'exprimer des idées sur Dieu, si Grand ! et qu'ils connaissent eux-mêmes si peu ! Le langage employé est nécessairement imparfait, parfois mal choisi, mais il est toujours symbolique et doit être ainsi compris. C'est folie de soutenir l'exactitude littérale d'aucun enseignement spirite.

De plus, les révélations sur Dieu ont été faites dans un langage approprié aux capacités de ceux auxquels elles ont été originairement données. C'est d'après cela qu'on doit les interpréter. Mais ceux qui ont voulu établir la croyance d'une révélation infaillible, applicable à travers tous les siècles, interprètent chaque mot dans son sens littéral et en déduisent des conclusions erronées. L'hyperbole, intelligible dans la bouche du voyant impulsif qui s'adressait à un auditoire oriental ardent, habitué aux images poétiques, devient exagérée, fausse, trompeuse quand on l'explique froidement en termes précis à des hommes, dont les habitudes de langage et de pensées diffèrent ou sont totalement dissemblables.

C'est à cette cause que nous devons attribuer la propagation de certaines idées menteuses qui, vraies, déshonoreraient l'Éternel. Le langage originel était assez défectueux, il a été plus ou moins coloré par le médium, au moyen duquel il s'est fait entendre, et il est aujourd'hui encore plus disproportionné qu'autrefois ; il devient positivement faux et n'est en aucun sens la révélation de Dieu quand on veut l'interpréter au pied de la lettre. Il reste une création de l'homme qui a fabriqué en réalité une divinité, comme celle que le sauvage taille au couteau pour en faire son fétiche.

Avec de telles idées, encore une fois, nous n'avons aucun rapport. Nous les dénonçons et devons les remplacer par un savoir noble et vrai. De plus, en traitant avec vous, les esprits procèdent toujours d'une manière uniforme ; ils sont envoyés pour faire connaître, au moyen d'un médium, quelque parcelle de vérité divine, mais ils trouvent, dans l'esprit du médium, des opinions établies, les unes fausses, les autres, en partie, vraies, puis la légion confuse des préjugés du premier âge et de l'éducation. Cet esprit doit-il être complètement délivré des idées préconçues ? En aucune façon. Ce n'est pas ainsi que nous opérons. Nous risquerions, en effaçant tout, de laisser l'esprit vide et nous aurions détruit sans pouvoir créer. Non, nous prenons les idées déjà existantes, nous tâchons de les influencer et de les rapprocher de la vérité ; elles ont presque toutes un bon germe, que nous nous efforçons de développer, pour qu'elles progressent et gagnent en savoir. Nous nous contentons de laisser mourir les notions théologiques. Elles ont si peu de valeur, qu'elles fondent à l'approche de la brillante lumière vers laquelle nous conduisons l'âme, en l'instruisant sur les sujets importants. Nous ne nous mêlons pas des opinions qui ne sont pas nuisibles. D'après cela, vous voyez que les vues théologiques restent assez ce qu'elles étaient, adoucies seulement, moins âpres et discordantes. Ainsi les hommes assurent à tort que les esprits enseignent toujours ce qu'un homme savait déjà. Rien de moins vrai. Ce que nous vous enseignons en est une preuve. Les guides spirituels travaillent, certainement, sur ce qu'ils trouvent dans l'esprit, mais ils modèlent, atténuent et conduisent l'intelligence par degrés imperceptibles aux fins qu'ils ont en vue. Le changement obtenu ne devient visible que quand des opinions, qui paraissaient ancrées, se modifient d'une manière assez rapide. Par exemple, un homme qui a nié l'existence de Dieu et de l'esprit, qui n'a voulu croire qu'à ce qu'il pouvait tenir et voir, adopte la croyance en Dieu et à une future existence, vous vous en étonnez. Mais l'esprit préparé, châtié, attendri, qui a été purifié, affiné, dont les rudes et grossières convictions ont été harmonisées, a été conduit si graduellement et subtilement que vos sens n'en sont pas frappés. Tels sont, pourtant, les glorieux résultats de notre étude journalière. Ce qui était rude, glacé, dur, s'anime, se réchauffe par l'amour de la vraie vie; le pur s'affine, le noble est ennobli, le bon devient meilleur; l'âme anxieuse, calmée par ce qu'elle perçoit plus pleinement sur son Dieu et le riche avenir, est satisfaite. Les opinions n'ont pas été supprimées, mais transformées. Ceci est la réelle influence spirituelle qui existe autour de vous et dont vous ne savez rien encore. C'est l'attribut béni et vivant de notre ministère.

Ainsi quand les hommes disent que les esprits répètent les opinions préconçues du médium, ils ont en partie raison. Nous vous avons montré comment nous procédons pour modifier celles qui sont inoffensives. Quand elles sont nuisibles, elles sont effacées. En présence de formes spéciales de croyance théologique, nous essayons autant que possible de les spiritualiser, plutôt que de les détruire. Nous savons, comme vous ne pouvez pas le savoir, combien les formes sont insignifiantes pourvu que la foi soit active et spirituelle. Nous nous appliquons donc à cette œuvre de construction dont nous vous avons parlé, employant les bons matériaux, éliminant ceux qui sont faux et illusoires. Assainissant l'âme, qui peut alors accepter les modifications que nous lui offrons et comprendre ce que nous pouvons lui enseigner sur la vérité.

Et maintenant, ami, vous éprouverez l'influence efficace de ce système, qui vous aidera dans vos difficultés. Nous avons essayé, non de déraciner de votre esprit les opinions théologiques que vous souteniez, mais de les modifier. Si vous voulez vous rappeler le passé, vous constaterez comment votre credo s'est écarté d'une base très étroite, pour arriver graduellement à des vues rationnelles. Vous avez, sous notre direction, fait connaissance avec les principes théologiques des nombreuses sectes et églises. Vous avez été amené à reconnaître, dans chacune, le germe de vérité, plus ou moins visible, obscurci par l'erreur humaine. Vous avez étudié, par vous-même, les écrits des maîtres en religion parmi le monde chrétien ; votre propre croyance s'est dépouillée de ses aspérités, au contact des doctrines divergentes proclamant la vérité. Le progrès a été lent depuis les jours où vous étiez influencé par l'étude des anciens philosophes, jusqu'à l'heure présente où les systèmes de théologie ont passé, ne laissant dans votre esprit que ce que vous pouviez assimiler. La foi fixe et immuable de la branche orientale de l'église chrétienne, avec ses dogmes cristallisés qui ne sont plus des vérités vivantes et respirables ; la critique destructive des penseurs allemands qui ont frappé, d'un coup bien nécessaire, l'aveugle confiance dans l'exactitude verbale des sentences humaines ; les spéculations de la pensée hardie dans votre contrée et votre Église, les idées de ceux qui y sont aussi étrangers qu'au credo même de la chrétienté, vous avez examiné tout cela et vous en avez retenu ce qui pouvait vous servir. Après ce long et très graduel acheminement, nous désirons vous porter plus avant et vous montrer l'idéale vérité, impalpable mais très réelle, cachée sous ce qui vous est familier. Nous voulons dépouiller le corps terrestre et vous montrer la vérité vitale dans sa signification spirituelle.

Nous voulons que vous sachiez que l'idéal spirituel de Jésus le Christ ne ressemble pas plus à la version humaine, avec ses accessoires d'expiation et de rédemption, que le veau maladroitement taillé par les anciens Hébreux ne ressemblait au Dieu qui consentait à leur être révélé. Nous désirons vous montrer autant qu'elles sont à votre portée, les vérités spirituelles qui servent de base à la vie de celui qui vous est connu sous les noms de Sauveur, Rédempteur et fils de Dieu. Nous vous dirons la vraie signification de la vie du Christ et vous démontrerons, de notre mieux, combien la manière d'envisager sa prédication est basse et misérable et combien il est utile de la redresser.

Vous demandez comment le signe de la croix peut être attaché à notre enseignement. Ami, la vérité spirituelle dont ce signe est l'emblème est la très cardinale vérité que nous devons annoncer de par notre mission spéciale. L'amour dévoué, qui veut servir l'humanité jusqu'au sacrifice de la vie, du foyer et du bonheur terrestre, le pur esprit du Christ, c'est, nous vous le déclarons, l'esprit divin. C'est ce qui sauve vraiment de la bassesse morale, de l'ambition vulgaire des satisfactions personnelles et de la voluptueuse paresse. C'est ce qui peut racheter l'humanité et faire des hommes les enfants de Dieu. Cette abnégation et cet amour incarné peuvent, en vérité, expier le péché et rendre l'homme semblable à Dieu. Telle est la vraie expiation ! et non la réconciliation d'une humanité, souillée de crimes, avec un Dieu irrité, achetée au prix du sacrifice de son fils sans péché, mais une expiation plus haute et plus complète par l'épuration de la nature, le dégagement de l'esprit, la fusion de l'humain et du divin UN. L'esprit de l'homme peut atteindre ce but, même pendant son incarnation.

La mission du Christ fut de démontrer cette vérité. En cela il était une manifestation de Dieu, le fils de Dieu, le sauveur de l'homme, le réconciliateur, l'expiateur, et en cela nous perpétuons son œuvre, nous travaillons sous son symbole, nous combattons contre les ennemis de sa foi, contre tous ceux qui volontairement ou par ignorance le déshonorent en se mettant sous la protection de son nom.

Ce que nous vous disons peut paraître encore nouveau et étrange à ceux même qui ont fait quelques progrès, en savoir spirituel, mais l'heure viendra où les hommes reconnaîtront la conformité de notre enseignement avec celui du Christ, le grossier vêtement humain sous lequel il a été étouffé sera déchiré et la vraie grandeur de celui qu'ils adorent mal dans leur ignorance leur apparaîtra sous son véritable jour. Ils adoreront, non moins réellement, mais en plus complète connaissance et ils sauront que le signe sous lequel nous nous plaçons est l'emblème du pur amour impersonnel, de l'oubli absolu de soi qui doit être leur but suprême. Notre plus ardent désir est d'atteindre ce but.

Réfléchissez sur nos paroles; cherchez à être guidés, si ce n'est par nous, par celui qui nous envoie, comme il a envoyé autrefois cet esprit sublime de pureté, de charité et de sacrifice que les hommes appelèrent Jésus et qui était le Christ.

Nous révérons son nom et l'adorons même aujourd'hui.

Nous répétons ses paroles. Son enseignement revit dans le nôtre.

Lui et nous sommes de Dieu, et nous venons en son nom.

✠ Imperator.

SECTION X

(Je n'étais pas satisfait et je réfléchis longuement à ce message, qui était fort opposé aux convictions que j'avais alors, et comme j'étais conscient d'avoir subi en écrivant une influence extrêmement puissante, je désirais en être dégagé avant de répondre. Le jour suivant, une occasion opportune se présenta, je pus reprendre mon argument. Je répétai que le credo formulé ne pouvait être accepté comme chrétien par aucun membre d'une Église chrétienne, qu'il était en contradiction avec les mots évidents de la Bible et qu'il pourrait même être dénoncé comme une expression d'antichrist. J'ajoutai que ces vues vaguement belles, je le reconnaissais, avaient une tendance à supprimer le point d'appui de la foi. On répliqua :)

Ami, nous serons heureux de répondre à la controverse que vous soulevez. Quant à notre autorité, nous avons déjà touché à la question. Nous déclarons notre mission divine et nous attendons avec confiance qu'elle soit acceptée, il faut que les âmes soient mûres pour recevoir notre enseignement. Cela viendra après une longue et persistante préparation, nous ne sommes pas du tout surpris qu'on ne puisse encore accepter facilement la vérité que nous promul-

'gnons. Nous ne pouvons être entendus que du petit nombre, plus avancé en connaissance que le reste des hommes. Une révélation complétant les précédentes a-t-elle jamais été acceptée de prime abord ? Le cri de l'ignorance, que ce qu'on savait était suffisant, ne s'est-il pas toujours élevé contre le progrès ? Le même cri assaillit Jésus. Les hommes, qui avaient lentement élaboré la théologie mosaïste, réduisant en masse ritualiste informe les instructions du Sinaï, criaient que le blasphémateur Jésus détruisait la loi et outrageait Dieu. Les scribes et les pharisiens, gardiens de la foi orthodoxe, étaient unanimes dans leur incrédulité et leur irritation contre lui. Ils poussèrent la clameur qui conduisit finalement à la croix le grand Maître. Vous savez, aujourd'hui, qu'il n'a pas insulté Dieu, qu'il n'a fait que détruire les gloses de l'homme pour pouvoir épurer les commandements de la Loi divine, la relever de la mort en lui insufflant une nouvelle vigueur spirituelle.

A la place de la lettre glacée de la Loi, qui prescrivait le devoir extérieur dû à un parent, devoir rempli à regret, sans amour de cœur, il enseigna la filiale affection offrant avec une abondante tendresse un tribut d'amour, non acheté, aux parents terrestres et au Père Tout-Puissant. Il remplaça le formalisme d'une conventionnalité purement extérieure par l'offre libre du cœur. Quel était le plus vrai et le plus noble credo?

Le dernier a-t-il écrasé le premier? Cependant ceux qui se tenaient pour satisfaits d'accomplir le devoir filial au moyen de quelques minces pièces de monnaie dédaigneusement jetées furent ceux qui crucifièrent le Christ, sous le prétexte qu'il avait enseigné une religion nouvelle, blasphématoire et subversive, tendant à renverser l'ancienne. La scène du calvaire fut le couronnement logique de la foi défendue par les pharisiens.

Le même reproche de blasphème fut perpétuellement élevé contre les disciples, quand ils vinrent déclarer leur Évangile à une société non préparée, qui ne se souciait pas de le recevoir. Les plus monstrueuses accusations parurent toutes simples à formuler par les ennemis de la nouvelle foi « partout décriée ». Les disciples et les premiers fidèles étaient sans loi, quoique rigidement respectueux du culte et des pouvoirs « qui étaient » ; ils dévoraient les enfants ; les serviteurs et imitateurs du doux Jésus ! On acceptait pour vraies les plus odieuses calomnies, comme aujourd'hui les hommes désirent croire tout ce qui peut discréditer notre mission et nous avec elle.

C'est l'histoire de tous les temps, que les nouveautés qui touchent à la religion, à la science, à ce qui occupe l'esprit borné de l'homme soient attaquées avec fureur. C'est un attribut essentiel de l'intelligence humaine, qu'elle est dominée par l'habitude mentale ou matérielle, et que ce qui lui est nouveau ou étranger alarme sa paresse et lui inspire une soupçonneuse méfiance.

C'est donc sans surprise que nous voyons d'abord l'incrédulité faire opposition au christianisme spiritualisé que nous enseignons.

Il n'est pas étonnant que notre message contredise quelques détails de l'enseignement donné au moyen d'esprits humains, plus ou moins développés en des jours depuis longtemps évanouis. Nous n'avons pas besoin de répéter que la Bible contient des parties qui ne peuvent s'accorder avec notre enseignement, étant un mélange d'erreur humaine transmis par l'esprit du médium choisi. Vous pouvez seulement arriver à dégager la vérité en jugeant de la tendance générale.

Des opinions privées, choisies sans référence au corps de doctrine, ne sont que les sentiments de l'individu, elles montrent la disposition de son esprit, mais ne peuvent être des articles de foi. Imaginer qu'une conviction énoncée depuis tant de siècles puisse lier éternellement est insensé.

Sans doute, il était de croyance courante, à l'époque où les écrivains composaient les livres du Nouveau Testament, — que vous appelez inspirés, — que Jésus était Dieu, et on dénonçait violemment quiconque le niait. Sans doute on croyait aussi qu'il reviendrait sur les nuages avant *que la génération alors vivante ne disparût*, pour juger le monde. Les hommes se trompaient dans les deux cas ; pour l'un dix-huit cents années ont passé et Jésus n'est pas revenu pour prononcer des sentences. Nous pourrions continuer l'argument si c'était nécessaire.

L'impression que nous désirons produire sur vous est celle-ci : Vous devez juger les révélations de Dieu à la lumière qui vous est donnée ; en masse, non sous la dictée des scribes, il faut vous attacher à l'esprit, à la tendance générale, non à la phraséologie littérale. Vous devez nous juger ainsi que notre enseignement, non en conformité de telle affirmation, faite par tels hommes à telle époque, mais par l'examen de l'adaptabilité de notre credo à vos besoins, au progrès de votre esprit et à vos relations avec Dieu.

Qu'est-ce qui doit alors sortir de notre enseignement ? Jusqu'où s'accorde-t-il avec la saine raison ? Comment enseigne-t-il Dieu ? Comment aide-t-il votre esprit ? Les églises orthodoxes vous ont appris à croire en un Dieu, qui, après que sa colère a été calmée par le sacrifice de son Fils, a permis qu'un petit nombre d'âmes soient admises après leur mort dans un ciel fabuleux où, pour l'éternité, leur unique occupation serait de chanter ses louanges avec une persistance monotone. Le reste de la race incapable d'obtenir l'entrée de ce ciel serait consigné, en punition de ses péchés, dans un enfer, lieu de tourments indescriptibles et sans fin ! Les causes privant ces misérables de la félicité du paradis seraient pour les uns le manque de foi, une incapacité intellectuelle pour accepter certains dogmes, pour d'autres les chutes après de violentes tentations, des vies dégradées, non rachetées au dernier moment par un cri de soumission aux lois de l'Église, car on vous a appris également que la brute la plus sensuelle et la plus criminelle peut à son lit de mort se trouver soudain en état d'être introduite en la présence immédiate du Dieu qu'elle a blasphémé toute sa vie.

Nous ne saurions parler d'un tel Dieu auquel la raison ne peut penser sans frisson. Nous ne nous arrêtons pas à exposer l'inanité de la prétention, qui veut faire de cette misérable idole autre chose qu'une fiction conçue par des barbares. Nous ne vous demandons que de vous étonner, avec nous, de la présomptueuse ignorance qui a osé enfanter une telle caricature du Dieu, saint des saints. Le Dieu que nous prêchons est en vérité un Dieu d'amour, dont les actes ne contredisent pas le nom, mais dont l'amour et la pitié sans limites sont incessants pour tous. Il n'a de partialité pour personne, étant d'une inchangeable justice pour tous. Entre Lui et vous sont les rangs des esprits, ses agents, révélateurs de sa volonté ; par ces messagers la communication n'est jamais suspendue. Tel est notre Dieu manifesté par ses œuvres et opérant par l'intermédiaire de ses anges missionnaires.

Et vous-mêmes ? Qu'êtes-vous ? Êtes-vous des âmes immortelles, qui par un mot, un cri exprimant la foi en un inintelligible et monstrueux dogme, pouvez acheter un paradis d'inactivité et éviter un enfer de tourment matériel. Vraiment non ! Vous êtes des esprits placés pour un temps dans un habit de chair, afin de vous préparer à une vie spirituelle plus relevée où vous recueillerez le fruit de la moisson semée dans le passé. Un fabuleux paradis de torpeur éternelle ne vous attend pas, mais une activité utile, progressive, vous aidant à monter toujours plus haut.

D'immuables lois gouvernent les actions qui engendrent leurs propres effets. Les actes inspirés par le désir de bien faire avancent l'esprit, pendant que le contraire le pervertit et le retarde. Le bonheur se trouve dans le progrès et dans une assimilation graduelle avec le divin et le parfait. Les esprits cherchent leur bonheur dans l'amour divin et la bénédiction mutuelle. Ils n'aspirent pas à la débilitante paresse et ne cessent pas de désirer d'avancer dans la connaissance. Les passions, les désirs et les besoins humains sont abolis avec le corps, et l'esprit vit dans une activité spirituelle, pure, qui le pousse toujours au progrès. C'est le paradis.

Nous ne connaissons d'autre enfer que celui qui est dans l'âme, affligée de ses transgressions, accablée de remords et d'angoisses, mais elle se sauvera en combattant ses mauvaises dispositions et en cultivant les qualités qui la ramèneront dans la voie de la connaissance de Dieu.

Le châtiment n'est que la suite naturelle du péché conscient, *sans intervention divine;* on y remédie par *l'expiation*, le *repentir personnels*, supportés avec fermeté sans lâches appels, pour obtenir miséricorde et sans se croire sauvé, par l'acquiescement donné à des formules qui devraient faire trembler.

Nous savons que le bonheur est en réserve, pour tous ceux qui s'efforcent de mener une vie conforme à la raison, aussi certainement que la misère attend ceux qui violent sciemment les lois sages, corporelles ou spirituelles.

Des sublimes régions de l'Au-delà nous ne disons rien, car nous ne savons rien. Nous nous bornons à vous répéter que la vie pour nous comme pour vous est gouvernée par des lois, qu'on peut découvrir et que l'obéissance ou le mépris qu'on leur accorde mènent sûrement à la paix ou à la douleur.

Il est inutile d'insister davantage sur notre credo, vous en connaissez les lignes principales. Avec le temps, on vous donnera de nouvelles lumières. Nous posons de nouveau notre question. L'enseignement que nous donnons n'est-il pas pur et le complément naturel de celui que Jésus a prêché ?

Il est moins défini, plus vague que l'orthodoxie, il n'abonde pas en détails minutieux et répulsifs. Il prêche un Dieu plus divin. Il jette un voile sur l'inconnu et refuse de substituer la spéculation à la vérité ou d'appliquer les plus grossières notions humaines à l'essence même et aux attributs du Suprême. Si c'est être vague que de décourager la vaine curiosité et de s'arrêter devant l'incompréhensible, alors nous sommes vagues dans l'exposition de notre savoir ; mais si le devoir du sage est d'étudier ce qui est intelligible, d'agir plutôt que de spéculer, alors notre croyance est dictée par la sagesse et la raison, inspirée par Dieu même. Elle supportera l'épreuve de l'expérimentation rationnelle. Elle durera, inspirera des myriades d'âmes dans les siècles à venir, pendant que ceux qui la narguent et l'insultent seront occupés à réparer douloureusement les conséquences de leur fol aveuglement. Elle aura conduit d'innombrables multitudes de purs esprits, fidèles, au progrès, au bonheur, à l'avancement. Elle vivra et bénira ses disciples en dépit de l'ignorante démence que veut attribuer ses divins préceptes à un diable et anathématiser ceux qui la suivent.

☩ Imperator.

— *Cela me semble beau et rationnel et je pense que vous répondez à l'accusation d'être vague. Mais j'imagine que beaucoup de gens diront que vous renversez pratiquement le christianisme populaire. Je voudrais que vous me donnassiez quelques idées sur la fin générale du spiritualisme, en ce qui regarde spécialement les non développés, qu'ils soient ou non incarnés ?*

Nous vous en parlerons en temps voulu. Réfléchissez à ce qui a été dit avant de réclamer d'autres messages. Puisse le Suprême nous donner la capacité de vous guider droit.

☩ Imperator.

SECTION XI

(A cette époque, l'influence qui m'enveloppait me dominait au point d'exclure toutes les autres communications. Le 24 juin, je fis, en vain, de grands efforts de volonté pour communiquer avec l'esprit qui écrivait habituellement. L'influence était d'un caractère singulièrement élevé. Je faisais avec ponctualité mon travail quotidien, mais tous les instants que j'en pouvais distraire étaient consacrés à réfléchir sur un enseignement si nouveau pour moi; à mesure que j'y pensais, il se présentait à mes réflexions avec une force et une beauté bien ordonnées, qui ne m'avaient pas frappé d'abord. J'avais étudié longtemps et à fond les théologies, sans chercher à découvrir des erreurs dans les divers systèmes, je les avais plutôt collationnés que critiqués. Maintenant je me trouvais en face d'aperçus nouveaux qui me semblaient frapper à la racine ce qui avait été jusque-là article de foi. Le 26 juin, je revins sur les déclarations d'Imperator et posai ainsi mon cas) :

— *J'ai beaucoup pensé à ce que vous avez fait écrire, et j'en ai lu quelques pages à un ami dont le jugement m'inspire une grande confiance. Il est surprenant que les doctrines chrétiennes, considérées jusqu'ici comme dogmes essentiels de la foi, soient niées à l'abri du symbole de la croix. Je ne peux exprimer mon embarras plus énergiquement qu'en disant que, malgré l'assentiment intellectuel que j'accorde à vos déclarations, la foi au christianisme qui a duré plus de dix-huit cents ans ne peut être renversée à la légère, par des arguments, si raisonnables qu'ils puissent paraître, qui ne s'appuient sur aucune autorité contrôlable. Voulez-vous me dire clairement quelle position vous assignez à Jésus? Quelle preuve pouvez-vous offrir du droit qui vous serait conféré, de renverser ou de développer la prédication du Christ et de substituer un nouvel Évangile à l'ancien? Quelle évidence pouvez-vous me donner de votre propre identité et de la réalité de la mission que vous proclamez? Des hommes sincères et raisonnables ont besoin de preuves probantes. La parole, sans sanction, d'un homme ou même d'un ange ne peut me faire admettre l'origine divine d'un enseignement qui me paraît révolutionnaire. Bien que le changement soit très graduel, il me semble qu'il existe une perceptible différence dans vos communications, j'y découvre des divergences entre quelques esprits qui ont communiqué, par votre intermédiaire; le lien qui peut unir un certain nombre d'opinions qui avouent leurs origines très diverses doit être bien léger?*

Ami, nous sommes très satisfaits d'être parvenus à stimuler votre esprit et à en tirer une série de questions rationnelles. Aucune disposition d'esprit, croyez-nous au moins en ceci, n'est plus agréable au Suprême que celle qui cherche la vérité, avec zèle et intelligence. Loin de vouloir quereller le désir de vérifier, sans parti pris, les vues nouvelles, nous l'approuvons. C'est l'indice d'un esprit ouvert et loyal qui ne veut pas renoncer à ses premières croyances, sans raisons substantielles, et qui cependant est prêt à reconnaître la vérité, s'il peut obtenir des certitudes intérieures et extérieures.

Ces doutes et ces inquiétudes ont beaucoup plus de valeur que la crédule disposition d'esprit, qui accepte tout ce qui lui est présenté, sous une couleur spécieuse ; nous les préférons surtout à ces natures stagnantes qu'aucun orage ne peut émouvoir, dont aucune brise ne peut agiter la vitreuse surface et dont la placide inertie est réfractaire à tout avertissement spirituel.

Nous saluons vos doutes, nous y répondrons dans la limite de notre pouvoir. Il y a un point au delà duquel il nous est impossible de fournir des preuves. Vous le savez. Si nous nous comparons aux témoins humains appelés dans vos cours de justice, nous sommes dans une situation désavantageuse, ne pouvant produire le genre d'évidence qui prévaut parmi vous. Nous ne sommes pas de la terre et nos affirmations, dans une vaste proportion, ne peuvent être appuyées que par celles de nos associés spirituels. Plusieurs d'entre eux vous ont parlé de notre identité terrestre et vous ont donné la preuve, qui devrait être concluante, que nous connaissons intimement dans les moindres détails les vies (terrestres) de ceux dont nous portons les noms. Si cela ne suffit pas pour vous convaincre et qu'il vous paraisse que ces informations ont pu être recueillies par des esprits trompeurs, toujours prêts à mystifier, nous nous rappellerons les paroles de Jésus : « Vous les connaîtrez à 'leurs fruits. » — « Les hommes ne recueillent pas le raisir sur les épines, ni les figues sur les chardons. » Nous vous référons sans crainte à la teneur de notre enseignement, elle prouve qu'il est Divin.

Nous n'avons pas à insister plus longtemps sur ce point ; vos inquiétudes ne nous surprennent pas, mais si notre réponse ne peut vous convaincre, nous n'avons rien à ajouter et nous devons attendre, priant avec patience, le moment où vous verrez clair.

Quant aux esprits qui, ayant vécu à différentes époques de l'histoire de ce monde, sous des climats divers, ont des vues divergentes sur Dieu et l'Au-delà, nous vous en parlerons à loisir dans d'autres circonstances.

Pour le présent, nous vous indiquons une fausse conception qui est inséparable de l'état dans lequel vous vivez. Vous ne pouvez pas voir, comme nous, la presque nullité de ce que vous nommez opinion. Vous ne pouvez pas savoir, car vos yeux sont trop fermés, comment le voile se déchire après que l'esprit s'est séparé de son corps charnel. Comment les spéculations auxquelles on attache tant d'importance sont regardées comme de vaines interprétations, pendant qu'on perçoit le germe de vérité caché sous les doctrines théologiques, germe très semblable en essence, nonobstant de différents degrés de développement.

Ah ! ami, la religion n'est pas un problème aussi abstrait que l'homme le prétend ; la vérité n'est l'héritage exclusif d'aucun homme ni d'aucune secte. Elle peut être et elle est sous la philosophie d'Athénodore, quand, dans l'ancienne Rome, il aspirait à l'affinement de l'esprit et à la sujétion de la chair, elle était dans la recherche de l'union avec son Maître, qui donnait à

Hippolyte la force de perdre la vie mortelle, par sa confiance en une vie réelle, entrevue confusément. La même recherche de vérité ennoblit Plotin et le porta même, pendant son passage sur terre, bien au delà de la sphère terrestre ; cette semence résidait dans le sein d'Algazzuli, en dépit d'erreurs ; elle soutenait les spéculations d'Alessandro Achillini et donna force et réalité aux paroles brûlantes qui tombèrent de ses lèvres. Le même pur joyau brille maintenant parmi les esprits de bonne volonté ; c'est l'héritage commun qui leur permet de se réunir pour travailler ensemble à une même fin qui est: l'épuration de ce dépôt de vérité que l'homme a reçu de son Dieu et l'ennoblissement de la destinée humaine par l'expansion d'idées plus exactes et plus spirituelles sur Dieu et l'avenir de l'esprit. Leurs anciennes opinions sont dès longtemps évanouies et n'ont laissé derrière elles aucune trace des préjugés matériels qui enveloppaient l'âme et arrêtaient son progrès, mais le diamant qu'elles cachaient jette un éclat toujours croissant, il est impérissable. L'amour de la vérité est le mystérieux lien de sympathie, qui a la puissance d'unir pour une œuvre commune des esprits, qui sur terre professaient ouvertement des convictions opposées. Ceci peut vous faire comprendre pourquoi nous travaillons avec des instruments dissemblables, en apparence, nous les choisissons d'après leur spécialité et leur faculté d'adaptation dont nous sommes les meilleurs juges.

Nous espérons qu'après réflexion vous reconnaîtrez le bon sens de ce que nous vous disons. Quant aux preuves irrécusables, il faut vous contenter d'attendre jusqu'à ce que, ayant déchiré le voile, vous puissiez à votre tour et avec nous, percevoir ce qui est invisible à vos regards encore trop bornés. Notre grand espoir est que vous arriverez par gradation à être convaincu. Appliquez-nous la divine loi du Maître, de juger les autres comme vous-même voudriez être jugé.

Vous errez en supposant que notre enseignement offre des contradictions. Des intelligences d'ordre différent ont communiqué avec vous, exposant des arguments et des points de vue variés. Nous ne nions pas que nous avons plutôt cherché à développer en vous les germes de vérité que nous avons découverts plutôt qu'à entrer en lutte avec vos opinions erronées ; nous avons évité les discussions inutiles et recherché les points de contact. Nous reviendrons plus tard sur certaines matières que nous laissons de côté, à dessein. Quand vous avez demandé des informations, indiquant que vous n'étiez pas obstiné à conserver telles ou telles idées, nous vous avons éclairé sans scrupule. Nous pouvons voir quand le courant de la pensée vous entraîne loin des vieux ports où vous ne vous sentez plus en sûreté, alors nous vous pilotons, pour que vous ne tombiez pas dans le torrent et ne risquiez pas le naufrage. Nous avons doucement délié les cordes une à une, pour détacher votre esprit du passé mort et nous nous sommes chargés de le conduire dans une rade plus sûre ; nous voulons, si vous y coopérez, le rendre capable de s'élever au-dessus de l'orage et d'être prêt, avec une foi nouvelle et vivante, à traverser les flots, qui le séparent du port de paix.

Dans cette entreprise, nous ne vous avons en rien égaré ou trompé. Tout ce que nous vous avons affirmé est d'une scrupuleuse exactitude.

Il n'y a pas véritablement de divergence dans les enseignements de ceux qui vous ont parlé. Toute inconsistance apparente est due aux difficultés de communication, à l'influence variable de votre propre esprit, à votre état physique, à la nouveauté du travail pour quelques-uns et surtout à vos vues étroites. Nous ne pouvons que symboliser vaguement des vérités que votre œil spiritualisé contemplera un jour dans leur vaste splendeur. Nous ne pouvons pas parler avec clarté, quand l'esprit de notre médium est troublé ou son corps et son état mental bouleversés par la maladie. Une atmosphère orageuse, une perturbation électrique, le voisinage d'entités humaines antipathiques ou hostiles, impressionnent une communication et peuvent l'altérer quelque peu. De là, les variantes que vous avez découvertes, elles sont peu de chose, assez rares et s'évanouiront quand les obstacles seront écartés. Alors vous reconnaîtrez le discernement supérieur qui vous a guidé dans une phase difficile et périlleuse.

Vous vous plaignez du peu de chance qu'a notre doctrine d'être acceptée. Vous n'en savez presque rien. Le temps est beaucoup plus proche que vous ne pensez où l'antique foi, qui a tant duré et que l'homme a si gauchement rapiécée, fera place à une plus noble foi, non antagoniste mais supplémentaire, et le pur Évangile que Jésus prêcha se trouvera à un niveau de connaissance plus avancée. Car sachez, bon ami, qu'aucun effort n'est tenté sans que la corrélation entre l'Évangile de Dieu et les besoins de l'homme n'ait été considérée. Ce que nous vous apportons l'est aussi à d'autres et se répandra sans interruption, par des procédés bien gradués parmi les enfants de foi aptes à le comprendre.

Le Maître l'a voulu ainsi. Son heure n'est pas à vous et notre vision est moins circonscrite que la vôtre. En temps voulu, les principes que nous venons propager seront connus des hommes. Jusque-là les âmes progressistes sont instruites, une semence précieuse est semée : la récolte et l'emmagasinage seront faits quand il le faudra. Vous devez attendre comme nous.

Nous répétons que Dieu n'impose ses bénédictions à personne. Il offre. La responsabilité du refus ou de l'adhésion vous incombe. Si vous réfléchissez à nos entretiens, vous reconnaîtrez que la nature du cas renferme plus qu'une preuve présomptive de la validité de nos prétentions. L'évidence interne sera admise par vous et par ceux auxquels nous sommes anxieux de nous faire entendre. Nul ne peut s'y refuser, sauf ceux qui sont enlacés, sans espoir de délivrance, dans les mailles de la plus creuse bigoterie, ou terrassés par un dogmatisme de fer. Nous n'avons d'ailleurs rien de commun avec eux. Nous ne parlons même pas aux âmes, qui ont trouvé dans la foi qu'elles gardent un appui suffisant, laissez-les s'y accrocher. Le moment de progresser n'est pas encore venu pour elles, il se trouvera dans le temps !

Notre révélation ne se différencie en rien de celle qui l'a précédée, elle marque un pas en avant comme chaque développement de la science humaine le fait. Nos connaissances proviennent de la même source et coulent par les mêmes canaux, qui sont aujourd'hui ce qu'ils étaient alors, terrestres, donc faillibles. Il en sera ainsi tant que Dieu se révélera par des agents humains. Rappelez-vous que le point de départ de nos instructions est que nous en appelons à votre raison ; nous ne vous demandons pas plus la foi aveugle qui ne veut pas se détacher du vieil enseignement, uniquement parce qu'il est vieux que l'acceptation du nouveau parce qu'il est nouveau. Nous vous demandons de peser posément ce que vous avez appris et après vous être livré à une intelligente investigation de rejeter ou d'accepter, quand votre conviction sera bien établie.

Dieu garde que nous poussions, même en apparence, aucun homme à se poser en antagoniste réel ou imaginaire d'une croyance qui, pendant plus de dix-huit cents ans, a été honorée par des myriades d'âmes zélées et progressistes, aussi bien que par des âmes égarées, mais sincères et ardentes. Sa longue durée lui donne droit à la vénération, mais par notre vision étendue nous voyons qu'il est nécessaire de modifier une nourriture qui, appropriée à des générations moins avancées, est devenue insuffisante. En tous cas, nous ne voulons pas provoquer de violente révolution. Nous affinons et infusons une nouvelle vie. Le Sauveur a dit l'histoire d'une plus noble foi que celle révélée sur le Sinaï au bruit du tonnerre ; nous reprenons la divine histoire et nous offrons au monde une croyance plus adaptée à ses capacités actuelles, plus appropriée à ses récents besoins.

« Le monde la rejettera ! » Bien, nous l'aurons au moins présentée, et ceux qui l'auront accueillie sentiront son influence bénie. Il y a presque toujours un long intervalle entre la première divulgation d'une vérité et son acceptation finale. La semence semble perdue. Le jour de préparation peut être long, la nuit pendant laquelle le semeur attend peut être accablante, la récolte vient sûrement. Vous ne sauriez la retarder, vous pouvez aider à la recueillir. Mais que l'homme aide ou non, l'œuvre de Dieu se fera. C'est à l'individu seul que l'acceptation ou le rejet du message divin importe substantiellement. Une âme avance ou retarde, les anges se réjouissent ou s'affligent. C'est tout.

Quelle position nous assignons à Jésus le Christ ? Le moment n'est pas encore venu d'entrer dans de spécieuses comparaisons entre les éducateurs, qui à des époques différentes ont été envoyés par Dieu. Mais nous savons que nul esprit plus pur, plus divin, plus noble, plus béni et plus digne de bénir n'est jamais descendu dans un foyer terrestre. Aucun n'a plus dignement gagné, par une vie d'amour et de sacrifice volontaire, la vénération et la dévotion de l'humanité, aucun n'a répandu sur elle plus de bénédictions ni tramé un plus grand ouvrage pour le service de Dieu. Nous donnons à tous les grands Maîtres les louanges qui leur sont dues et nous proposons en exemple leur abnégation, leur amour de sacrifice, à une génération tristement éloignée de suivre de tels modèles.

Si les hommes avaient employé leurs énergies à imiter le sublime dévouement, la fermeté, la pureté de pensée et de vie qui ont animé le Christ, ils se seraient moins querellés sur sa nature, et auraient été moins prodigues d'inutiles sophismes métaphysiques. Les théologiens des âges obscurs ne vous auraient pas légué le maudit héritage de leurs sottes spéculations. Les hommes auraient suivi le simple évangile annoncé par le Christ, au lieu d'être pervertis par une théologie anthropomorphique, qui a fait verser des larmes et du sang, et outragé le pur Esprit.

Ami, vous devez discerner entre la vérité de Dieu et les gloses de l'homme. Attribuer à un homme les honneurs divins, au détriment même de l'hommage et de l'amour qui appartiennent à Dieu seul, est une erreur malfaisante qui fait déroger l'homme à ses devoirs envers l'Éternel. « La lettre tue, dit votre Écriture, la lettre tue, mais l'esprit vivifie. » Ainsi nous dénonçons la fable d'un enfer matériel et nous proclamons des idées plus pures et plus rationnelles ; nous repoussons la notion orthodoxe d'une expiation et d'un sacrifice par délégation. Nous vous arrachons au formalisme, à l'inerte littéralisme du passé pour vous ramener à une forme de vérité spiritualisée, à l'aimable symbolisme de l'instruction angélique qui vous conduira dans l'avenir vers les hauteurs où l'esprit est délivré de ses attaches matérielles. Nous vous avons parlé avec soin, pénétrés de l'importance de nos paroles, examinez-les avec l'unique désir de trouver la vérité et implorez l'aide divine, toujours accordée à ceux qui prient pour l'obtenir.

✠ Imperator.

SECTION XII

(J'ai une grande répugnance à publier des choses aussi intimes ; j'y suis contraint par la pensée, que l'histoire de mes luttes mentales et spirituelles peut être utile à ceux qui traverseront une crise semblable. Après un intervalle de quelques jours, pendant lesquels je ne reçus pas de communication au sujet de l'enseignement religieux spirite, je demandai qu'il me fût permis de formuler d'autres objections. Je dois rappeler que mon esprit était profondément agité, je me sentais incapable d'accepter ces nouveautés et le point que j'avais à cœur d'éclaircir était celui de « l'identité de l'esprit ». Dans la disposition où je me trouvais alors, il me fallait la preuve irrécusable de l'identité de l'esprit qui se communiquait ; sans elle je ne pouvais souscrire aux déclarations qu'on me faisait, j'étais convaincu qu'on pouvait me la donner et je m'affligeais de ne pas l'obtenir. Je ne savais pas alors (juillet 1873), comme je le sais aujourd'hui, que *l'évidence de conviction* est la seule qu'on puisse avoir et que mon plan arrêté ne pouvait aboutir à ce que je désirais. J'étais, en outre, fort perplexe : beaucoup de communications, qui passaient couramment pour être spirites, étaient sottes et frivoles ; je les comparais, à leur grand désavantage, aux leçons des moralistes chrétiens. Je trouvais qu'il y avait de profondes divergences entre les messages donnés par les esprits, qui émettaient une singulière variété d'opinions. J'étais personnellement hostile à la plupart de ces opinions qui, selon moi, ne constituaient pas un avantage pour les personnes qui les recevaient, l'idée qu'elles étaient accueillies par des fanatiques me repoussait. Je n'étais pas non plus séduit par l'évidence interne ou externe. Mes observations se portaient sur la preuve des relations probables de Dieu avec l'humanité, sur le caractère général et le résultat du spiritualisme. On me répondit ainsi qu'il suit:)

Ami, il nous plaît de converser de nouveau avec vous ; et s'il nous est impossible de résoudre tous les problèmes qui vous préoccupent, nous pouvons rectifier les erreurs dans lesquelles vous êtes tombé quant aux relations de Dieu avec l'humanité et aux tendances de notre mission.

La page de l'histoire humaine, qui vous est connue, relate aussi la marche de la révélation uniformément progressive d'un unique et même Dieu.

A l'aube de l'histoire de l'homme, la notion fruste, d'un Dieu inhérent, dans sa nature spirituelle, prit la forme d'un fétiche alternativement invoqué avec vénération ou brisé avec mépris, selon que la prière était exaucée ou restait sans effet. Les hommes ignoraient que le bloc qu'ils adoraient ne possédait aucun pouvoir et qu'autour d'eux se mouvaient sans cesse des esprits missionnaires prêts à les secourir, à les défendre et à apporter des réponses à leurs raisonnables prières. Ils ne pouvaient comprendre Dieu que sous une forme tangible, qui incarnait leur idée. Remarquez bien, leur idée *à eux* sur Dieu et non venant de Dieu même. Ils jugèrent donc leur dieu, d'après eux-mêmes, lui attribuèrent celles des passions qu'ils trouvaient nobles chez leurs semblables et le créditèrent de quelques faiblesses, inséparables de l'humanité telle qu'ils la connaissaient. Bref, ils en firent un homme glorifié, doué d'omnipotence, d'omniscience, d'omniprésence, et ils le firent agir d'accord avec leur conception.

Par suite, la révélation de Dieu est proportionnée au développement intellectuel et à l'affinement de l'homme, parce que le médium humain devient apte à recevoir des idées moins obscures sur la Divinité, à mesure que, délivré des entraves de la primitive ignorance, il a lui-même cherché la lumière et le savoir.

Nous avons souvent répété que l'homme ne reçoit que ce qu'il peut supporter. Dieu est révélé au moyen d'un médium, et il est impossible que la connaissance de Dieu dépasse la capacité de l'homme. Aurions-nous la liberté de vous parler de notre plus parfaite théologie, qu'elle vous semblerait étrange et inintelligible encore aujourd'hui. Par faibles doses nous vous instillerons autant de vérité que vous pouvez en supporter. Quand vous l'aurez assimilée, vous aurez conscience de vos erreurs. Quand vous attribuez à Dieu des motifs et dites: « Ceci ne peut pas être, Dieu agit contrairement à sa nature, il ne peut faire cela maintenant puisqu'il ne l'a pas fait autrefois,¹ » vous dites simplement: « Mon idée de Dieu est telle et telle et je ne peux à présent en concevoir une autre. » Et nous vous disons : « Vous avez fait votre Dieu et vous l'avez fait agir d'après vos raisonnements. » A mesure que votre esprit s'ouvrira, soit dans votre état d'être actuel, soit dans un autre, vous percevrez de nouvelles lueurs et vous direz : « J'avais tort, je le vois, Dieu n'est pas du tout ce que j'imaginais ; comment ai-je pu m'attacher à de pareilles notions ! »

Tous les esprits progressistes gravissent ces degrés. La période de développement ne s'accentue pas pour tous dans cette vie, quoique plusieurs reçoivent un flot de connaissances, même dans la phase présente d'existence.

Eh bien ! vous avez eu ou vous êtes en voie d'obtenir votre révélation. Votre esprit s'est élargi, diraient les uns, et il se représente un Dieu mieux en accord avec ses facultés éveillées.

Vous avez reçu d'une source extérieure, la même, d'où toute divine connaissance s'épanche vers l'homme, une révélation du Suprême, plus nouvelle et plus riche, diraient les autres.

Nommez-les comme il vous plaira. Les deux opérations de révélation et de compréhension, de connaissance et de capacité doivent être corrélatives. L'esprit n'obtient une révélation supérieure que quand il est assez avancé pour en sentir le besoin, par la simple raison qu'il est lui-même l'agent par lequel arrive la révélation qu'il reçoit.

Vos inventions théoriques sur Dieu ont filtré vers vous, par des canaux humains. Elles sont l'incarnation des aspirations humaines, la création d'esprits non développés, dont les besoins n'étaient pas vos besoins, dont Dieu ou plutôt les notions sur Dieu n'étaient pas les vôtres. Vous avez tenté d'amalgamer des idées qui ne pouvaient s'accorder, puisqu'elles étaient le produit d'intelligences dissemblables, inégalement développées. Vous dites que nous ne venons pas de Dieu, parce que nos idées ne concordent pas avec les vôtres, qui dérivent de certaines notions puisées dans quelques livres de vos annales religieuses. Dites-nous avec quel Dieu notre idéal est en opposition ? Est-ce le dieu qui, sous une forme humaine, se promenait à côté d'Adam et tirait une épouvantable vengeance d'ignorantes créatures coupables, dit-on, d'avoir commis une transgression qui nous paraît singulièrement vénielle ? Est-ce le dieu qui ordonnait à son fidèle ami de lui immoler l'unique enfant de son amour, seule offrande acceptable ? Est-ce le dieu qui régnait en roi terrestre sur Israël, et que la fable montre voué à la promulgation de lois sanitaires ou à la construction d'un tabernacle, qui marchait à la bataille avec les armées d'Israël et formulait de sanglants édits pour exterminer des peuples innocents et inoffensifs. Est-ce par hasard le dieu qui autorisait son serviteur Josué à paralyser le système solaire, pour permettre aux Israélites de se gorger quelques heures de plus de sang et de pillage ? Est-ce le dieu qui, exaspéré parce que son peuple choisi réclame un monarque visible, le condamne par une vengeance raffinée à des châtiments qui doivent durer plusieurs centaines d'années ? Ou avec lequel des dieux des prophètes sommes-nous en désaccord ? Avec le dieu d'Isaïe ou celui d'Ézéchiel ; avec la lugubre divinité sortie du cerveau morbide de Jérémie ou avec celle de David, demi-paternelle, demi-tyrannique, faible ou cruelle, toujours irrationnelle ? ou avec le dieu de Joël, de Jean ? ou avec la conception calviniste de Paul et ses horribles fantaisies de prédestination, d'enfer, d'élection, de paradis morne et nul. Sommes-nous en désaccord avec Paul, Jean ou Jésus?

Il n'y a pas à insister sur le fait que la révélation a toujours été proportionnée à la capacité de l'homme et colorée par son imagination. L'idée de Dieu a été, à travers les âges, la conception plus ou moins vibrante des intermédiaires de la révélation ; l'idée implantée a pris forme d'après les entours mentaux du médium. A aucun la vérité complète n'a été confiée ; seulement telle partie de vérité, tel aspect de vérité, nécessaires pour une époque et un peuple particuliers. Il résulte donc que les conceptions de Dieu auxquelles nous avons fait allusion sont divergentes. Nous et notre Dieu ne sommes ni Josué et son Dieu, ni Paul et le sien ; mais nous provoquons la comparaison entre le Dieu que nous révélons et le Dieu dont la pâle esquisse était tracée devant un peuple qui ne le connaissait pas, par Celui qui le connaissait le mieux, qui vivait le plus près de Lui, l'homme Jésus-Christ. Il avait une connaissance de Dieu à laquelle aucun de ses disciples n'a pu atteindre. Sa religion était simple, claire, ardente. Sa théologie était également nette. Le cri « Notre Père qui est dans les cieux » diffère entièrement des dissertations compliquées, par lesquelles le Suprême est d'abord informé du caractère qui lui est assigné et requis ensuite d'agir conformément aux passions ou aux besoins imaginaires de son ignorant adorateur.

Dieu! vous ne le connaissez pas! Quand l'esprit verra, vous vous étonnerez de votre ignorance. Dieu est autre que vous ne l'avez inventé! Votre rampante imagination ne peut le représenter. Il plaint l'aveugle mortel et lui pardonne. Il ne blâme pas l'ignorance ; *il blâme la folie qui se refuse à laisser pénétrer la* clarté dans le temple moisi où elle a enchâssé une idole; il blâme les amants des ténèbres, qui s'accrochent aux fantaisies avortées du passé et, ne pouvant comprendre la beauté, la simple majesté du Dieu révélé par Christ, veulent greffer sur cette noble conception les anciennes fictions anthropomorphiques. Ceux-là ne peuvent encore écouter de plus hauts enseignements. Vous n'êtes pas de ce nombre.

Quand vous nous reprochez rudement de contredire l'Ancien Testament, nous ne pouvons que répondre, nous contredisons, en effet, la vieille idée répulsive qui transforme le Dieu bon en tyran jaloux, mais notre enseignement est d'accord avec la révélation qu'il a donnée par Jésus-Christ; révélation dont les meilleurs disciples du Christ se sont fâcheusement écartés et qui a été avilie par l'homme.

Si vous ne trouvez rien qui vous satisfasse dans ce que nous vous disons, il faut que les adversaires aient réussi à interposer entre nous et vous un fragment du sombre nuage qui cache Dieu à votre monde. Nous prions qu'il nous soit permis de le dissiper et de répandre une fois de plus dans votre âme les rayons de clarté et de paix. Nous n'avons pas à craindre que ce soit un mal permanent et nous ne regrettons pas que vous essayiez les fondations sur lesquelles votre connaissance doit reposer. Ce ne sera pas du temps perdu.

Cessez d'être inquiet sur des questions de détail d'une mince importance. Concentrez votre pensée sur l'impérieuse nécessité d'obtenir une plus claire connaissance de Dieu; sur l'ignorance morne qui s'est étendue dans le monde à ce sujet et au nôtre; sur le noble credo que nous enseignons, sur l'éclatant avenir que nous révélons. Cessez d'être agité par la pensée d'un diable légendaire. Il n'y a ni diable ni prince du mal pour l'âme droite, pure, vraie; les adversaires fuient sa présence, elle est entourée de gardes angéliques, aidée par de glorieux esprits qui veillent et la dirigent. Une carrière de croissante progression s'ouvre devant elle; elle n'est pas à l'abri des tentations ni des pièges dans l'atmosphère qu'elle doit respirer pendant le temps de probation ; le chagrin et l'angoisse de l'âme ne lui seront peut-être pas épargnés, son esprit pourra être attristé par le fardeau du péché, accablé par la vue de la misère et du crime, mais, protégée par des guides, elle ne peut tomber que par capitulation volontaire. La tristesse, l'initiation à la douleur, le contact du crime font partie de l'expérience, en vertu de laquelle elle s'élève vers l'au delà.

Ceux qui manquent de spiritualité, qui poussent à l'excès le développement matériel, attirent eux-mêmes les esprits congénères qui ont quitté le corps, sans oublier ses désirs. Ils attirent ces bas esprits, rapprochés de terre et toujours prêts à se précipiter vers eux; ennemis de nos travaux, ils cherchent à en prévenir les bons effets.

Ce sont ceux-là dont vous parlez quand vous dites légèrement que le résultat du spiritualisme n'est pas satisfaisant. Ne nous blâmez pas de ce que les esprits inférieurs manifestent pour ceux qui leur souhaitent la bienvenue.

Blâmez plutôt la stupidité de l'homme qui choisit le vil et non le pur; blâmez ses lois insensées qui lancent journellement, dans une vie pour laquelle ils ne sont pas préparés, des milliers d'esprits troubles,

menés par la coutume ou la mode à une vie de péché.
Blâmez les cabarets, les maisons de fous, les prisons,
les repaires de débauche et surtout l'infernal égoïsme
de l'homme. Voilà ce qui damne des légions d'esprits,
non, selon la fable, dans une mer de feu matériel,
mais dans les flammes de la volupté perpétuée, dévo-
rée par le désir sans espoir, jusqu'à ce que l'âme
modifiée domine ses passions mortes. Oui, c'est à de
semblables causes que vous devez d'avoir parfois autour de vous des intelligences arriérées qui vous
choquent par leurs tromperies, vous ennuient par
leurs mensonges et leur frivolité. Plus tard nous en
dirons davantage ; nous avons déjà été plus loin que
nous n'en avions l'intention. Et pour moi, j'entends
l'appel qui me convie à l'adoration du Suprême ; quand
ma prière montera jusqu'au trône de la divine Pitié,
puisse un ruisseau de cette grâce consolante tomber
goutte à goutte sur votre esprit anxieux et y verser
la paix de Dieu, la quiétude de confiance.

☩ Imperator.

SECTION XIII

(En relisant cette série de communications, je ne pouvais que m'étonner de leur beauté de forme et de fond, car elles avaient été écrites avec une extrême rapidité, — sans pensée consciente de ma part; — elles étaient indemnes de tache ou d'erreur grammaticale, sans surcharges ni corrections. Quant à la nature du sujet, j'étais toujours anxieux. Malgré ma sympathie pour certaines des opinions émises, je croyais que, dans leur ensemble, elles renversaient la foi de la chrétienté. Aucun homme, me disais-je, ne peut accepter un semblable enseignement, sans être amené à rejeter les dogmes auxquels le monde chrétien se soumet *de fide*. Les dogmes fondamentaux me paraissaient être spécialement attaqués. Une connaissance très étendue des travaux des théologiens grecs, romains, anglicans, protestants et surtout de ceux de l'école moderne allemande, m'avait préparé à passer sur les divergences d'opinions, concernant les points mineurs. Je savais que ces divergences étaient inévitables, je savais aussi le peu de valeur de l'opinion individuelle, en face des mystères abstraits de la révélation. J'étais même prêt à entendre de surprenantes affirmations sur ces matières, mais ici les points attaqués me semblaient être l'essence de la re-

« ligion chrétienne. Spiritualiser ou expliquer ces points était, à mon sens, absolument fatal à ma foi en quelque révélation que ce fût. Après de longues et patientes méditations, je ne pouvais arriver à conclure autrement. Je reculais à la pensée d'accepter des affirmations aussi catégoriques sur l'*ipse dixit* d'une intelligence qui n'offrait pas de prise à mes investigations. Je sentais qu'il me fallait plus de temps pour réfléchir et qu'en tout cas je n'étais pas mûr pour adopter un credo iconoclaste, quelque beau qu'il fût, sans autres attestations que celles qu'on présentait. Je formulai ces réserves. On répondit :)

Vous dites sagement. Réfléchissez à loisir sur ce qui est, en vérité, d'une importance vitale. Nous sommes convaincus qu'avec le temps vous vous assimilerez l'enseignement dont vous apprécierez l'importance. Nous vous donnerons, quand vous le désirerez, des éclaircissements sur quelques points, mais nous ne vous imposerons pas d'autres communications jusqu'à ce que le temps ait amené ce que vous demandez. Déployez une patience inaltérable et priez avec ardeur.

Dans la froide atmosphère de votre terre, glaciale et réfractaire à la vie de l'esprit, vous ne savez pas combien le rapport magnétique, entre votre esprit et les guides, qui attendent sa pétition pour la transmettre, est maintenu par la prière fréquente. Vous prieriez davantage si vous saviez quelle riche bénédiction spirituelle la prière apporte. Le lien se resserre par un fréquent usage, l'intimité mûrit par l'association mutuelle. Vos sages érudits ont beaucoup discuté sur la valeur de la prière. Leur ignorance les a

10

fait errer dans un labyrinthe d'opinions confuses. Ils n'ont rien su! comment l'auraient-ils pu! des anges messagers toujours prêts à aider l'esprit qui crie vers son Dieu. Ils ont essayé de mesurer les effets de la prière, de comparer les résultats. Ces choses échappent à la science humaine. Elles sont spirituelles, variant selon les cas.

Souvent la pétition inarticulée, qui ne paraît pas avoir été entendue, apporte à l'âme, qui prie, d'abondantes bénédictions. L'appel intime de l'esprit accablé, qui s'élance dans l'espace ; le cri arraché par une amère douleur, produisent un soulagement inconnu jusque-là. L'esprit est allégé. Vous ne savez pourquoi. Il faudrait voir, comme nous, les guides travaillant à verser dans l'âme désolée le baume de consolation, vous sauriez alors d'où vient cette étrange paix, qui fait pénétrer dans l'esprit l'assurance qu'il existe un Dieu miséricordieux.

La prière a accompli son œuvre, elle a attiré un invisible ami, et le cœur gonflé, broyé, est réconforté par une angélique sympathie.

La sympathie magnétique, dont nous pouvons entourer ceux qui sont en étroite communion avec nous, est un des effets bénis de l'ardente invocation qu'une âme humaine adresse à son Dieu.

La plénitude des relations spirituelles ne peut être réalisée dans d'autres conditions. Seul l'esprit spiritualisé peut pénétrer dans les mystérieux séjours des anges. C'est de l'âme, qui vit en fréquente communion avec nous, que nous pouvons le mieux approcher. C'est une autre face de l'immuable loi qui gouverne nos relations avec votre monde. A l'âme amplement spiritualisée, les dons spirituels. L'homme, dans son ignorance, attend parfois une autre réponse à sa requête, l'exaucer serait souvent cruel ; la demande formulée dans sa prière est négligée, mais la prière a mis son esprit en communication avec une intelligence attentive à saisir une occasion opportune de l'approcher pour le fortifier et le consoler.

Les hommes devraient s'astreindre à prier davantage. La vie de prière n'est pas une vie de dévotion morbide, qui consiste à négliger le devoir et à dépenser les heures précieuses d'apprentissage, à s'anatomiser d'une façon malsaine, à s'abîmer dans des investigations nuisibles, à se perdre dans une rêveuse contemplation ou des supplications imposées. La vie de prière est tout autre. La prière réelle est le cri spontané du cœur vers les amis invisibles. L'invention d'une prière, chuchotée à l'oreille d'un Dieu toujours présent, et disposé à répondre à une capricieuse requête, en modifiant d'inaltérables lois a discrédité l'idée de prière. N'y croyez pas. La prière, élan de l'âme vers Dieu, ne se déploie pas à l'extérieur, elle n'a nul besoin de préparation formelle, pétition inarticulée, des agents empressés la portent de hauteur en hauteur *jusqu'à un pouvoir qui puisse lui répondre.*

La vraie prière est la voix toujours prête de l'esprit communiant avec l'esprit ; l'appel aux invisibles amis avec lesquels il a coutume de converser; l'étincelle, le long de la ligne magnétique, qui transmet une supplique et, rapide comme la pensée, rapporte une réponse.

C'est unir une âme souffrante à un esprit qui peut apaiser et guérir. Cette prière ne demande ni paroles, ni attitude, ni forme. Elle est plus vraie sans formalités ni apprêts. Elle n'a besoin que de se sentir proche d'un gardien, d'être poussée à la communion. Pour arriver à ce degré d'impulsion elle doit être habituelle, autrement, comme le membre qui reste longtemps privé d'usage, elle serait paralysée. Ainsi ceux d'entre vous qui vivent le plus en esprit pénètrent dans les mystères cachés. Nous pouvons nous rapprocher d'eux. Nous faisons vibrer les cordes secrètes de leur nature qui résonnent sous notre touche seule, insensibles aux influences de votre monde. Ce sont eux qui atteignent au plus haut pendant leur vie terrestre, car ils savent déjà communier en esprit et ils se nourrissent de pain spirituel ; *les mystères cachés aux êtres matériels s'ouvrent devant eux*, et leur perpétuelle prière leur a obtenu au moins ceci que, sans être exempts de souffrances et de peines, ils vivent cependant au-dessus d'elles, car ils savent qu'elles sont nécessaires à leur développement.

Hélas ! hélas ! Nous parlons de ce qui est peu connu ! Si cette grande vérité était mieux comprise, l'homme par son attitude spirituelle éloignerait de lui les pernicieuses influences, qui souvent assiègent ceux qui veulent, sans y être autorisés, pénétrer des mystères trop au-dessus d'eux ; les âmes les meilleures ne sont pas toujours à l'abri de pénibles assauts. Mais si cette grande vérité ne peut exempter du danger, elle assure la protection pour l'affronter, elle fortifie, purifie les motifs, sanctifie les actes et est le puissant auxiliaire de la communion spirituelle.

Priez alors. Veillez à prier sans formalité, sans inattention, sans supplication vaine. Communiez avec nous dans la communion de l'esprit. Observez les effets de cette communion sur votre propre esprit. Le reste viendra en temps voulu. Laissez les questions abs-

SECTION XIII

traites et inquiétantes de la controverse théologique humaine, tenez-vous proche des vérités centrales qui affectent si intimement le bien-être de votre esprit. Les futiles perplexités dont l'homme a entouré la simplicité de la vérité sont multiples. Ce n'est pas à vous de les démêler ni de décider ce qui est ou non essentiel. Vous saurez plus tard que ce que vous considérez aujourd'hui comme vérité majeure n'est qu'une forme passagère d'enseignement, employée quand elle était nécessaire. La faiblesse humaine vous pousse à vous précipiter vers la fin. Vous devez tarder, ami, tarder longtemps avant d'atteindre le but. Vous avez beaucoup de fausses notions à rectifier avant de pouvoir étudier le moindre mystère.

Nous pourrions vous en dire plus long sur ce sujet. Mais c'est assez présentement. Puisse le Suprême nous guider ainsi que vous et nous permettre de vous conduire de telle sorte qu'enfin la vérité puisse briller dans votre obscurité et que vous soyez en paix.

✠ Imperator.

(Je ne répliquai pas, mais je réfléchissais et me préparais à répondre, quand je fus impérieusement arrêté. La main s'agita avec une violente rapidité et la communication suivante fut écrite sans pause, dans un espace incroyablement court. L'effort fut tel que je me trouvai dans un état de demi-transe jusqu'à ce qu'elle fût terminée.)

Restez, restez, restez! Ne tentez pas d'arguer. Mais apprenez encore. Vous êtes impatient et disposé à dire de sottes choses. Qu'importe que ce que nous vous disons contrecarre ce que d'autres ont cru. Pourquoi reculer là-dessus ? Est-ce que toute foi fermement embrassée ne contredit pas quelque autre foi ? Est-ce que chaque foi ne renferme pas en elle-même des éléments de contradiction. Si vous ne savez pas même cela, vous êtes hors d'état d'avancer davantage.

Ces vieilles croyances, vénérables par leur antiquité, ont conforté, les hommes quoiqu'elles restassent grossières en se développant, mais ils les trouvaient à leur convenance ; il en dérivait pour eux une satisfaction qu'elles ne vous apportent plus. Pourquoi ? Parce que votre esprit dépasse ces anciennes formules, privées de sens pour vous. Elles sont sans pouvoir pour stimuler votre âme et incapables de vous soulager. Pourquoi alors vous en inquiéter ? Pourquoi tarder, et tenter, en vain, d'extraire une signification de ce qui ne peut en avoir pour vous ? Pourquoi être sourd à la voix vivante qui d'en haut appelle votre âme d'un ton vibrant ? Pourquoi refuser d'écouter quand la voix vous parle de la vérité, de l'esprit, de tout ce qui est noble, réel, actuel ? Pourquoi, par chimérique vénération d'un passé expiré, vous séparer de ce qui est vivant, de la communion des esprits, de ceux qui peuvent vous annoncer de nobles vérités sur Dieu et votre destinée ?

Notre révélation fût-elle en complète contradiction avec l'ancienne, que vous importe ? Ses chaleureux accents parlent à votre esprit, vous le savez, vous l'écoutez avidement et trouvez son influence bénie ; il serait insensé de vous livrer aux esprits malfaisants, heureux de faire ramper l'âme, en refusant de vous séparer d'un corps décomposé.

Vos annales religieuses vous racontent comment, au sépulcre de Jésus, ses amis affligés reçurent de l'ange un message d'aspiration : « Pourquoi cherchez-vous le vivant parmi les morts? Il n'est pas là, il s'est levé. » Ainsi, ami, nous vous disons : Pourquoi s'attarder avec un infécond chagrin au sépulcre de la vérité disparue? Elle n'est pas là, elle s'est levée, elle a laissé le cadavre de l'enseignement dogmatique, et nous proclamons une vérité sublime, une foi plus épurée, un Dieu plus divin.

La voix qui a inspiré les instructeurs des générations passées a résonné jusqu'à vous. Une autre s'élève, Dieu agit toujours de même avec les hommes. Il les appelle à une vérité supérieure à l'ancienne. Ils acceptent ou repoussent le message de lumière. Renoncer à la foi familière, respectée, émeut l'âme qui se tourne cependant d'un autre côté; il lui semble que ce soit une sorte de mort, et l'homme redoute la mort. Oui, mais c'est une mort dans la vie, le retour à la santé et à l'espoir. De même que l'esprit, émancipé de son enveloppe charnelle, plane en liberté, l'esprit affranchi des antiques entraves plane aussi librement.

« La liberté de la vérité, a dit Jésus, peut seule rendre l'homme libre. » Vous ne le savez pas encore, vous le saurez plus tard. Nous vous répétons notre cri. Pourquoi tourner votre face vers le passé mort alors que le présent vivant et le glorieux avenir sont riches de promesses et de bénédictions! Les vieux mots sont vides de sens, laissez-les à ceux pour lesquels ils ont une voix et une signification ; suivez d'un pas assuré ceux qui vous montrent des sommets grandioses. Quittez le passé détruit, voyagez sans crainte à travers un nouveau présent, pour atteindre un avenir inconnu.

Il n'en est pas ainsi, ami. Vous partagez l'idée commune que le nouveau annihile l'ancien. Jésus l'a-t-il dit ? A-t-il conseillé l'abolition de l'enseignement mosaïste ? Nous l'avons déjà dit, notre enseignement n'est pas plus surprenant comparé au sien, que ne fut le sien comparé à celui de Moïse. Ce que nous vous présentons est plutôt le complément que la contradiction de l'ancien, le développement d'un savoir plus étendu.

Si vous méditez sur l'état du monde à l'époque où Jésus vint y proclamer sa foi réformée, vous verrez qu'il n'est pas plus extraordinaire de lire notre Évangile à côté de celui qui passe, parmi les hommes, pour contenir la religion, qu'il ne l'était de superposer l'Évangile de Jésus au rituel du Pharisianisme ou à la sceptique indifférence des Sadducéens. Le monde avait alors, comme aujourd'hui, besoin d'une nouvelle révélation, et ceux qui tenaient à l'ancienne n'ont pas été moins surpris et hostiles, en l'entendant proclamer, que vos contemporains quand ils sont réfractaires à ce qu'ils croient nouveau.

En ces jours comme dans ceux-ci, il ne restait des révélations adaptées aux besoins spéciaux d'un peuple spécial qu'un amas de rituel inerte. La voix de Dieu n'était plus entendue depuis de longues années, et l'homme commençait à chercher, comme maintenant, un air plus respirable. Il attendait une parole nouvelle. Elle vint à lui, divinement exprimée par Jésus. Elle vint, dans l'opinion des hommes, par le véhicule le plus inattendu et le moins capable d'imposer le respect aux savants Pharisiens ou aux dédaigneux Sadducéens. Cependant elle a prévalu et depuis dix-huit cents ans elle a animé la vie religieuse dans le christianisme.

Malgré de dégradantes mutilations, l'œuvre du Crucifié subsiste, une touche vivifiante suffit pour la ranimer. Les vieux haillons que l'homme a roulés autour d'elle peuvent être promptement jetés au loin, et la vérité apparaîtra avec d'autant plus d'éclat.

La source de notre révélation n'est pas plus singulière que ne le fut celle du pouvoir exercé par Jésus, charpentier méprisé de Nazareth, aux yeux de ses concitoyens. Les hommes le tournaient en dérision, comme ils le font pour toute chose nouvelle. Ils étaient prêts à s'étonner de ses merveilles ; ils le suivaient en foule pour assister aux miracles physiques qu'il produisait, mais ils n'étaient pas assez spirituels pour entendre ses enseignements. Ils sont également prêts à s'exclamer sur nous et nos puissants travaux. Comme alors ils réclament sans cesse d'autres et d'autres preuves. « Descends de la croix et nous croirons en toi! » De même aujourd'hui avec plus de preuves qu'il n'en faut pour assurer une conviction ferme. Ils l'appelèrent imposteur, ils le huèrent, ils le chassèrent hors de leur société ; ils s'efforcèrent par des lois et diverses influences d'expulser la nouvelle doctrine. Elle était de forme nouvelle, mais la vérité qu'elle contenait était vieille, vieille comme le Dieu qui la donnait. La nôtre paraît neuve, les hommes la reconnaîtront plus tard pour la même antique vérité rajeunie et éternelle. Toutes deux sont le développement progressif du même courant continu de vérité, approprié aux besoins et aux appels de ceux auxquels il fut accordé. Méditez sur la disposition mentale de

Nicodème, comparez-la avec celle de beaucoup d'entre vous. On demande maintenant comme alors... « si quelque personne instruite, bien posée, respectable », « quelqu'un des Pharisiens ou des magistrats » admet la nouvelle prédication.

Soyez assuré que le pouvoir, qui a pu ranimer la foi morte des Juifs et révéler Dieu plus clairement est encore capable d'instiller la vie dans le corps presque inanimé de la foi chrétienne.

Puisse le Tout-Sage Guide vous garder et vous bénir.

✠ Imperator.

SECTION XIV

(La communication précédente produisit sur moi un effet considérable, je gardai le silence pendant quelques jours, puis je le rompis en ces termes :

Le parallèle entre l'époque du Christ et celle-ci est compréhensible. Il est facile d'imaginer un Sadducéen instruit, dédaignant les prétentions de Christ; il avait tort, nous le savons aujourd'hui, mais il était fort excusable. Examinées au point de vue de la raison, ces déclarations devaient paraître monstrueuses. Il était logique pour un Sadducéen, dont la tournure d'esprit était absolument contraire au surnaturel, de se refuser à admettre ce qui lui paraissait être mensonge ou illusion. Cependant il était en présence d'un homme concret, il le voyait, l'entendait; il pouvait contrôler sans peine la vie du nouveau prophète et vérifier si elle était conforme au saint enseignement qui coulait de ses lèvres. Je suis dans une tout autre situation ; je traite avec une influence insaisissable dont les expressions peuvent être, après tout, *la voix de mon esprit s'interrogeant lui-même.* Ce que je vois autour de moi est un spiritualisme vague, souvent méprisable dans ses propos. J'ai été choqué de ce qu'on appelle ses révélations, elles sont indécises ou sottes. Je ne trouve pas ma route. Je ne sais pas même si vous êtes une entité, le moyen de me satisfaire sur votre compte m'échappe, je ne serais pas plus aidé si vous assumiez l'apparence humaine. Avez-vous jamais eu une personnalité ou êtes-vous seulement une influence ? Je serais soutenu, en quelque sorte, si je pouvais croire que vous êtes une individualité définie. En résumé, je désire que vous me laissiez seul.

J'étais de fait accablé par cet énergique conflit entre mes opinions fortement préconçues et celles d'une intelligence, puissante en affirmation et cohérente en argument. J'étais déchiré par des émotions contradictoires, je subissais une crise de préparation nécessaire, la suite l'a prouvé. On répondit :)

Ami, nous sympathisons avec vous et essaierons de vous aider. D'après vous, le sceptique Sadducéen pouvait facilement s'éclairer, puisqu'il avait devant lui la personne définie de Jésus, mais loin, de l'aider, cette présence ajoutait à sa perplexité. Il lui était infiniment plus difficile d'associer le fils du charpentier de Nazareth à la nouvelle révélation, qu'il ne l'est pour vous de nous associer avec le Suprême. Il reconnaissait la nécessité d'une réforme, mais « Celui-ci n'est-il pas le charpentier ? » était à ses yeux un obstacle plus sérieux que votre « Êtes-vous une individualité ? » Il ne pouvait surmonter les tangibles difficultés qu'il rencontrait : la basse origine, l'humble parenté, le mépris du monde, la mission repoussée, par des hommes dont l'opinion lui imposait, tout cela formait une insurmontable barrière ; si nous prenions vos paroles à la lettre, vous auriez approuvé que le Sadducéen renonçât à la franchir.

Assurément, s'il n'a su ni profiter du message, ni

comprendre le messager, il n'était coupable d'aucun péché, s'il agissait sincèrement. Il ne perdait qu'une occasion de progrès, qui se retrouverait quand il serait mieux préparé. Avec nous le cas est autre. Point de difficultés extérieures. Vous êtes simplement agité de doute intellectuel. Vous reconnaissez que les paroles qui vous ont été adressées peuvent être attribuées à un Maître, envoyé de Dieu. Vous sentez le besoin du message, vous admettez sa beauté ; sa grandeur morale ne peut échapper à ceux qui sont en état de l'entendre ; vous savez qu'il tire son origine d'une source extérieure, en dehors de vous ; vous savez qu'aucun effort inconscient de votre esprit ne peut énoncer ce que contredit l'ensemble de vos propres pensées. Aucune théorie d'interrogation intérieure, quelque ingénieuse qu'elle puisse être, ne saurait vous satisfaire. La phase de doute par laquelle vous passez est fugitive, elle ne peut exercer une action permanente sur vous. Quand elle aura cessé, vous vous étonnerez d'avoir pu imaginer que je ne suis pas une entité aussi réelle que vous-même, que n'importe quelle intelligence incarnée dans ce que vous appelez « homme ».

Oui, ami, le temps est tout ce qu'il vous faut, temps de patiente réflexion, temps pour méditer sur les fins, temps pour apprécier l'évidence et pour additionner les résultats. Les paroles qui vous ont remué si profondément, vous savez combien profondément sont les paroles de quelqu'un qui voit vos pensées et sympathise avec les doutes, les objections, qui vous causent tant de perplexité. Pendant ma vie terrestre, j'ai rempli un rôle proéminent à une époque difficile, assez semblable à celle qui a précédé la venue du Christ, et à celle que vous traversez actuellement. C'est la loi dans tous les cycles où la course rotatoire du temps ramène un état de chose semblable à certains intervalles. L'homme est mentalement le même dans le cours des siècles. Il se développe, il progresse, il pense plus sérieusement, il sait davantage. Mais aussi, vrai que dans votre monde la nuit succède au jour, il vient un temps où sa conception de la Divinité s'efface et où la divine étincelle, qui est en lui, implore une connaissance plus complète et crie au Ciel son désir.

Une nouvelle révélation est nécessaire, l'ancienne a fait son œuvre et de ses cendres, à la sollicitation de l'homme, naît la nouvelle qui est, pour l'âme préparée, la voix d'en haut qui fortifie et console. Il en a toujours été ainsi, vous le savez. Vous en retrouvez la trace dans toute l'histoire des relations de Dieu avec l'humanité. Pourquoi cesserait-il d'en être ainsi ? Pourquoi la voix resterait-elle muette au moment où l'homme a plus que jamais besoin de secours.

Vous ne savez rien de moi, dites-vous ? Pourquoi voulez-vous confondre le messager avec le message ? Pourquoi persistez-vous à associer ce qui est Divin au véhicule qui le transporte.

(Le résultat de l'argument fut qu'en considération de la faiblesse de ma foi j'obtins ce que j'avais si obstinément demandé. Après avoir triomphé, je vis le néant du don pour lequel j'avais tant lutté. Je commençais à saisir la tendance de l'enseignement et à ne plus l'identifier à l'individualité du messager. Je repassai dans ma mémoire l'emploi du temps consacré à cet argument (dont je ne peux publier que des parties) et je compris, comme je ne l'avais encore jamais pu, ce qui était véritablement pour moi une nouvelle révélation. Le messager fut effacé, par l'importance de son message, et le désir de prouver d'infimes points de détail, se perdit dans le plein éclat de la conviction, qui m'éblouit alors pour la première fois.

Cet état fut passager. J'étais trop attaché aux vieilles habitudes d'analyse pour céder à une impulsion enthousiaste; de plus, la première éducation religieuse s'affirmait et je revenais à mes vieilles objections théologiques. Le premier effet évanoui, je repris la discussion deux jours après. Dans cet intervalle, j'avais lu et relu tout ce qui est imprimé ici et beaucoup d'autres pages trop personnelles pour être publiées. J'avais repassé les travaux d'une année, je ne pouvais y découvrir aucun écart de vérité et j'en arrivai à la conviction que le pouvoir en action était :

1° Extérieur à moi ;

2° Véridique et consistant dans ses affirmations ;

3° Pur et élevé dans l'enseignement religieux qu'il apportait.

Cela me semblait clair ; et je me mis à examiner la question d'identité et les prétentions mises en avant. Quant aux autres matières, je sentis qu'elles pouvaient attendre. Les points qui s'étaient établis dans mon esprit m'affermirent dans la pensée que l'intelligence véridique du passé était encore véridique. Mais alors vint le doute : jusqu'à quel point tout ceci pouvait être l'œuvre « de Satan transformé en ange de lumière » travaillant à détruire la foi. Voici exactement mon objection :)

— *Ne peut-on pas dire dans un esprit de critique*

loyale que votre enseignement tend à ce que les hommes appellent déisme, panthéisme ou même, à tort je le sais, athéisme ; ne dégrade-t-il pas Dieu en le mettant au niveau d'une force ; et ne tend-il pas à entretenir dans l'esprit de l'homme un doute quant à la vérité de n'importe quoi ? On commence à croire que Dieu n'est qu'un nom pour désigner l'influence qui pénètre l'univers. La révélation de Dieu vient ab intra, créée par l'imagination nullement révélée à l'esprit. Le christianisme est l'une des nombreuses formes de foi, toutes plus ou moins trompeuses. L'homme tâtonne aveuglément développant par et pour lui-même des idées plus ou moins erronées. Si Dieu existe seulement par conception, chaque homme a son dieu n'appartenant qu'à lui. La vérité absolue hors des mathématiques n'existe pas. Et ainsi l'homme, en prenant le plus favorable point de vue, devient une unité isolée, seule avec son propre esprit, répondant à ses propres questions, émettant des idées qui, après l'avoir satisfaite un moment, font place à d'autres qui, à leur tour, cèdent le pas à de plus nouvelles spéculations; à moins en vérité que, l'intellect devenu fossile, les vieilles idées restent permanentes parce qu'elles ont cessé de vivre.

Cette pâle théorie supplanterait un Évangile qui porte le divin imprimatur, dont les préceptes sont précis, dont la moralité est à un degré d'élévation accessible à la plupart des hommes et qui est renforcé par un système, — de récompenses et de punitions — que l'expérience a toujours trouvé nécessaire dans les relations avec l'homme. Cet Évangile ainsi appuyé n'a pas réussi, comme vous le dites, à soulever les hommes jusqu'à un très haut sommet de perfection morale. Comment alors puis-je attendre qu'une philosophie telle que la vôtre, qui a une ombre de bien, en vérité, mais seulement une ombre voilée, vague, impalpable, qui détruit le passé sans construire l'avenir; comment puis-je croire qu'elle puisse maîtriser les esprits rebelles qui ont résisté à une religion précise dans sa direction morale, puissante par ses appels aux intérêts humains, autorisée par son origine divine, sanctifiée par le halo émanant de la plus sainte vie, qui fut jamais offerte à l'imitation humaine! Cela me paraît fort improbable. Je ne répète pas aujourd'hui ce que j'ai dit à propos de la source nébuleuse d'où provient cet enseignement. Je n'insiste pas sur les dangers que je prévois si on l'adoptait généralement, ce danger est encore trop éloigné. En même temps et c'est un important facteur dans l'argumentation, votre enseignement, selon moi, relâche trop de liens qui ont été utiles, moralement, socialement, religieusement à l'humanité. Et dût ce que nous connaissons sous le nom de spiritualisme envahir le monde, je crains fort qu'après avoir enthousiasmé et fanatisé les hommes quelque temps, ceux-ci, loin de s'améliorer, ne retombent dans la plus aveugle superstition et la plus inepte crédulité. Je puis me tromper absolument, mais je suis frappé de ce que j'avance. Votre enseignement, même s'il était ce qu'il prétend, ne peut pas se substituer à ce que les hommes croient; ils ne sont pas plus aptes à être gouvernés par lui qu'à vivre de la nourriture des anges. Même sous sa forme la plus élevée, il est d'une utilité douteuse et, dans ses modes plus vulgaires, il est pernicieux et démoralisateur.

Au nom du Suprême, nous vous saluons. Il n'est pas en notre pouvoir de vous aider maintenant. Nos paroles vous paraissent autres qu'elles ne sont. Le déchirement, qui a ému votre esprit, l'a laissé dans un état peu propice pour peser et distinguer ; il faut donc attendre le moment favorable; néanmoins, l'apprentissage vous est utile. Vous saurez le pourquoi ; l'impulsion et l'enthousiasme céderont à la connaissance expérimentale et à la calme conviction. La vénérable croyance, plutôt consentie qu'acceptée, pâlira devant la découverte d'une vérité née de l'investigation logique. Ce que nous avons dit mérite l'étude la plus approfondie. Nous souhaitons que vous usiez de toutes les occasions pour relire avec suite ce qui a été écrit et pour méditer intensément sur l'ensemble de nos relations avec vous. Nous réclamons d'être jugés, d'après notre entière communion avec vous, et aussi par nos actes ; par l'effet moral de notre enseignement, non moins que par sa relation avec les précédents credo ; par l'atmosphère morale que nous apportons avec nous, non moins que par l'imparfaite énonciation, qui permet aisément à une subtile logique de trouver des fissures.

Pour le présent, il suffit que nous réitérions solennellement notre prétention d'être les porteurs d'un message divin. Les paroles que nous prononçons sont les paroles de Dieu. Vous le savez ; nul argument additionnel ne peut ajouter de poids à notre assertion. Vous n'êtes pas plus le jouet du malin que vous n'êtes égaré par les fantaisies d'un cerveau malade. Le mal ne parle pas de Dieu comme nous en parlons. Aucun cerveau ne peut vous dire ce que nous avons dit, ni vous présenter l'évidence telle que nous vous l'avons donnée. Quand vous serez plus calme, vous le verrez. Si vous étiez dans une autre disposition, nous aurions à vous parler du péché de curiosité, cherchant à découvrir le mal qui peut être attaché à ce qui est divin, de même que, quand le saint Jésus vivait sur votre terre au milieu de ses malédictions et de ses corruptions, les démons qu'il expulsait se tournaient contre lui par la bouche des dévots orthodoxes, qui l'accusaient d'association avec Belzébuth. Nous ne nous soucions pas de répondre à de telles objections ; elles portent sur leur face une suffisante réfutation. Quand vous pourrez penser posément, nous ferons à vos observations telle réponse qui nous paraîtra requise. Pour le moment, le mieux est de vous adonner à la méditation et à la prière. Priez, ami, avec zèle, insistez pour être guidé vers la vérité.

Vous ne pouvez refuser de présenter cette prière, fût-elle dictée par le tentateur même! Priez de concert avec nous pour être éclairé, prendre patience et être dégagé des entraves dogmatiques, elles enchaînent votre âme qui aspire. Priez pour qu'après être libéré de ces liens vous receviez une direction dans votre marche ascendante, afin de ne pas aller trop haut et de ne pas retomber. Priez pour que l'opinion des autres n'influe pas sur vous et pour obtenir la grâce de choisir le droit chemin qui convient aux besoins de votre âme, car chacun doit déterminer ce qu'il lui faut. Priez pour envisager clairement votre responsabilité qui est d'accepter sans précipitation et de rejeter sans préjugé obstiné. Par-dessus tout priez pour être humble, sincère, honnête, n'altérez pas l'œuvre de Dieu par orgueil, entêtement ou indignité. Nos prières se joindront aux vôtres pour attirer un message d'amour consolateur émanant de ceux qui veillent avec anxiété à la propagation de la vérité divine. Nous avons répondu à votre objection en ce qui concerne le résultat général du mouvement dans son ensemble. Nous vous avons montré caché, profondément sous la surface, quelque chose que l'œil seul ne découvre pas.

A toutes les époques où la connaissance de Dieu se développe, il y a nombre de silencieux adeptes ignorés du monde qui avancent résolument vers un savoir plus parfait, il en est ainsi maintenant. Nombreux sont-ils, très nombreux, ceux qui déplorent le dévergondage illimité de pensées, qui les choquent et les affligent, mais sont sans force pour diminuer la foi fondée sur l'expérience.

Nous pouvons de plus vous indiquer que notre relation avec le plan matériel est gouvernée par des lois que votre science n'a pas encore définies. Du reste ni nous ni vous ne connaissons toutes les causes qui interfèrent entre nous. Nous ne sommes pas en état de promulguer des lois pour vous donner une direction, à peine le pouvons-nous pour nous-mêmes. L'importance capitale du sujet est peu appréciée parmi vous, ceux mêmes qui s'intéressent à notre œuvre n'en sont pas assez pénétrés. Souvent une banale curiosité prédomine, voire de bas motifs. On ne prend pas un soin convenable de nos médiums. L'instrument n'est plus au diapason, il est détendu ou surmené. Les conditions atmosphériques varient. Nous ne savons pas toujours comment procéder en présence des effets divers qui sont ainsi produits. Les groupes ne sont pas convenablement composés et beaucoup de choses mal combinées empêchent que les phénomènes soient toujours semblables dans leur nature ou évoqués avec une régularité précise.

Le caractère incertain du phénomène tient à cela et

à l'obstruction continuelle que les curieux exercent en attirant des esprits qui leur ressemblent et troublent ainsi la communication avec les sphères. Il y a long à dire sur ce sujet, mais d'autres matières pressent. Ce que nous indiquons peut vous induire à être indulgent dans votre appréciation sur les variations de quelques cercles. Nous ne parlons pas de ceux où le mensonge est accepté : là, les esprits les moins développés pénètrent seuls et ce qui s'y passe est indigne de créance.

Vous pouvez nous aider à écraser la puérile curiosité et la fraude. Vous avez pu constater, dans notre propre groupe, comment les manifestations se sont progressivement développées quand vous avez suivi notre conseil. Vous pouvez engager les autres à user des mêmes moyens. Avec le temps, le nuage se dissipera, car les causes qui le produisent dépendent de vous au moins autant que de nous.

SECTION XV

(L'argument continua presque sans pause, avec une grande énergie. Je ne puis me flatter de pouvoir donner une idée équivalente de la puissante influence qui me possédait et semblait inspirer mes pensées.)

RELIGIEUX ENSEIGNEMENT DU SPIRITUALISME

Vous vous demandez si la tendance de notre enseignement n'est pas déiste ou pur théisme ou même athéisme. Quelle ignorance règne parmi vous pour qu'une personne bien informée classe le théisme avec l'athéisme. Si vous dites que notre enseignement démontre qu'il n'y a pas de vérité absolue, nous ne pouvons qu'être reconnaissants d'avoir été compris. Sans aucun doute, dans votre état actuel d'imperfection, rien n'approche de la vérité absolue ni de la perfection absolue. Vous ne prétendez sûrement pas regarder sans trouble des mystères qui éblouissent les plus hautes intelligences ; vous ne pouvez espérer que votre esprit limité puisse comprendre l'Infini et l'Incompréhensible, qui, pendant des cycles immenses, nous tiendront encore prosternés dans un indicible étonnement. Pour vous la vérité doit être variable, vous ne pouvez l'embrasser dans son ensemble, ni l'envisager dans ses minutieux détails, elle vous apparaît esquissée sous le voile qui la couvre. Nous ne prétendons pas vous révéler la vérité absolue, aspirant nous-mêmes à l'atteindre. Nous vous aidons dans les limites permises, en traçant pour vous, en pâles caractères, des conceptions moins démesurément éloignées de la vérité, que celles qui passent parmi vous pour être la révélation directe du Très-Haut.

Nous avons réussi à développer un système de théologie cohérent, beau, élevé et que votre esprit trouve acceptable. Nous ne nous aventurons pas plus loin. Nous vous montrons un Dieu qui commande le respect et l'adoration ; nous vous montrons sous un aspect rationnel votre devoir envers Lui, l'humanité et vous-même ; nous établissons notre code moral non sur la considération d'un ciel et d'un enfer, tels que vos Églises les dépeignent, mais par des arguments qui peuvent pénétrer avec force dans l'esprit.

Dire que nous enseignons une religion sans motif est sûrement la plus étrange des fausses interprétations. Quoi, n'est-ce rien d'apprendre *que chaque acte de ce moment, époque des semailles de votre vie, portera son propre fruit;* que les fautes commises de propos délibéré ne seront effacées qu'au prix d'un long et pénible labeur ; que l'esprit errant doit démêler dans la masse enchevêtrée de son incalculable passé le mal qu'il a perpétré ; *car paroles et actions sont semblables au petit caillou, lancé dans le courant, qui produit un tourbillon toujours élargi, dont les effets augmentent sans cesse; vous êtes responsable de ces effets; chaque mot, chaque acte est d'une incalculable importance dans ses résultats;* le bien produit par votre influence est une source de joie pour votre avenir, tandis que vous subirez avec agonie les horribles suites du mal commis par vous.

N'est-ce rien, quand nous vous disons que récompense et châtiment ne sont pas remis à un jour fabuleux, après une période de torpeur presque mortelle, mais sont instantanés, suivant aussitôt le péché *par l'action d'une loi invariable et agissant sans cesse jusqu'à ce que la cause qui l'a amené ait disparu.*

N'est-ce pas un encouragement à une vie sanctifiée et élevée moralement ? Dites-nous quel est le plus puissant encouragement à une pure vie de progrès ? le credo que nous prêchons ou celui qui enseigne qu'un homme peut suivre son caprice, peut nuire à son prochain, insulter son Dieu, avilir son propre esprit, violer toutes les lois divines et humaines, être une honte pour le nom d'homme, et qu'il peut par un cri fanatique, par une foi inventée, une opération momentanée de l'esprit, être jugé digne d'entrer dans un ciel de rêve où, par un changement magique, il trouverait son unique bonheur à s'occuper sans trêve de ce qu'il détestait par-dessus tout. Quelle croyance pourra le mieux émouvoir l'être dégradé ? Celle qui lui enseigne qu'il devra expier par lui-même toute faute cachée ou connue, qu'il n'y a pas de joie pour lui avant qu'il ne devienne un homme meilleur ? ou celle qui lui affirme qu'après avoir vécu sans frein un appel machinal peut soudain transformer son esprit souillé et l'introduire purifié en présence de Dieu ?

Nous savons et vous savez quelle est la foi qui en appelle à la raison et au jugement de l'homme, qui lui découvre les pressants motifs d'éviter le péché, qui lui offre les plus sûrs moyens de ne pas s'égarer hors de la voie droite. Et cependant vous nous reprochez de prêcher une religion vague en face de celle qui affirme ; un évangile sans couleur, à la place de celui qui repose sur un système défini de récompense et de punition. Non, non, nous sommes ceux qui prêchons un système de récompense et de châtiment clair, défini, intelligible. Nous n'inventons pas un ciel de légende, un enfer monstrueux et un Dieu humain. Vous êtes de ceux qui relèguent à perte de vue l'heure de la rétribution, et qui encouragent le plus vil à croire qu'il peut entrer en la présence du Très-Haut, n'importe où, n'importe quand, ni comment, parce qu'il aura souscrit à des déclarations qu'il ne comprend pas, auxquelles il ne croit pas et qui ne l'ont jamais intéressé.

Nous affirmons hautement que nous enseignons une foi mieux faite, pour éloigner du péché, qu'aucune de celles présentées, jusqu'ici, à l'acceptation de l'homme. Elle lui offre de rationnelles espérances pour son avenir, elle est plus réelle et plus compréhensible que les autres. Cette foi, nous le répétons, vient à vous comme la révélation de Dieu. Nous ne nous attendons pas et nous ne désirons pas qu'elle devienne courante parmi vous, avant qu'on ne soit mieux préparé. Nous attendons, priant et patients, le moment où les hommes prêts à la recevoir s'y soumettront avec une intelligente obéissance ; nous n'hésitons pas à dire que l'homme péchera moins, sans l'espoir d'un salut à bas prix et en vue d'un avenir mieux compris ; il n'aura plus besoin d'autant de règles coercitives et de pénalités humaines ; la source de ses motifs intérieurs ne sera pas moins efficace et forte que la doctrine avilissante des attraits célestes et des terreurs infernales, qui tombe en poussière quand on l'examine sérieusement.

(En réponse à mon objection que les conséquences du spiritualisme étaient néanmoins mauvaises pour la masse ou tout au moins ne présentaient qu'un très contestable avantage, on écrivit le 10 juillet 1873) :

Nous voulons essayer de vous montrer dans quelles erreurs vous êtes tombé. Vous prenez d'abord, suite inséparable de votre vue circonscrite, vous prenez les résultats qui attirent votre attention, pour la conséquence totale du mouvement. C'est comme si, effarouché par le tumulte d'une petite secte fanatique, vous lui attribuiez une grande puissance, sans vous soucier du silencieux pouvoir qui travaille dans les profondeurs et n'apparaît que par ses œuvres, sans avoir poussé de clameurs. Vous entendez le bruit assourdissant d'une minorité indisciplinée et encombrante, et vous dites bien que ce ne sont pas ses cris qui peuvent régénérer le monde. Vous êtes froissé et vous vous demandez si ce qui vous paraît aussi repoussant peut, en vérité, procéder de Dieu. Vous ne percevez qu'un aspect et encore est-il à peine visible. *Vous ignorez tout des silencieux adeptes d'une foi qui vient de Dieu et leur est révélée par les procédés les mieux appropriés à leurs nécessités. Cachés à vos yeux, quoiqu'ils existent autour de vous, ces fidèles communient avec les sphères*, acquièrent d'heure en heure de nouvelles connaissances et de nouvelles grâces, ils attendent d'être émancipés à leur tour de la prison corporelle et se préparent à contribuer à l'œuvre glorieuse.

Ainsi par l'obstruction bruyante des uns et le silence des autres, par la nature limitée de vos facultés et par les occasions encore plus limitées où vous pouvez observer, vous ne voyez qu'une scène isolée et prenez un détail pour le tout, un membre, et le moins digne, pour le grand corps. Nous sommes disposés à examiner votre conclusion tendant à prouver les suites fâcheuses ou malfaisantes du spiritualisme pour ceux qui s'en occupent ; mais nous vous dénions la capacité de vous prononcer sur l'ensemble de cette vaste question et son issue ultime.

Car quelle est la vérité réelle ? Les opérations du Suprême sont uniformes en tout et pour tout. Le mal et le bien sont entremêlés. Il n'emploie pas de grands ouvriers pour le travail qui peut être exécuté par des esprits plus ordinaires. Il n'envoie pas *les Maîtres glorieux*, pour faire entrer la conviction dans un esprit indéveloppé, lié à la terre. Loin de là, il proportionne ses causes aux effets qu'elles doivent produire. Dans la marche ordinaire de la nature Il n'amène pas d'insignifiants résultats par des causes gigantesques. Il en est de même dans le domaine des agences spirituelles. Ceux qui sont grossiers, sans aspiration développée, dont les âmes ne peuvent s'élever aux sommets de la grandeur morale et intellectuelle, ceux-là sont donnés en charge à des esprits, qui savent choisir le langage et les moyens capables de toucher ces intelligences arriérées, ils emploient le plus souvent des procédés matériels pour les frapper. Un déploiement de force physique, facile à constater par le sens externe, est nécessaire pour convaincre, non quelques-uns, mais le grand nombre, de l'existence continuée au delà du tombeau.

Ces esprits peu avancés reçoivent la démonstration, non par les voix inspirées qui ont à chaque époque dirigé l'âme de l'initiateur destiné à guider cette époque, mais par des esprits plus rapprochés d'eux, connaissant leurs besoins, leur attitude et leurs habitudes mentales. Il faut vous souvenir, bon ami, *qu'une extrême intellectualité peut coexister avec un développement spirituel nul;* de même qu'un esprit progressiste peut être retardé par le corps qui l'enferme ou rabaissé par une imparfaite culture mentale. La voix de l'esprit ne pénètre pas dans toutes les âmes, la même preuve ne suffit pas à toutes ; et le cas est fréquent où les âmes ainsi obstruées, par une surabondance matérielle ou une insuffisance mentale, accomplissent leur progrès spirituel dans une sphère où il est remédié à ces défauts.

Car un coup de baguette magique ne change pas à l'instant les traits caractéristiques de la nature innée; ils sont lentement modifiés et épurés. Pour l'homme doué déjà de hautes facultés intellectuelles, qu'il perfectionne par une incessante culture, les moyens employés, pour atteindre les incarnés ignorants et frustes, paraissent grossiers, les résultats brutaux et peu satisfaisants. Cette méthode, ce zèle peu discret, dégagent cependant les esprits qui sortent graduellement d'un sombre matérialisme ou d'une inertie encore plus désespérante ; alors la nouvelle vie qu'ils entrevoient les remplit d'enthousiasme, ils donnent cours à leur joie et la célèbrent par des accents rudes mais sincères, qui peuvent choquer vos oreilles, mais sont agréables à Dieu. La voix est vraie, c'est à quoi Lui et nous regardons.

Ainsi les procédés, par lesquels on peut faire pénétrer la conviction chez les esprits indéveloppés, ne sont pas ceux des anges intermédiaires entre Dieu et l'homme ; ils échoueraient. Les opérations matérielles amènent l'esprit à réfléchir sur les choses spirituelles. Vous êtes familier avec ces opérations, elles ne cesseront jamais d'être nécessaires et seront pour un grand nombre le début dans la vie spirituelle. Personne ne peut nier la sagesse d'adapter les moyens aux fins. Le seul danger est de substituer le physique au spirituel et de s'y arrêter.

Enfin pour nous en tenir à l'exemple le plus saillant de ce qui vous offense : l'esprit brutal, inculte, à peine développé. La voix qui crie vers Dieu d'un ton si rude et qui célèbre de tels résultats est-elle la voix du mal ? Vous paraissez le croire ?

Nous avons déjà traité la question du mal, nous y reviendrons encore. Nous sommes loin de nier ou de traiter légèrement le danger qui menace et nous et vous. Mais il n'est pas tel que vous l'imaginez. Ce qui est déréglé, inculte ou grossier, n'est pas nécessairement mauvais. Loin de là, le mal est souvent caché là où vous ne le soupçonnez pas. Il ne cessera, hélas ! qu'après la chute des adversaires et la victoire complète. Ces âmes, novices de la vie spirituelle, qui luttent dans l'obscurité, finissent par entrevoir qu'une existence de progression infinie se déroule devant elles, et que leur progrès dépend du développement mental, physique et spirituel qu'elles peuvent provoquer pendant leur vie actuelle ; elles essaient de soigner leurs corps au lieu de les user dans l'ivrognerie, elles en font des abstentionnistes de boissons enivrantes et les hommes arrivés à ce point voudraient imposer cette habitude à tout le monde. Les nuances leur échappent et souvent le zèle les emporte indiscrètement. Mais le fanatique exalté, dont l'illogisme et les exagérations offensent le goût, est-il pire spirituellement que le sot et lourd désœuvré, brûlé par la boisson, au corps souillé, dont le progrès moral et spirituel est paralysé par une intoxication habituelle? Vous savez que le but de l'enthousiaste vaut mieux, il est vivant, stimulé par ce qu'il croit être son devoir; il n'est plus la créature sans espoir et sans but; il s'est levé du milieu des morts, résurrection qui remplit d'allégresse et de gratitude les anges de Dieu. Qu'importe que ses cris perdent en logique ce qu'ils gagnent en zèle et énergie. La voix ardente, honnête, qui veut proclamer ses nouvelles convictions, a plus de valeur pour nous et nous encourage mieux à renouveler nos efforts que la respectabilité conventionnelle, nuageuse, dilettante qui articule des demi-convictions sur le ton affecté du fashionable, s'étudiant d'ailleurs à éviter même un murmure, qui risquerait d'être trouvé ridicule.

Le spiritualisme populaire ou vulgaire, que vous blâmez à cause de son expression bruyante et de ses allures répulsives, a son utilité; par sa rudesse même et par les faits physiques, il pénètre dans les masses et frappe des esprits, qui seraient incapables de comprendre des instructions métaphysiques.

L'armée des messagers spirituels contient des ministres appropriés à chaque besoin. Au matérialiste endurci qui ne reconnaît que la matière, l'agent qui peut lui montrer les effets d'une force invisible supérieure aux lois matérielles; à l'âme tremblante, timide, qui ne se soucie pas des vastes espérances, mais qui s'inquiète de ses aimés disparus et de sa réunion avec eux, la voix des absents donnant la preuve nécessaire pour convaincre, ou apportant l'assurance de la réunion et des relations affectueuses continuées au delà. A l'homme qui préfère les raisonnements et les arguments logiques, l'esprit qui démontre la réalité des agents extérieurs, qui découvre la preuve bien ordonnée et établit sur d'incontestables faits une conviction solide. A ceux qui ont dépassé l'alphabet spirituel, qui désirent s'approcher des mystères impénétrables à l'œil des sens, à ceux-là les Maîtres, qui peuvent parler des profondes choses de Dieu et révéler de plus amples vérités. A chacun enfin le messager et le message qui lui conviennent.

Une fois encore. Rappelez-vous que le spiritualisme n'est pas ce qu'était le message de la parole ancienne : une révélation officielle, extérieure, descendant de la hiérarchie spirituelle à l'humanité, proclamée comme révélation, religion et moyen de salut. C'est tout cela et c'est aussi autre chose. Pour vous et pour ceux qui approchent le spiritualisme en se plaçant à votre point de vue, c'est cela ; pour les humbles, les souffrants, les désolés et les ignorants, c'est autre chose. C'est l'assurance d'une attente personnelle de réunion, d'une consolation individuelle et par-dessus tout d'une application intime. C'est en effet, pour des desseins divers, le pont jeté sur le golfe qui sépare le monde des sens du monde des esprits. Les degrés de développement diffèrent pour les désincarnés comme pour les incarnés, ce qui explique la variété des manifestations en espèce et en qualité ; assez souvent l'écume s'élève à la surface et vous empêche de voir.

Ne tombez pas dans l'erreur de croire que ces signes sont exclusifs à notre mission ; ils sont inhérents à votre nature humaine, inséparables de ce qui émeut profondément l'homme. Ils accompagnaient la mission de Moïse, chez les anciens Israélites ; les prophètes hébreux aussi bien que le Christ. Ils ne sont pas plus un spécimen de nos travaux que, dans votre histoire politique, les divagations d'un démagogue excité ne sont l'expression d'une opinion politique réelle et influente.

Vous devez distinguer ; et pour celui qui vit au milieu d'un grand mouvement, il n'est pas toujours facile de le faire. Ce sera plus aisé quand, dans le temps à venir, vous jetterez un regard en arrière sur la lutte, qui maintenant bouillonne autour de vous. Nous n'avons rien de plus à vous répondre. Pour le présent à Dieu.

✠ Imperator.

SECTION XVI

(Comme j'essayais de formuler de nouvelles objections, qui se présentaient en foule à mon esprit, je fus arrêté.)

Nous voulons résumer ce dont il a été déjà parlé. Vous ne réalisez pas suffisamment le fait que la religion n'exerce qu'un très fragile pouvoir sur la masse de l'humanité ; vous ne comprenez pas non plus l'opportunité de nos paroles et leur adaptabilité aux aspirations de l'humanité. Dans votre état actuel, au milieu de vos relations et occupations, vous ne pouvez pas voir comme nous, il est nécessaire de vous le rappeler, l'indifférence qui envahit les hommes quant à leur destinée future. Ceux d'entre eux qui pensent ont découvert facilement que ce qui leur est donné, comme révélation directe de Dieu, ne peut supporter l'épreuve d'un examen expérimental, que les notions prévalentes sont vagues, contradictoires et déplaisantes. La formule cléricale : que la raison ne peut sonder la révélation et doit s'arrêter au seuil de l'enquête, abîmée dans la foi paraît aux penseurs un plan habile, pour prévenir la découverte des erreurs qui fourmillent dans la doctrine infaillible, qu'on veut imposer au monde. Les hommes, qui ne veulent ou n'osent pas réfléchir, se réfugient les yeux fermés dans la foi, conformément à la routine dans laquelle ils ont été élevés, ils deviennent fanatiques, bigots irrationnels. Il serait difficile d'inventer un système plus efficace, pour rétrécir l'intelligence, que celui qui consiste à prouver à l'homme qu'il ne doit pas penser en matière religieuse. C'est paralyser l'esprit et le mettre presque dans l'impossibilité de se relever. Ce qui doit être la nourriture réelle, vitale, est devenu une question de naissance ou de localité ; l'esprit est condamné à une religion héréditaire, que le Dieu de sa race ou de sa famille soit le grand Esprit de l'Indien rouge, le fétiche du sauvage que vous appelez idolâtre, ou que son prophète soit Christ, Mahomet ou Confucius. Bref, du nord à l'est, de l'ouest au sud, l'homme a partout établi une théologie de son cru qu'il enseigne à ses enfants, les liant, pour ainsi dire, de force à une doctrine qu'il leur présente comme indispensable au salut. Nous avons déjà attiré vos réflexions là-dessus. Creusez le sujet.

La religion quelconque, d'une race quelconque, sur n'importe quel point du globe, qui a la prétention d'avoir le monopole de la Vérité divine, est une fiction humaine née de la vanité et de l'orgueil de l'homme.

Aucun système de théologie n'a le monopole de la vérité ; chacun est à un degré quelconque imparfait ; chacun a ses parties de vérité en rapport avec les besoins de ceux auxquels il a été donné *ou par lesquels il a été évolué*. Mais *aucun* ne peut être recommandé aux hommes comme étant l'unique nourriture spirituelle que Dieu leur ait offerte. L'homme, dans son infirmité, aime à croire qu'il est possesseur exclusif de quelque germe de vérité (nous sourions de lui voir chérir cette illusion) et, glorieux de sa possession imaginaire, il se persuade qu'il faut envoyer des missionnaires en long et en large porter son spécifique, à d'autres peuples qui ridiculisent ses droits prétendus.

Il est suprêmement merveilleux pour nous que vos sages aient été et soient incapables de voir que le rayon de vérité arrivé jusqu'à eux, et qu'ils ont obscurci de leur mieux, *n'est qu'un* parmi les nombreuses clartés répandues sur votre monde par le soleil de vérité. La Divine Vérité est une lumière trop éclatante pour l'œil humain. Elle doit être amortie par un médium terrestre et voilée pour ne pas aveugler l'organe trop faible. Quand le corps terrestre a été rejeté et que l'esprit plane vers les hautes régions, seulement alors peut-il être dispensé de l'interposition du véhicule humain qui ternissait le brillant éclat de la lumière céleste.

Toutes les races d'hommes ont reçu un atome de cette lumière. Depuis que votre monde existe, le Brahmane, le Mahométan, le Juif et le Chrétien ont eu chacun leur lueur particulière, et chacun l'a considérée comme son héritage spécial, venant du Ciel. Et pour souligner davantage combien cette prétention est fallacieuse, regardez l'Église qui s'attribue la possession exclusive de la Vérité Divine. Quelles multiples divisions ! Les dissensions de la chrétienté qui ont déchiré en fragments inégaux l'Église du Christ, l'amertume vengeresse avec laquelle s'assaillent les uns et les autres, sont les meilleures réponses à la folle affirmation que le christianisme possède le monopole de la Divine Vérité. Il faut respecter la vérité cachée dans la croyance de son prochain et apprendre la première de toutes les leçons : rechercher le bien et non le mal, reconnaître le Divin même au travers de l'erreur humaine, et honorer ce qui est de Dieu, même quand vous ne pouvez plus vous en servir.

Le temps approche où un nouveau rayon de lumière percera le brouillard de l'ignorance humaine ; les sublimes vérités que nous sommes chargés de proclamer effaceront de la face de la terre de Dieu la jalousie sectaire, l'amertume théologique, la colère, la mauvaise volonté, la rancune, l'orgueil pharisaïque qui ont défiguré le nom de religion et rendu la théologie synonyme — parmi les hommes — de discorde. Cette noble science, qui devait instruire l'homme dans la connaissance de la nature de Dieu et lui inspirer quelque chose de l'amour qui émane de la Divinité, est devenue le champ de bataille des sectes et des partis, la plaine aride où les plus mesquins préjugés sont lâchés avec les plus misérables passions, le désert stérile où l'homme ne démontre que sa complète ignorance du sujet qu'il traite avec une si aigre animosité.

Votre théologie a été le prétexte pour éteindre les plus saints désirs, semer la haine entre parents et amis, brûler, torturer les corps des meilleurs parmi les hommes ; pour frapper d'ostracisme ceux que le monde aurait honorés avec joie, pour détruire les bons instincts de l'homme et effacer ses plus naturelles affections. Oui, et c'est encore l'arène où s'étalent les viles passions humaines stigmatisant ceux qui osent se séparer de la règle stéréotypée. Arrière où la théologie règne, la place de la raison est vide. Les hommes sincères ne peuvent que rougir en y songeant, car, dans son atmosphère étouffante, la libre pensée expire et l'homme est une marionnette privée de raisonnement.

C'est ainsi qu'a été dégradée la science qui devait apprendre Dieu à l'humanité.

Nous avons dit que la fin approche. Ainsi que dans les jours qui précédèrent la venue du fils de l'homme, ainsi maintenant s'annonce l'aurore venue d'en haut. Les fers dont les prêtres enlaçaient les âmes lutteuses seront brisés ; à la place d'un fanatisme insensé, d'un ignorant pharisaïsme, vous aurez une religion raisonnable, de plus amples vues concernant Dieu, des notions plus exactes sur vos devoirs et votre destinée ; vous saurez que ceux que vous appelez morts sont vivants autour de vous ; vivant plus réellement que sur terre, s'occupant de vous avec un amour indiminué ; animés, dans leur infatigable relation avec vous, de la même affection qu'ils vous portaient pendant qu'ils étaient encore incarnés.

Il a été dit du Christ qu'il avait mis au jour la vie et l'immortalité. C'est vrai dans le sens le plus étendu, et les hommes commencent seulement à percevoir ce résultat de la révélation de Christ, qui est l'abolition de la mort, la démonstration de l'immortalité. L'homme ne meurt jamais, ne peut pas mourir, même s'il le voulait.

L'immortalité de l'homme admise, non comme article de foi, mais comme résultat de l'expérience personnelle, est la clé de voûte de la religion de l'avenir. En elle sont toutes les grandes vérités que nous enseignons, les plus nobles conceptions du devoir, les plus vastes aperçus de la destinée, les plus vraies réalisations de la vie.

Vous ne pouvez y atteindre encore. Votre esprit

ébloui et troublé ne peut supporter un tel éclat. Mais un court espace, ami, croyez-le, vous sépare du moment où vous reconnaîtrez dans nos paroles les traits de la vérité, l'aspect du Divin.

✠ Imperator.

SECTION XVII

(Tous mes amis trouvaient que je persistais trop dans mes objections. Cependant ma conscience ne me permettait pas de choisir une autre voie, il me fallait chercher jusqu'aux extrêmes limites les preuves de l'étrange message qui m'agitait si violemment. Je n'étais pas satisfait et je voulais l'être dans un sens ou dans l'autre. Après la conclusion de l'argument d'Imperator, j'y réfléchis pendant deux jours et, le 14 juillet 1873, j'énumérai les points qui, selon moi, restaient obscurs : 1° l'identité ; 2° la nature et l'œuvre de Jésus-Christ ; 3° l'évidence extérieure conforme aux affirmations produites. Je demandai que des communications indépendantes fussent faites au moyen d'un autre médium et j'exprimai mon intention d'en chercher moi-même un, dans le but d'obtenir quelque chose d'authentique. Je contredis aussi les opinions émises par rapport aux enseignements, sous leurs formes diverses. J'exprimais loyalement ma conviction du moment, mais je reconnais que mes observations n'avaient pour base qu'une connaissance très incomplète ; elles ont été depuis éclairées de différentes manières ; suffisamment, en tous cas, pour m'assurer que ce qui n'est pas encore expliqué le sera en temps voulu. Mais, à cette époque-là, j'étais loin d'être convaincu et je manifestais emphatiquement mon dissentiment. Voici la réponse) :

Vous alléguez, ami, que votre déclaration a sur les nôtres le mérite de la candeur et de la perspicacité. Nous comprenons votre perplexité ; nous ne pouvons y suppléer ; serait-ce possible, nous ne le ferions pas. Nous ne souscrivons pas au programme que vous voulez imposer, non par mauvaise volonté, puisque nous souhaitons de vous convaincre, mais parce que nous ne sommes pas omnipotents et que nous ne pouvons vous influencer que par les procédés ordinaires d'argument et d'évidence ; ils n'atteignent pas encore votre esprit, il faut attendre.

Nous ne vous suivons pas sur le terrain où vous vous placez ; il a été déjà répondu à vos questions, dans la mesure convenable, ce que nous pourrions ajouter serait sans force. Il est oiseux d'entrer dans des détails d'opinion. Que ce que nous disons vous semble d'accord avec ce que nous faisons ou avons fait est de mince importance. Vous n'êtes pas en condition pour juger d'une manière impartiale. Que le résultat éventuel de ce que vous appelez spiritualisme soit ce que nous disons ou ce que vous craignez, est également à côté du point de départ. Votre vision est circonscrite, la nôtre est plus clairvoyante et embrasse de plus vastes espaces. Vous reconnaissez la grandeur morale de notre enseignement ; que vous l'admettiez comme le légitime développement du christianisme, que vous y croyiez ou non, c'est peu important, le monde en a besoin et plus tôt ou plus tard le recevra avec reconnaissance.

Nous espérions avoir trouvé en vous un instrument convenable, nous n'y renonçons pas encore, car la crise que vous traversez est transitoire et une conviction ferme succédera au doute. En fût-il autrement, nous nous inclinerions et nous chercherions de nouveau ce qui nous est nécessaire pour continuer notre tâche. Nous pourrons regretter de voir nos efforts mal interprétés ou retardés, mais nous n'avons pas le pouvoir de vous obliger à accepter une croyance qui serait pour vous un secours puissant ; vous devez décider en pleine liberté d'esprit. Toute tentative pour prouver l'identité selon le mode que vous voudriez nous imposer serait pire qu'inutile. Elle aboutirait à un échec. Il peut nous être possible de donner de temps en temps des preuves collatérales, nous profiterons avec plaisir de l'opportunité qui nous sera offerte, et si vos relations avec nous se prolongent, vous constaterez plus tard que ces preuves sont accumulées en grand nombre.

Mais la validité de nos affirmations doit s'appuyer sur une fondation plus solide. C'est sur le terrain moral que nous vous appelons ; vous reconnaîtrez un jour, nous le croyons, que les manifestations physiques sont transitoires et insuffisantes. Votre esprit n'est pas assez calme pour examiner avec un soin judicieux l'évidence morale. Si comme nous le soutenons, nous sommes de Dieu et non du diable, il n'est pas vraisemblable que nous composions une histoire qui serait reçue avec dérision ; si nous venons du mal, comme vous inclinez à le croire, il vous reste à démontrer comment une histoire, qui porte les marques d'une origine divine, peut venir d'une source corrompue. Nous ne nous troublons guère de ces propos. C'est sur le fond du message et non sur le caractère du messager que nous appelons l'attention. Pour nous-mêmes, c'est indifférent. Pour l'œuvre de Dieu et la vérité de Dieu, c'est sérieux. Pour vous et votre avenir, c'est d'une importance vitale. Vous êtes ébloui par la révélation dont vous avez été le centre et qui vous a été donnée largement et rapidement. Il faut vous laisser le temps de vous livrer à des réflexions profondes et mûries. Nous nous retirerons pour vous laisser en paix avec vos pensées ; vous ne serez pas seul, nous vous laisserons avec des gardiens plus vigilants, des guides plus expérimentés. Cette conduite est préférable aussi pour nous, car, après un arrêt plus ou moins prolongé, nous saurons si nous pouvons reprendre la tâche commencée ou si, après avoir perdu un temps précieux, il faut travailler ailleurs. Ce serait un pénible désappointement de voir tomber avant sa maturité un fruit ayant coûté tant de labeur et de prière ! Vous et nous devons agir d'après la lumière qui est en nous et sert de guide à nos actions. Nous en sommes responsables vis-à-vis de Dieu, nous devons la laisser s'exercer librement. Nos prières ne seront ni moins fréquentes, ni moins ardentes, nous avons confiance qu'elles seront plus efficaces. Adieu et puisse le Grand Dieu vous guider et vous diriger !

✠ Imperator.

(Après cette séance, je fis plusieurs tentatives infructueuses pour communiquer et j'allai, ainsi que je l'avais annoncé, chez un médium auquel j'étais inconnu. J'essayai de mon mieux d'éliciter quelques informations sur mes guides et sur l'identité d'Imperator. Ce fut en vain. On me dit que l'esprit qui était avec moi se nommait Zoud, historien russe. A mon retour chez moi, j'écrivis une question à ce sujet, on me répondit que le renseignement était faux et on dit :)

Contrairement à nos avis, vous vous mettez en communication avec des esprits qui ne vous connaissent pas et ne sont pas en harmonie avec nous, vous ne tirerez de ce commerce que des communications mensongères qui vous causeront des perplexités.

(Je réclamai énergiquement, ajoutant qu'il aurait été plus simple de satisfaire à mon raisonnable désir.)

Non, nous souhaitons de vous donner satisfaction, mais le Chef nous a ordonné de nous abstenir et nous n'avons pu vous empêcher d'aller où vous vouliez. Nous insistons vivement sur le danger auquel vous vous exposez en essayant de ces sortes d'expérimentations. Vous n'avez besoin que de patience. Tenter d'arracher par force ce que vous désirez ne peut causer qu'ennui et détresse à nous tous. Reposez-vous en paix et attendez l'issue. Chaque démarche prématurée est une faute. Le Chef fera ce qui doit être.

(Mais, répliquai-je, vous semblez ligués pour m'affoler. Ne pouvez-vous rien faire de ce que je demande?)

Ami, vous ne pouvez pas avoir la preuve mathématique que vous demandez passionnément ; nous ne pouvons pas davantage vous donner une preuve, juste au moment où vous la réclamez. Ce ne serait pas bon pour vous, même si nous le pouvions. Tout est arrangé sagement.

(L'esprit qui se communiquait ainsi était celui qui avait donné les premiers messages. Je fus obligé de m'arrêter sans obtenir d'autres réponses. Le 24 juillet 1873, quelques questions furent posées sur des points théologiques, entre autres une ayant trait au passage : « Moi et mon Père sommes Un » (Jean, x, 3o). J'avais insisté dans le cours de la conversation sur ce que ces mots contredisaient les allégations d'Imperator. On posa une question dans ce sens ; il y fut ainsi répondu :)

Les mots que vous citez doivent être commentés. Jésus était à Jérusalem à la fête de la Dédicace, la vieille question des Juifs : « Si tu es le Christ ; dis-le nettement, » fut répétée. Comme vous, ils voulaient un signe pour résoudre leurs doutes. Comme nous, il les référa aux paroles et à la teneur de son enseignement, évidences de son origine divine. Ceux, dit-il, qui ont été préparés, les « brebis de son Père », entendaient sa voix et y répondaient. Ils reconnaissaient sa mission. Les questionneurs ne pouvaient l'accepter, parce qu'ils ne comprenaient pas n'étant pas préparés. Ceux qui étaient préparés entendaient et ils suivaient Jésus, au progrès, au bonheur, à la vie éternelle. Ils étaient tenus dans la main du Père, confiants en la mission qui devait les régénérer ainsi que l'humanité, et le Père et le Maître étaient Un. « Moi et mon Père sommes Un. » Les Juifs comprirent que Jésus voulait s'attribuer les honneurs divins et ils le lapidèrent. Il se justifia. Comment ? En admettant sa Divinité et en défendant sa prétention. Non, en vérité. Mais lui, le pur véridique Esprit dont une ombre de duplicité n'a jamais terni la transparente sincérité, demanda avec surprise à ses persécuteurs pour lequel de ses miracles ils voulaient le lapider. Pour aucun, dirent-ils, mais pour avoir affirmé, blasphème notoire! son union avec le Dieu indivisible. Ainsi provoqué, Jésus mit délibérément à bas l'accusation. « Quoi, dit-il, dans vos propres annales sacrées, le terme « Vous êtes dieux? » est appliqué à ceux dans lesquels l'Esprit a été répandu. Comment alors est-ce un blasphème de dire de Celui que le Père lui-même a sanctifié et mis à part pour une œuvre spéciale : « Il est le fils de Dieu! » Si vous doutez, regardez mes œuvres. Il n'y a pas là d'usurpation ni de prétention à la Divinité, mais le contraire. »

(Le 25 juillet 1873, Imperator exerça son contrôle sur notre séance, quelques informations furent données, mais point d'allusion à mon état mental. Les autres membres du groupe ne sympathisaient pas avec mes anxiétés, on répondit à leurs questions et leurs problèmes furent résolus. Mon esprit inerte n'affecta pas les conditions. Alors un de mes amis, qui depuis peu avait quitté la terre, fut amené et me fournit une forte preuve de son identité en me citant des faits, connus seulement de lui et de moi. Quoique impressionné, je n'étais pas satisfait. L'époque des vacances arriva et je quittai Londres pour l'Irlande. J'y reçus de curieuses communications concernant un ami malade à Londres; mais pas un mot se rapportant aux questions à résoudre. J'allai ensuite au pays de Galles et je reçus le 28 août 1873 un message d'Imperator qu'il est nécessaire de transcrire. J'avais essayé de revenir sur l'objet de mes préoccupations et j'avais été averti que mon insistance m'était nuisible. Ma condition physique était mauvaise et mon état mental troublé, je fus engagé à me remémorer le passé plutôt que de chercher à pénétrer l'avenir.)

Occupez-vous du passé, méditez sur la valeur morale de nos paroles. Nous ne vous blâmons pas de doutes qui sont la conséquence naturelle de la disposition particulière de votre esprit, nous ne faisons qu'indiquer que cette tendance n'est pas favorable pour juger avec impartialité. Votre nature impétueuse vous mène trop vite et votre esprit porté au doute vous maintient dans une agitation déplorable.

Dominez votre ardeur, évitez d'une part de formuler de hâtives conclusions, tandis que de l'autre vous critiquez des détails sans importance, et donnez du poids à ce que nous pouvons appeler l'échafaudage de notre enseignement.

Souvenez-vous, ami, que vos doutes et les difficultés que vous soulevez élèvent une barrière entre nous. Elles arrêtent notre progrès en avant et nous obligent à réserver bien des choses. C'est inévitable. Libérez votre esprit, une fois pour toutes, par le ferme exercice de votre volonté, libérez-le des brouillards qui obscurcissent votre jugement. Nous espérons que vous y parviendrez à la suite de votre repos et de votre isolement. Il est essentiel que le groupe avec lequel nous communiquons soit en parfaite harmonie. Les doutes sont pour nous comme les brumes de la terre, qui égarent le voyageur, nous ne pouvons travailler au milieu d'elles. Et nous ne doutons pas qu'un examen honnête et impartial du passé ne les chasse ; elles se dissiperont à mesure que le soleil de vérité se lèvera à votre horizon et vous serez émerveillé des perspectives qui se dérouleront à vos yeux.

Ne repoussez pas le nouveau parce qu'il vous surprend. Tâchez de l'estimer à sa valeur ou mettez-le de côté en attendant d'autres éclaircissements. Tout vient à l'heure de Dieu pour l'âme honnête et loyale. Ayez présent à la pensée le fait, que vous ne savez rien sur de nombreuses choses nouvelles et vraies. Vous avez beaucoup de jeunes vérités à apprendre et de vieilles erreurs à oublier.

Attendez et priez!

✠ Imperator.

SECTION XVIII

(Le 26 août 1873, j'avais relu les précédentes communications ; j'avais beaucoup pensé à la nature symbolique des expressions spirites. Je me demandais si nous n'avions pas erré en les interprétant trop littéralement. Je posai la question, on me répondit que je n'étais pas en état de communiquer. Ceci est un des nombreux exemples de la difficulté de communiquer. Le jour était pluvieux, sombre et désolé. J'étais malade, loin de chez moi, hôte d'une maison étrangère. On me dit de me reposer ; j'obéis. Alors, on écrivit d'abord avec peine, ensuite plus facilement.)

Les conditions encore défavorables sont cependant meilleures. Vous devriez toujours vous préparer au moral et au physique à être en état de communiquer. Nous avons dit que nous ne pouvions opérer quand le corps est surchargé de nourriture, aujourd'hui nous disons qu'un système débilité n'est pas meilleur.

Il ne faut pas plus déprimer les forces vitales en négligeant de se nourrir, que s'abrutir par la gloutonnerie et l'ivrognerie. L'ascétisme et l'extrême laisser aller aux désirs sont les extrêmes qui ne produisent rien de bon. L'état intermédiaire laisse les forces corporelles en parfait équilibre pendant que les facultés mentales sont nettes et calmes. Nous demandons une intelligence active, ni débile, ni surexcitée et un corps vigoureux sans excès ni défaillance. Chaque homme peut, par l'exercice d'un contrôle judicieux sur lui-même, arriver à cet état qui le rend à la fois plus apte à remplir sa tâche sur la terre et à recevoir les instructions qui lui sont envoyées. Les habitudes journalières sont souvent mal réglées, d'où les corps et les esprits malades. Nous n'indiquons pas de régime en dehors de la recommandation d'apporter, en tout, soin et modération. Quand nous sommes en contact personnel, nous pouvons alors dire ce qui convient aux besoins particuliers. Chacun doit chercher ce qui lui vaut le mieux.

Enseigner la religion du corps avec celle de l'âme fait partie de notre mission. Nous proclamons à tous que le soin judicieux du corps est essentiel au progrès de l'âme.

L'état d'existence artificielle qui prévaut ; l'ignorance presque totale en ce qui concerne la nourriture et le vêtement ; les vicieuses habitudes d'excès qui sont très répandues, sont des obstacles sérieux pour atteindre à la vraie vie spirituelle.

Touchant vos questions réitérées, nous vous répétons que nous prenons la connaissance déjà établie dans l'esprit, nous en écartons ce qui est faux et malsain et nous la spiritualisons. Nous traitons les vieilles opinions comme Jésus traitait la loi juive. Il en abrogea ouvertement la lettre, tandis qu'il en renouvelait l'esprit par ses nobles et nouvelles explications. Nous faisons avec les opinions et les dogmes du christianisme moderne ce qu'il fit avec la loi mosaïque et l'orthodoxie des pharisiens et des rabbins. Une adhésion rigide à la lettre stricte de la loi conduit presque inévitablement à négliger le sens vrai. L'homme qui commence à observer servilement les minuties du rituel finit par devenir l'orgueilleux, arrogant et antipathique pharisien, dont la religion disparaît dans sa théologie et qui encore remercie Dieu de ne pas ressembler à son prochain.

C'est contre cette forme insidieuse de religion que nous engageons une guerre obstinée. Il vaut mieux, pour l'esprit qui cherche son Dieu, tâtonner sans aide avec la confiance de le trouver à la fin, que d'être immobilisé dans les mailles d'une orthodoxie terrestre qui prescrit le Dieu et la voie qui mène à lui, voie qui passe par une porte dont elle détient la seule clé. Orthodoxie qui annihile toutes les aspirations naturelles, noie toutes les pensées qui veulent s'élever, condamne le libre esprit à une action mécanique. Tout vaut mieux, disons-nous, que cette parodie de religion spirituelle.

Pour quelques hommes, et ce ne sont pas les plus nobles de votre race, la libre pensée spirituelle signifie doute, indécision, désespoir, mort, ils veulent une religion à leur portée. Ils ne peuvent pas gravir les étourdissantes hauteurs d'où l'homme est admis à découvrir les vérités éternelles ; ces sommets leur donneraient le vertige, il faut qu'ils se rejettent dans les sentiers battus où d'autres ont marché avant eux, qu'importe que le chemin soit tortueux, il est serré entre des murs par-dessus lesquels leurs regards n'osent s'élever. Ils marchent avec précaution, pas à pas, de peur de buter ou de tomber à la moindre inégalité de terrain. Ils s'appuient sur les dogmes prescrits par l'inflexible orthodoxie. Ainsi l'a décidé la sugesse de l'Église. Le doute est la ruine, la pensée hardie finit dans l'égarement, la foi est l'unique garantie. Croyez et soyez sauvé. Niez et soyez damné.

Ces hommes ne sont pas même au seuil de la connaissance. Comment pourraient-ils entrer dans le sanctuaire où brille la Vérité dans sa plénitude.

D'autres ne sont pas seulement incapables, mais opposés à accepter la moindre modification à l'ancienne théologie, ils la considèrent comme l'incarnation de la vérité divine. C'est elle qui a suffi aux saints chrétiens, qui a soutenu le martyr, encouragé le mourant dans les siècles passés et dans celui-ci. Elle est la foi des ancêtres, l'évangile de salut qu'ils ont appris des lèvres maternelles, ils en ont reçu le dépôt qu'ils transmettront à leurs enfants, qui à leur tour, confieront aux générations suivantes la vérité entière inaltérée. Et, ainsi dominés par un sentiment d'héroïque détermination, ils ne veulent même pas toucher à ce qui semble violer une foi consacrée par tant d'associations et rendue chère par tant de souvenirs. Ils sont les défenseurs de la foi, le zèle du martyr les enflamme, aucune influence ne peut les atteindre. Nous ne voulons pas d'ailleurs troubler volontairement une croyance aussi confortable. Essayer de les éclairer serait vain. Ils doivent conquérir ce qui leur manque dans une autre sphère d'existence.

D'autres hommes encore n'ont jamais pensé en matière religieuse. Ils ont une sorte d'opinion conventionnelle sur la convenance d'une profession extérieure de religion, parce qu'ils ne seraient pas bien posés sans elle. C'est en vérité un mince vernis qui ne sert qu'à paraître. Pourvu qu'on l'aperçoive de loin, il satisfait ceux qui l'emploient et ceux-là nous font l'opposition la plus acharnée. Les obliger à s'occuper de religion est une vexation. Le sujet est déplaisant, toléré seulement sous sa forme la plus légère, quand il y a nécessité mondaine absolue. Les prêtres doivent arranger ce qui est bien, eux prennent de confiance ce qui est indispensable. Les obliger à voir les fissures de la foi établie ou à admirer les excellences de la nouvelle est une double aggravation entraînant double peine. Ils s'accrochent au passé et vivent de lui. Ils sont heureux ainsi, ils haïssent le progrès social et religieux. La libre pensée signifie pour eux doute, scepticisme, athéisme, toutes choses maladroites et peu convenables.

Il est clair que nous n'avons rien à faire avec ces trois classes et leurs myriades intermédiaires confinées aux pôles d'incapacité, mauvaise volonté ou positive aversion. Leur heure viendra.

Nous nous efforçons d'inculquer à tous que la voie qui mène à la connaissance de Dieu est ouverte et libre. L'homme qui préfère la stagnation au progrès viole une des premières conditions de son être. L'homme n'a pas le droit d'interdire à ses semblables tel ou tel credo ou de les obliger à adopter le sien. Nous répétons encore que la rigide orthodoxie, les lignes inflexibles sous lesquelles il faut se courber, sous peine d'être perdu, sont des fictions humaines, chaînes fabriquées par les passions de l'homme pour fixer, à la terre, les âmes qui veulent monter à Dieu. Il vaut mieux, nous le réitérons, que l'esprit s'égare sans autre appui que son guide désigné, qu'il prie, pense et travaille par lui-même que de renoncer à sa liberté ou d'accepter sa religion sur un ordre quelconque. Il faut de la loyauté et du courage pour rechercher la Vérité ; sans ce secours, l'esprit ne peut planer, avec lui le progrès est assuré.

Notre tâche est de faire pour le christianisme ce que Jésus a fait pour le judaïsme, prendre les vieilles formes, spiritualiser leur signification et leur infuser une nouvelle vie. Nous désirons la résurrection et non l'abolition. Nous ne détruisons pas un atome de l'enseignement que le Christ a donné au monde. Nous ne faisons qu'effacer les gloses matérielles de l'homme et vous montrer le sens spirituel caché, qu'il n'a pas su découvrir. Nous nous efforçons de vous soustraire de plus en plus, dans votre vie quotidienne, à la domination du corps et de vous montrer le mystique symbolisme dont la vie de l'esprit est imprégnée. Ceux-là sont bien frivoles qui s'attachent à la lettre de notre enseignement. Nous voulons vous élever hors de la vie du corps et vous rapprocher autant que possible de l'état de désincarné. *Nous ne pouvons pas vous expliquer, dans la disposition où vous êtes, la vraie dignité de la plus haute vie de l'homme même sur la terre et les mystères cachés que cette vie produit à profusion.* Avant que vous puissiez atteindre à ces distances, contentez-vous d'apprendre qu'une signification spirituelle est cachée sous chaque chose ; votre Bible en fourmille. Les interprétations, définitions et gloses humaines sont l'écorce matérielle qui enveloppe la divine semence de Vérité. Si nous jetions l'écorce, le tendre grain se flétrirait et mourrait. Nous nous contentons donc de vous indiquer, autant que vous pouvez la comprendre, la vérité vivante que vous ne voyez pas sous le fait extérieur qui vous est familier.

Ce fut la mission du Christ. Il réclama l'accomplissement de la loi, non son abrogation. Il dévoila la vérité cachée sous les commandements mosaïstes, en déchirant les haillons du rituel pharisaïque et les gloses de la spéculation rabbinique. Il fut réformateur religieux et social ; la grande occupation de sa vie fut d'élever le peuple, esprit et corps, de confondre les imposteurs, d'arracher le masque à l'hypocrisie, de relever l'esclave foulé aux pieds, de rendre l'homme libre, par la vertu de cette vérité qu'il venait déclarer au nom de Dieu : « Vous saurez la Vérité et la Vérité vous fera libres et vous serez libres en vérité. »

Il raisonnait de la vie, de la mort, de l'éternité, de la vraie noblesse et dignité de la nature de l'homme ; de la voie à suivre pour parvenir à la connaissance progressive de Dieu. Il vint, le grand accomplisseur de la loi, montrant comme jamais homme ne l'avait encore fait, la fin pour laquelle la loi est donnée : l'amélioration de l'humanité. Il apprit aux hommes à regarder dans les profondeurs de leurs cœurs, à examiner leurs vies, à éprouver leurs motifs, à les peser à cette unique balance infaillible : les fruits de la vie comme preuve de religion. Il dit aux hommes d'être humbles, miséricordieux, véridiques, purs, dévoués, honnêtes d'esprit et d'intention et il fut devant eux le vivant exemple de la doctrine qu'il prêchait.

Grand réformateur social, il soulageait corporellement l'homme et lui révélait le salut en dehors de la bigoterie, de l'égoïsme, de l'étroitesse d'esprit ; il lui faisait apercevoir la lueur d'une meilleure vie au delà. Il prêchait la religion de la vie journalière, le progrès moral de l'esprit dans la voie du devoir quotidien.

Repentir du passé, amendement et progrès dans l'avenir résument son enseignement. Il trouva un monde croupissant dans l'ignorance spirituelle, à la merci d'une théocratie sans scrupules, tyrannisé en matière politique. Il enseigna la liberté dans les deux cas, mais la liberté sans licence, la liberté d'un esprit responsable qui a des devoirs envers Dieu, envers lui-même et envers ses frères. Il travailla à montrer la vraie dignité de l'homme qui est de s'élever à la Vérité, vérité libératrice. Il n'était pas respectueux des personnes. Il choisit ses associés et ses apôtres parmi les misérables. Il vivait au milieu du bas peuple, avec lui, s'asseyant aux plus humbles foyers. Il enseignait aux pauvres les simples leçons dont ils avaient besoin. Il allait peu vers ceux dont les yeux étaient fermés par les ténèbres de l'orthodoxie, des convenances et de ce qu'on nomme sagesse humaine. Il embrasait le cœur de ses auditeurs, leur inspirait l'ardent désir d'obtenir quelque chose de meilleur, de plus élevé que ce qu'ils savaient. Il leur montrait comment ils pourraient y arriver.

L'Évangile de l'humanité est l'Évangile de Jésus-Christ. C'est le seul qui soit nécessaire à l'homme, qui puisse pourvoir à ses besoins et l'aider dans ses nécessités.

Nous continuons à prêcher ce même Évangile, par commission du même Dieu, nous le prêchons purifié des fausses interprétations de l'homme.

Nous voulons retirer du sépulcre où l'homme l'a étouffée la vérité spirituelle, nous disons aux hommes: Elle vit encore la simple et grande vérité de la destinée ascendante de l'homme, de la sollicitude incessante de Dieu, de l'attention toujours en éveil des esprits dévoués aux âmes incarnées.

Nous mettons en pièces les dogmes qui ont enferré l'âme et abattu ses aspirations, nous lui disons d'aller librement. Notre mission est de rénover ce vieil enseignement que l'homme a si étrangement défiguré ; sa source est identique, sa course parallèle, sa fin la même.

— *Ai-je bien compris que l'enseignement dont une section est sous la direction d'Imperator reçoit sa mission du Christ ?*

Vous avez bien compris. J'ai déjà dit que ma mission m'a été donnée, que je suis influencé par un esprit qui a passé au delà des cycles de travail dans les plus hautes sphères de contemplation ***. Jésus-Christ prépare le rassemblement de son peuple pour continuer la révélation de la vérité et pour éliminer les croyances erronées accumulées dans le passé.

— *J'ai entendu parler de cela ailleurs. Est-ce alors le retour du Christ ?*

Retour spirituel. Il n'y aura pas de retour physique tel que l'homme l'a rêvé. Ce sera le retour vers son peuple, par la voix de ses messagers parlant à ceux qui ont les oreilles ouvertes, il l'a dit lui-même. « Celui qui a des oreilles pour entendre, laissez-le entendre ; celui qui est capable de recevoir, laissez-le recevoir. »

— *Ce message s'adresse-t-il à un grand nombre ?*

Oui, on fait connaître à un grand nombre que Dieu maintenant influence l'homme d'une manière spéciale. Nous ne pouvons en dire plus. Puisse la bénédiction du Suprême reposer sur vous.

✠ IMPERATOR.

SECTION XIX

(31 août 1873. Réponse à quelques objections que je venais de répéter.)

Nous avons déjà parlé du sujet que nous allons traiter, mais sans entrer dans tous les détails.

Vous avez allégué, et d'autres avec vous, que notre enseignement est vague, obscur, impalpable, qu'il ébranle la vieille foi sans la remplacer. Nous nous proposons de vous présenter un tableau de la religion que nous désirons voir s'établir parmi les hommes.

Commençons par Dieu, le maître suprême de l'Univers, qui domine tout dans son calme éternel, directeur et juge de la totalité de la création. En solennelle adoration nous nous prosternons devant Sa Majesté. Nous ne l'avons pas vu et nous n'espérons pas approcher de sa Présence. Des millions de siècles, pour employer votre mode de compter, suivis de myriades et myriades incalculables d'âges, doivent s'écouler avant que l'esprit perfectionné, par la souffrance et l'expérience, puisse pénétrer dans le sanctuaire intérieur, en la présence du Dieu Tout Pur, Tout Saint, Tout Parfait. Nous ne l'avons pas vu, mais par notre connaissance plus intime de ses œuvres nous savons mieux la perfection sans limites de sa nature. Nous la sentons sous mille formes qui n'atteignent jamais votre terre trop basse. Nous en trouvons la trace dans mille circonstances que vous ne soupçonnez même pas. Et pendant que pauvres ignorants, vous dogmatisez sur les attributs essentiels de Dieu et modelez un être qui vous ressemble, nous nous contentons de sentir et de savoir que son pouvoir est l'opération d'une Intelligence sage, tout amour et pénétrant tout. Nous savons que ses relations avec nous sont remplies d'amour et de tendresse.

Nous ne cherchons pas à deviner indiscrètement le futur, nous le laissons à Celui dont nous avons éprouvé dans le passé et le présent l'abondante miséricorde. Nous croyons en Dieu trop réellement pour nous soucier de spéculer. Nous vivons pour et par Lui. Nous nous efforçons d'apprendre sa volonté et d'y obéir, assurés qu'en agissant ainsi nous obtiendrons des grâces pour nous et tous les êtres créés dont nous nous occupons, et toujours nous lui rendons les honneurs qui lui sont dus et le seul hommage que Sa Majesté accepte. Nous l'aimons, nous lui rendons un culte, nous l'adorons; nous lui sommes soumis et nous ne discutons pas plus ses plans que nous ne cherchons à pénétrer ses mystères.

Vous devez vous contenter de savoir que le jour viendra où nous pourrons vous renseigner d'une façon plus certaine sur l'origine de l'homme, sa nature spirituelle et sa destinée. Nous ne sommes pas chargés d'alimenter la curiosité ni d'égarer votre esprit par des idées et des spéculations au-dessus de ses moyens. Vous pouvez savoir que l'histoire théologique, telle qu'elle est contée et acceptée, d'une faute faisant tomber d'un état de pureté à un état de péché est trompeuse.

Certains érudits religieux n'ont pas renoncé à vouloir concilier la raison avec cette légende défigurée ; vous ferez mieux de porter votre attention sur la condition actuelle de l'homme, esprit incarné, de chercher comment il peut apprendre les lois qui le gouvernent, comment son obéissance à ces lois le mène au bonheur dans le présent et au progrès dans le futur immédiat. Laissez les lointaines sphères où les purifiés seuls résident. L'œil mortel ne peut contempler leurs secrets. L'accès n'en est ouvert qu'aux Bienheureux, vous et tous y atteindrez après la préparation et le développement indispensables.

Il est plus important de vous parler du devoir et du travail de l'homme sur la terre. L'homme, vous le savez, est un esprit, temporairement enfermé dans un corps de chair ; *un esprit avec un corps spirituel*, qui doit survivre à sa séparation du corps charnel. Un de vos instructeurs a eu raison de vous le dire, quoiqu'il ait erré dans des détails minimes ; *ce corps spirituel* est l'objet principal de votre éducation ici-bas, il doit être développé et préparé à sa vie, dans les sphères d'esprits ; vie qui, autant qu'il vous concerne de le savoir, est sans fin. Vous ne pouvez imaginer ce que signifie : Éternité.

L'esprit incarné a la conscience innée, souvent informe et grossière du juste et de l'injuste ; les occasions de se développer lui sont offertes, il a ses degrés de probation, ses phases de préparation ; des aides pour progresser, s'il veut en user. Nous avons déjà parlé de cela et nous nous y étendrons plus tard.

Aujourd'hui nous vous dirons le devoir de l'homme dans la période de probation.

L'homme, être spirituel responsable, a des devoirs

à remplir vis-à-vis de lui-même, de son prochain et de son Dieu.

Vos guides instructeurs ont suffisamment esquissé le code moral qui regarde l'esprit de l'homme, mais à côté et au delà de ce qu'ils ont pu vous apprendre s'étend un vaste domaine. L'influence *de l'esprit sur l'esprit*, à peine reconnue encore parmi les hommes, est le plus puissant secours ou le plus redoutable obstacle au progrès humain. Résumons. — Par le mot Progrès ou connaissance de soi-même, nous entendons le devoir de l'homme, entité spirituelle qui doit faire un constant effort pour activer son développement intérieur. — Le devoir de l'homme, être intellectuel et raisonnable, se définit par le mot Culture ou poursuite des connaissances, non dans une seule direction, mais dans toutes ; non par intérêt matériel, mais pour stimuler des facultés qui, destinées à se perpétuer, doivent croître sans cesse. — Enfin, vis-à-vis de son esprit, caché sous une forme de chair, le devoir de l'homme est Pureté. Donc Progrès, Culture, Pureté, totalisent *grosso modo* les devoirs de l'homme envers lui-même en tant qu'être spirituel, intellectuel et matériel.

Quant au devoir de l'homme envers la race dont il est une unité, la communauté dont il est membre, nous essayons de cristalliser en un mot l'idée centrale qui en est le moteur. Charité ou Tolérance pour les divergences d'opinion, charitable appréciation d'actes et paroles douteuses, bienveillance dans les relations, empressement à aider son prochain, sans désir de récompense ; courtoisie et douceur de conduite ; patience en face de l'injustice ou interprétation malveillante ; intégrité dans les affaires ou projets unie à une indulgente et affectueuse bonté ; sympathie pour les peines d'autrui ; miséricorde, pitié et tendresse de cœur; respect de l'autorité dans sa sphère ; respect des droits du faible ; ces qualités et d'autres de même genre sont la véritable essence du caractère du Christ, nous les exprimons par le mot Charité ou Amour actif.

Quant à la relation entre l'homme et son Dieu, elle doit être celle d'un être qui, placé à l'un des plus bas échelons de l'existence, approche de la Fontaine de Lumière incréée, du Grand Auteur, du Père de tout.

L'attitude est indiquée par cette parole de la Bible : « Les anges se voilent la face de leurs ailes quand ils s'inclinent devant son trône. » Cette figure symbolise la *vénération* et l'*adoration* dont l'esprit de l'homme doit être possédé. Vénération et crainte, mais sans tremblante frayeur. Adoration pénétrée des vastes distances qui séparent Dieu de l'homme et attentive à reconnaître les agents intermédiaires qui rattachent le Plus Haut à ses enfants. Vénération, Adoration, Amour, telles sont les qualités qui doivent inspirer l'esprit dans sa relation avec Dieu.

Cette vague esquisse des devoirs de l'homme peut être complétée, mais en les observant l'homme est en état de réaliser des progrès, d'être un bon citoyen, il peut servir de modèle dans n'importe quelle situation de la vie. Nous n'avons pas parlé du devoir extérieur dont nous ne méconnaissons pas l'importance. Aussi longtemps que l'homme est un être physique, les actes physiques occupent une grande place ; nous ne craignons pas qu'on cesse d'y attacher une importance suffisante, c'est pourquoi nous n'appuyons pas sur ce côté de la question. Nous nous occupons surtout d'attirer votre attention sur votre véritable moi ; nous insistons pour que vous considériez tout ce que vous faites *comme la manifestation extérieure d'un esprit intérieur qui déterminera* votre future condition d'existence quand vous quitterez ce cycle. Quand vous reconnaissez l'Esprit qui est l'âme de tout, qui est la réalité et la vie cachées sous la nature et l'humanité et qui se manifeste sous les formes les plus diverses, vous êtes inspiré par la vraie Sagesse. Nous avons maintenant à traiter des résultats qui dérivent de l'observance ou de la non-acceptation du devoir de l'homme. Celui qui le remplit selon sa capacité avec l'honnête, sincère et unique désir de l'exécuter de son mieux est récompensé en progrès. Nous disons progrès, parce que l'homme est enclin à perdre de vue ce fait persistant que l'esprit de l'homme trouve dans le progrès le plus réel bonheur. L'âme pure n'a qu'un contentement relatif, elle ne peut pas se reposer dans ce qui est passé, elle n'y voit qu'un stimulant qui la presse d'avancer, elle va vers l'avenir dans l'espoir et l'attente d'un développement toujours plus étendu. L'âme qui s'endormirait satisfaite, imaginant qu'elle est au but, serait en danger de rétrograder. La véritable attitude de l'esprit est celle de l'effort ardent et ascensionnel, son bonheur est dans la progression perpétuelle ; il n'y a pas de finalité, aucune, aucune, aucune !

Ceci s'applique non seulement au fragment d'existence que vous appelez vie, mais à la totalité de l'être. Oui, les actions accomplies pendant l'incarnation ont leur suite dans la vie désincarnée, la barrière que vous nommez mort ne limite rien. Loin de là, car la condition de l'esprit, au recommencement de sa vie réelle, est déterminée par ses actes corporels. L'esprit qui a été indolent ou impur gravite nécessairement dans sa sphère congéniale et commence une période de probation qui a pour objet de le purifier des habitudes prises pendant sa vie terrestre, de lui inspirer la honte et le remords qui le ramèneront au désir de s'élever. Ceci est le châtiment de la transgression et non un jugement arbitraire, c'est l'inévitable sentence qui condamne au remords, au repentir ; rétribution du péché conscient. C'est la verge qui châtie, mais elle n'est pas appliquée par une Divinité vengeresse, c'est la loi d'un Père tendre qui montre à l'enfant sa faute et le moyen d'y remédier. La récompense n'est pas un inactif, monotone ou sensuel repos, c'est la conscience du devoir accompli, du progrès réalisé, de la capacité accrue pour progresser encore, de l'amour de Dieu et de l'homme augmenté, de la vérité servie et conservée.

C'est la récompense de l'esprit, elle vient comme le reste après le labeur, comme l'eau à l'altéré, comme la sensation de joie au voyageur qui aperçoit sa maison. C'est la gratification durement gagnée et qui est un aiguillon poussant vers d'autres progrès.

Nous traitons l'homme, vous le voyez, comme une intelligence vivante, seule avec ses responsabilités et seule dans ses efforts, nous n'avons pas trouvé nécessaire de toucher à l'aide administrée par les esprits gardiens ni aux impulsions et impressions qui inondent l'âme ouverte. Ce qui nous occupe est cette phase de l'existence de l'homme qui est offerte à votre investigation et se manifeste à vos yeux. Nous n'avons pas non plus fait mention d'une réserve illimitée de mérites, acquise par la mort du fils sans péché de Dieu et conservée, pour que l'homme y puise à volonté, se livre à des sortes d'échanges pour racheter ses propres fautes et se présente ensuite devant l'Éternel, même après une vie souillée de crimes. Nous ne pouvons parler d'une conception née d'une imagination stupide et perverse. L'homme a toujours à sa portée des secours puissants, mais il n'y a pas de sacrifice expiatoire auquel il puisse en appeler, et quand son lâche cœur est tordu par la peur à l'approche de la dissolution, aucun messager ne vient le consoler, on lui laisse sentir son danger et la terreur peut l'amener à voir son péché et à se repentir.

Nous ignorons qu'il y ait une autre réserve de mérite que celle que l'homme amasse pour lui au prix de lents et laborieux efforts. Nous ne connaissons que la voie suivie par les Bienheureux eux-mêmes pour parvenir aux sphères de béatitude. Point d'incantation magique transformant en saint le réprouvé endurci ; ces inventions blasphématoires détournent l'homme des aides et des protections qui l'entourent. Nous n'avons pas le pouvoir, en vérité, de travailler, en dehors de l'homme, au salut qu'il doit gagner par son labeur, mais nous pouvons l'assister, le réconforter, le soutenir, il peut attirer à lui les secours par le puissant moyen de la prière. Ah ! vous ignorez quelle force vous négligez, en ne recherchant pas, par une prière continuelle, à communier avec les esprits purs et bons qui sont prêts à venir vous consoler et vous instruire. L'élan de la louange qui met l'âme en harmonie avec Dieu et la prière qui fait mouvoir les agents spirituels sont les grands moteurs toujours au service de l'homme, et il passe près d'eux et il s'attache à des fictions au lieu de secouer sa paresse et d'étudier les faits.

Nous attachons peu d'importance à la croyance individuelle qui s'altère assez tôt, car les suppositions faites au cours de la vie terrestre et même défendues avec une véhémence agressive, sont dissipées comme le serait un nuage léger par la lumière des sphères. Nous tenons beaucoup aux actes. Nous ne demandons pas : « Que croyait-il ? » mais : « Qu'a-t-il fait ? »

Nous savons que les habitudes, les dispositions, les caractères sont formés par les actions qui décident ainsi de la condition de l'esprit. Nous savons aussi que ces habitudes et ces caractères ne peuvent être changés qu'après une longue et laborieuse marche en avant ; c'est donc aux actes, non aux mots, aux réalités, non aux professions de foi, que nous regardons.

Nous enseignons la religion du corps et la religion de l'âme, une religion pure, progressive et vraie, qui ne poursuit pas une finalité, mais fait gravir à son adepte des hauteurs de plus en plus vertigineuses ; la lie de la terre s'élimine pendant cette grandiose ascension, la nature spirituelle affinée, portée au sublime, perfectionnée par l'expérience de la douleur et du travail, se présente glorieusement pure devant son Dieu. Dans cette religion ni inertie, ni indifférence. Le mot d'ordre de l'enseignement spirituel est bonne volonté loyale et zélée. Point d'échappatoire aux conséquences des actes, une telle fuite est impossible. La faute comporte son propre châtiment. Vous ne trouvez pas dans ces instructions la doctrine qui permet de charger un autre des fardeaux que vous avez préparés, vous devez les supporter et votre esprit doit gémir sous leur poids, chacun travaille,

SECTION XIX

souffre et expie pour soi ; les actes et les habitudes ont beaucoup plus d'importance que les croyances ; aucune formalité religieuse ne protège l'esprit souillé. Vous obtiendrez miséricorde quand vous l'aurez gagnée ; ou plutôt le repentir et l'amendement, la pureté et la sincérité, la vérité et le progrès apportant leur propre récompense, vous n'aurez à implorer ni miséricorde ni pitié.

Ceci est la religion du corps et de l'esprit que nous proclamons. Elle est de Dieu et les jours approchent où l'homme le saura.

✠ Imperator.

SECTION XX

(A cette époque, de nombreuses communications me furent faites, elles émanaient de sources diverses et il y avait intention manifeste d'accumuler les preuves et de me convaincre. L'une d'elles provenait d'une personne bien connue avec laquelle j'avais été en relation. Je demandai la permission d'informer ses parents du fait. On répondit :)

Impossible et peu sage à tenter. Nous ne pourrions nous manifester à eux. Ils ignorent la vérité de la communion spirituelle et, si vous leur en parliez, ils prendraient votre récit pour le conte puéril d'un fou. Du reste, ceux qui viennent de quitter ce monde peuvent rarement se communiquer à leurs amis personnels ; le désincarné se livre à de tels efforts pour donner une preuve de son existence, que, son anxiété et son empressement se heurtant aux pleurs et au chagrin de ses amis, il se dresse entre eux une infranchissable barrière. Il faudrait beaucoup de calme de part et d'autre et il faut que le désincarné plane au-dessus des sentiments personnels pour atteindre ceux qui le regrettent.

Dans le cas présent votre ami est éloigné de ceux auxquels il était lié par la parenté. Ils ne sont pas préparés à accepter de nouvelles indications religieuses et une inaltérable loi défend d'imposer une connaissance à ceux qui la refusent. On ne peut expliquer les arcanes de la science à un enfant. Si on en faisait la tentative, il n'en souffrirait pas, tandis qu'au contraire, nous retarderions par une maladroite persistance le progrès de ceux que nous voudrions éclairer prématurément. Le monde deviendrait un champ d'expériences pour n'importe quels esprits désireux d'essayer leur pouvoir, il n'y aurait plus ni loi ni ordre.

(Vers la même époque, mon inquiétude quant à la question de l'identité des esprits fut fort augmentée par ce fait, qu'un esprit ayant écrit son nom « directement », c'est-à-dire sans l'intervention d'aucun agent humain, l'avait mal épelé. Je déclarai avec force que je ne pouvais admettre l'identité d'un esprit qui ne pouvait même pas orthographier correctement le nom très connu qu'il se donnait. Imperator répliqua :)

Nous n'avons pas à discuter à fond la question d'identité, mais l'incident qui vous émeut peut être promptement éclairci. L'identité de l'esprit a été garantie par moi ; l'erreur provient de l'esprit *manifestant* qui écrivait. Les intelligences qui peuvent accomplir la manifestation particulière que vous nommez écriture directe sont rares : en général, plusieurs esprits s'y emploient. L'inadvertance que vous signalez a été corrigée au cours de la séance dans une communication faite au moyen de la table. Cela vous a-t-il échappé ? Les erreurs et les contradictions apparentes examinées scrupuleusement sont souvent expliquées ainsi d'une façon toute simple.

(L'état inquiet de mon esprit amena du trouble dans nos réunions. Les phénomènes se développaient avec une grande irrégularité, parfois avec violence et toujours très capricieusement. On dit que, l'instrument étant faussé, les sons devaient être discordants. Une séance me calmait quelquefois, mais souvent j'arrivais à un état de tension nerveuse très pénible. On écrivit le 30 septembre 1873 :)

Nous ne pouvons plus apaiser quand chaque nerf frémit et que le système surmené est tendu jusqu'à l'extrême limite de traction. Nous sommes presque désarmés et ne pouvons que vous préserver du risque que vous courez de devenir la proie des esprits indéveloppés, qui sont attirés par votre état. Nous vous pressons de ne pas vous mettre en communication avec notre monde. Soyez sur vos gardes, quand vous êtes dans cette disposition physique et morale. Votre développement rapide vous rend de plus en plus accessible aux influences spirituelles de toutes catégories. En prenant séance, vous facilitez l'entrée des esprits arriérés qui guettent l'occasion de vous approcher. Il n'y a pas de mal sérieux à redouter, mais des perturbations fâcheuses. Tous les médiums très développés doivent être circonspects ; il est toujours dangereux, pour eux, de prendre place dans des groupes soumis à des influences qui leur sont inconnues. Essayez d'apporter au cercle un esprit patient et passif, vous obtiendrez plus facilement ce que vous désirez.

(Je répliquai que j'étais disposé à suivre ce conseil, mais que je ne pouvais m'empêcher de raisonner. Je ne trouvais pas vraisemblable que des célébrités de notre monde revinssent exprès pour me donner de petits messages, qui jetaient la confusion dans mon esprit. Je demandais une franche et abondante preuve du retour d'un ami qui nous avait quittés depuis peu et qui s'était de son vivant beaucoup intéressé à notre groupe. Cette circonstance me paraissait favorable pour trancher la question d'identité. De plus, je demandais instamment des explications concluantes sur l'origine, l'étendue et l'issue du mouvement par rapport à l'identité des esprits. Je faisais remarquer qu'il était nécessaire de pouvoir répondre catégoriquement aux critiques méprisantes qu'on nous opposait sans cesse. Pour le moment je n'avais pas un atome de preuve sur quoi que ce fût, en dehors de l'observation de certains phénomènes et de la constatation qu'une intelligence extérieure quelconque était présente. Je ne pouvais pas agir sur de si minces données, mes doutes devaient être dissipés. On répondit le 1er octobre 1873 :)

Puisse la bénédiction du Tout Sage reposer sur vous. Vous savez que nous ne voulons ni pouvons répondre plus amplement, que nous ne l'avons déjà fait, à vos instances répétées. Le doute n'est un péché pour personne et l'incapacité intellectuelle d'admettre certaines affirmations ne mérite aucun blâme, mais nous censurons une disposition d'esprit défiante et ergoteuse qui devient un obstacle permanent au progrès.

Vous vous plaisez à comparer l'état du monde, au temps du Christ avec l'état actuel. Nous vous donnerons la réponse que Jésus adressait à ceux qui lui demandaient un signe: « Père, ta volonté soit faite et non la mienne. » Vous savez que Jésus n'a accordé qu'un signe et il le choisit lui-même. Il est à peine nécessaire de vous rappeler que ce n'était pas aux pharisiens, aux sadducéens ou aux sages présomptueux, qui cherchaient à lui tendre des pièges, que le Christ prodiguait ses paroles de consolation ou ses miracles de pitié, c'était aux humbles et aux doux, aux pauvres d'esprit, aux âmes fidèles; auditoire empressé, trop occupé à recueillir les vérités bénies, pour se livrer à des enquêtes subtiles. Jésus agit toujours de même pendant le cours de sa carrière terrestre. L'homme fier, hautain, dogmatique, qui informe Dieu omnipotent de ses besoins et murmure s'ils ne sont pas satisfaits, ne reçoit pas la bénédiction divine qui repose sur l'âme qui prie humble, confiante, et s'écrie du plus profond de son être : « Père, ta volonté et non la mienne. »

La loi identique vous est appliquée. Nous sommes forcés malgré nous de vous blâmer, et nous nous plaignons du ton positif de votre esprit et de la ligne d'argument dogmatique que vous êtes déterminé à suivre. Repassez donc dans votre esprit la phase de votre vie qui vient de s'écouler et pendant laquelle nous nous sommes associés à vous. Vous ignorez encore les soins antérieurs dont vous avez été l'objet. Le soin vigilant qui a développé en vous le germe du progrès. Par la protection attentive de gardiens dévoués, vous avez été préservé du mal, guidé au milieu des obstacles; votre âme stimulée a été arrachée à l'erreur et à l'ignorance pour être dirigée vers la connaissance de la vérité. Ce travail invisible vous est inconnu; le nôtre est moins secret, nous nous occupons de vous depuis quelques mois, par nos paroles et par nos actes; vous avez reçu nos messages dont les témoignages écrits sont dans vos mains. Une de nos paroles a-t-elle été fausse? Un acte vous a-t-il jamais paru bas, malfaisant ou égoïste? Les paroles que nous vous avons adressées étaient-elles dissolvantes ou stupides? Avons-nous essayé de vous influencer par des artifices terrestres et des motifs sordides? Avons-nous essayé de vous faire rétrograder? Notre influence sur vous s'est-elle exercée pour le mal ou pour le bien ; pour Dieu ou pour ses ennemis? Êtes-vous meilleur ou pire? Plus ou moins ignorant? Plus ou moins utile? Plus ou moins heureux? Nous défions quiconque de rien dire qui puisse réfléchir un blâme sur nos actes ou sur notre enseignement ; nous répétons à ceux qui entendent qu'il est à la ressemblance de Dieu et que notre mission vient de lui. Nous avons justifié nos prétentions par des signes. Nous n'avons pas ménagé les manifestations de pouvoir pour vous complaire ; nous avons même risqué de vous faire mal dans notre désir de donner satisfaction à nos amis en nous prêtant à de remarquables manifestations. En possession d'une sagesse plus largement prévoyante que la vôtre, nous avons accédé volontiers aux requêtes que vous formuliez, quand nous jugions opportun de le faire. Si nous refusions, c'est qu'il y avait impossibilité ou que dans votre ignorance vous désiriez ce qui vous était nuisible. Ce que nous avons refusé à vos instances indiscrètes n'est qu'un point dans le monceau de preuves qui vous a été donné ; démonstrations évidentes de l'existence d'un pouvoir extérieur à la terre, cependant vous vous méfiez de nous, vous trébuchez parce que vous trouvez, sous des noms que vous avez exaltés, des esprits qui s'abaissent, selon vous, à s'occuper d'un travail divin sous la direction des messagers de la Divinité. Vous nous accusez d'être ou de pouvoir être des imposteurs en accomplissant des actes de munificence! Vous savez que vous ne pouvez trouver la raison pour laquelle nous tromperions, vous savez que nous ne pouvons dériver que de Dieu et que, chargés d'une mission de miséricorde, nous ne pouvons être employés à d'autres fins que celles qui doivent assurer le bien éternel de l'homme !

Là est votre faute et nous ne voulons plus avoir de relations avec vous dans ces conditions. Nous vous avons choisi à l'origine pour recevoir nos instructions, réfléchissez sans précipitation, décidez loyalement, nous nous retirerons ou nous resterons à votre choix. Ne cherchez pas d'autre preuve, elle ne vous sera pas donnée. Nous vous avisons de ne pas vous mêler à d'autres cercles. Ce serait beaucoup risquer et aggraver les difficultés. Nous ne défendons pas absolument la réunion de notre propre cercle ; si vous avez des séances, que ce soit avec le désir d'établir des relations harmonieuses et de recevoir des explications sur les points qui pourront être contestés. Nous vous avons suggéré, il y a longtemps, que le repos et la réflexion vous étaient indispensables. Nous vous enjoignons maintenant de vous y soumettre. Si votre groupe *veut* se réunir, nous nous y joindrons par occasion et sous certaines conditions que nous indiquerons. Mais nous n'encourageons pas ces réunions. Vous ne serez pas seul, plutôt doublement gardé. Nous veillerons sur vous par nos prières, nous vous laissons notre bénédiction. Puisse le Suprême vous diriger, car vous ne pouvez pas vous diriger vous-même.

✠ Imperator.

SECTION XXI

(J'étais à ce moment (oct. 1873) dans un tel état que je ne pouvais obtenir aucune manifestation capable de me satisfaire. Je ne me suis rendu compte que plus tard des puissantes influences qui paralysaient mes efforts d'un côté et me poussaient de l'autre à examiner mon passé. Je comprends aujourd'hui que j'étais soumis à un système d'éducation parfaitement combiné. L'influence qui me dominait était tellement violente que je ne pouvais prendre de repos ni jour ni nuit. Seulement, quand je travaillais, mon esprit était occupé par ce que j'avais à faire ; j'avais établi la règle inflexible, qui n'a jamais été violée pendant ces dix années, de remplir toujours ma tâche quotidienne avant de retourner aux études qui m'absorbaient absolument, dès que je m'y livrais.

A la suite de mes réflexions, je conclus que je n'aboutirais à rien de nouveau en réitérant les objections auxquelles, selon moi, Imperator était loin d'avoir répondu catégoriquement. Sa dernière réplique me paraissait être une plaidoirie spécieuse. Je n'avais jamais nié ses prétentions et il feignait d'ignorer ce qui me semblait être de la dernière importance. Je trouvais que j'avais le droit absolu de réclamer des preuves suffisantes, quant à l'identité, pour satisfaire ma raison et me démontrer que je n'étais pas le jouet de ma propre imagination, ou d'une tentative organisée pour me tromper. Je le déclarai donc de nouveau. Je professais de mon empressement à attendre et à réfléchir, mais je déclarais fermement que je ne pouvais pas faire un pas de plus, que de vagues dénonciations ne pouvaient être prises pour des réponses et que ma disposition d'esprit n'avait pas été loyalement décrite. Je reconnaissais que citer le refus de Jésus de donner des preuves sauf celles qu'il choisissait lui-même était, sans conteste, un argument fort, mais dangereux aussi, à avancer. Quant à la menace de se retirer, ce serait me laisser dans mon état actuel d'incertitude pour ne pas dire d'incrédulité, ce qui m'amènerait à rejeter ces études comme un écheveau embrouillé que je renoncerais à dévider. Réponse :)

Ami, nous sommes disposés à reconnaître la valeur de votre réponse, nous n'avons pas voulu blâmer votre désir d'information, mais souligner votre attitude d'esprit trop anxieuse et méfiante. S'il n'y a pas harmonie, nous sommes arrêtés. (Venaient ensuite de nouvelles recommandations au sujet de nos séances et la défense formelle de m'occuper d'expérimentations physiques quelconques ; on me réitérait les observations faites les jours précédents ; le lendemain 4 octobre 1873, l'écriture fut continuée ; je ne reproduis pas une partie du message qui m'était exclusivement personnelle et débutait avec beaucoup de solennité par une invocation, je livre le reste à regret, car il se rapporte encore trop à moi.)

Moi le serviteur de Dieu, le ministre du Très-Haut, guide et gardien de votre esprit, j'implore pour vous la Divine bénédiction. Puissent les influences invisibles mais puissantes qui vous entourent agir pour votre bien. Nous avons été fortement pressés d'attendre avant de renoncer à vous aider et à vous pousser dans la voie désirée. X (un ami mort récemment et qui avait communiqué avec moi aussitôt après son départ) a particulièrement insisté dans ce sens, il vient de vous quitter et se rend mieux compte des difficultés qui vous assaillent ; nous, nous sommes tellement imbus de la vérité de tout ce qui vous paraît douteux, que nous pouvons à peine concevoir votre position. Nous avions pensé que, si vous étiez privé de la communion spirituelle par le retrait de nos messages, votre esprit retournerait probablement vers le passé et saurait en tirer d'utiles leçons ; mais, tout en refusant de nous servir du pouvoir qui est en vous, nous ne pouvons pas le supprimer, alors d'autres peuvent s'en emparer et annuler entièrement notre travail, nous n'osons pas courir ce risque. Nous ne saurions non plus méconnaître que notre abandon vous rejetterait sans doute dans l'incrédulité, car l'habitude de déduction purement logique, qui remplace chez vous l'intuition, effacerait les impressions produites sur vous par nos relations presque journalières.

Arrêtez-vous avant de repousser ce qui n'est jamais offert deux fois à personne, songez qu'en refusant vous vous exposez pour des siècles à des vicissitudes cruelles, qu'en acceptant vous allez vers une lumière fortifiante toujours croissante.

Priez, priez, nos prières se mêleront aux vôtres.

Père ! Éternel ! Infini ! Tout-Sage ! Nous nous approchons de Toi et plaçons nos pétitions devant Toi, car nous savons que tu entends et que tu répondras à nos prières. Dieu Éternel, écarte de notre voie les obstacles qui nous arrêtent. Père aimant, répands dans le cœur qui doute le rayon lumineux qui illumine les replis obscurs et chasse l'ennemi. Puissant Maître ! permets cette consolation, nous en avons besoin. Grand est le labeur, grand doit être l'amour, grande est l'œuvre, grand doit être le pouvoir. Accorde le Pouvoir, Tout-Puissant ! reçois nos louanges. Devant Toi nous témoignons de notre reconnaissante adoration ; à Toi, nous apportons la libre offrande de nos témoignages d'amour. Tout ce qui est Esprit te glorifie, te bénit et t'adore à travers ton Univers.

✠ Imperator.

(La communication ci-dessus clôtura pratiquement cette phase de l'argumentation. Je me sentis convaincu, la suspension de la discussion et en général de tout genre de commerce avec le monde des esprits me laissa libre d'examiner le passé.

Je jugeais avec plus de calme, entièrement livré à moi-même, et la conviction de l'honnêteté et de la vérité des communications grandit lentement dans mon esprit ou plutôt je devrais dire que la foi fut perceptiblement augmentée et le doute imperceptiblement écarté.)

SECTION XXII

(Imperator ayant cessé de venir, je m'informai de la cause qui le retenait loin de nous; on me dit que d'autre travail, hors de notre monde, l'avait occupé. il pouvait, dit-il, m'influencer sans être auprès de moi, mais des préoccupations pouvaient l'en empêcher et je devais attirer sa pensée. A cette occasion et en d'autres circonstances, il parla de ce que je puis nommer un meeting d'esprits célébrant une adoration solennelle par des prières, des louanges et des intercessions. D'autres interrogations élicitèrent entre autres réponses la suivante du 12 octobre 1873 :)

Nous avons eu recours à la prière, nous nous sommes soustraits pour un temps aux anxiétés et aux soins inhérents à une mission, dirigée sur une sphère inférieure, nous avons cherché l'harmonie de la sphère d'adoration, le repos auprès des Bienheureux, nous devons nous retremper pour éviter la tristesse et ne pas faiblir dans notre tâche. O vous! qui avez parcouru les antres du vice, les refuges de la misère, les bouges malsains, qui, pris de défaillance et de désespoir devant une telle diversité de maux affreux, vous êtes senti accablé par votre impuissance à les soulager sur l'heure, navré de votre incapacité pour y apporter des remèdes efficaces ; croyez-vous que nous ne ressentons pas aussi une amertume plus complète encore que la vôtre, car nous voyons beaucoup plus clairement les causes de la douleur, du crime, du désespoir, et les hordes des non-développés, artisans du péché, ne nous sont pas cachées. Rien ne nous échappe ni la misère matérielle, ni la tentation spirituelle. Nous ne nous mêlons pas à vous sans respirer l'air de votre monde, sans aspirer en quelque sorte un souffle de malédiction.

Ce que vous éprouvez au contact des impuretés et des poignantes détresses de vos cités populeuses n'est rien en comparaison du tressaillement glacé qui nous saisit à l'approche de vos basses sphères. Nous quittons les cycles de lumière, de pureté, de beauté, nous nous séparons des Perfectionnés actifs et vibrants d'harmonie, pour nous trouver au milieu d'un peuple désobéissant, incrédule, voué au matérialisme, mort à l'influence spirituelle ; ceux qui parmi vous nous écoutent, jusqu'à un certain point, ne prennent de nos paroles que ce qui leur plaît et se détournent quand on leur demande l'effort qui doit les soulever de terre et les porter à un plan supérieur. L'histoire de Jésus se renouvelle. Les hommes nous suivent aussi longtemps que leur curiosité est surexcitée ou leur intérêt personnel en jeu ; mais quand nous voulons supprimer l'élément égoïste et traiter des faits éternels, ils se détournent, incapables de comprendre. Et ainsi les bienfaits que nous apportons sont repoussés avec ingratitude et la perspective d'un échec ajoute à notre chagrin. Alors nous nous réfugions dans la paix sereine, pour revenir chargés des harmonieuses effluves des sphères, elles nous soutiennent dans nos labeurs au milieu d'un monde sans joie et d'un peuple ingrat.

(Je n'avais encore jamais reçu de communication frappée comme celle-là au coin de la faiblesse humaine, exprimée avec un accent presque désespéré. Le ton de dignité qui régnait dans les précédents messages semblait être au-dessus de celui de la terre. Rien n'était plus frappant dans l'attitude et les paroles d'Imperator que son absolue supériorité par rapport aux faiblesses, aux soucis mesquins et aux affaires terrestres. Il semblait se mouvoir, comme il le faisait en vérité, dans un autre monde ; il était désintéressé des choses qui nous absorbaient, il leur était supérieur, car ses vues étaient vastes et fixées sur des sujets d'un intérêt capital. Cependant il restait tendre et compatissant pour nos défaillances sans se laisser troubler par les rafales des passions humaines. Il était « dans le monde mais non du monde », apportant d'une région sereine quelque chose de sa paix. Je remarquai le changement de son langage. On répondit :)

Nous nous plaignons, mais nous ne faiblissons pas. Nous avons prononcé ces paroles pour que vous sachiez que nous sacrifions quelque chose et que nous sommes accessibles aux sentiments qui vous dirigent. Nous souffrons d'agonie mentale et de détresse spirituelle. Nous sentons des spasmes aussi réels que ceux qui déchirent vos cœurs. Si nous n'étions pas comme vous dites, humains dans nos sympathies, nous ne pourrions pas entrer dans vos nécessités. Vous saurez aussi un jour que, par une loi qui vous est encore inconnue, l'esprit qui retourne vers la terre prend le ton humain, qu'il perd aussitôt qu'il s'éloigne ;

il s'assimile à la terre et aux idées humaines.

(Les avis qui m'avaient été donnés à propos des phénomènes physiques furent répétés avec le conseil de me recueillir. Par-dessus tout, je fus averti de ne pas me mêler à des cercles sans cohésion, sauf pour aller observer des manifestations que je voulais décrire et faire publier. Modération, tel était le mot d'ordre. Nous n'avions pas renoncé aux séances, mais elles étaient moins fréquentes. Un cas remarquable se produisit à celle du 14 octobre 1873. Un esprit qui communiquait depuis longtemps avec notre groupe fut interrogé par l'un de nous à propos d'un livre qui contenait le récit de quelques faits accomplis pendant sa vie terrestre. Ce livre venait de paraître. Aucun de nous, sauf le questionneur, ne l'avait vu ni lu. Les noms et les dates s'étaient brouillés dans la tête de notre ami et nous fûmes très frappés de la netteté avec laquelle l'intelligence invisible corrigeait chaque erreur, refusant absolument d'acquiescer à une inexactitude et épelant même des mots qu'on prononçait mal.

Les sons produits étaient fort expressifs témoignant de l'ennui, de la vexation, de l'irritation. Les corrections étaient frappées avec une extrême promptitude avant que la question fût achevée et toujours avec une précision littérale. Il n'y avait pas moyen de douter que nous avions près de nous une entité, dont l'individualisme était aussi fort que jamais, dont la mémoire n'était pas altérée et qui n'avait rien perdu de l'énergie qui la caractérisait de son vivant. Je rapporte à cette soirée le sentiment de conviction qui commença à s'établir dans mon esprit; les intelligences qui se communiquaient me parurent être vraiment ou avoir été les personnes dont elles prenaient les noms. L'accent de dénégation était si parfait, la riposte agacée si humaine, la correction si naturelle, qu'un simulateur ne pouvait parvenir à imiter d'une façon aussi subtile. Le lendemain, dans la matinée je m'informai sur ce sujet.)

— *J'ai été très frappé de vos corrections hier au soir?*

Réponse de l'esprit : Le livre est faux et incomplet sur beaucoup de points. J'ai fait la connaissance de *** avant qu'il devînt mon élève et je vous dis la vérité en assurant que j'étudiais à Paris.

— *Je n'en doute pas. Vous étiez évidemment très intéressé et tout à fait fâché?*

R. — Il est agaçant d'être questionné à tort d'après des demi-informations imparfaitement répétées. Je sais ce que je dis.

— *Je ne peux regretter ce qui s'est passé, car cela m'a procuré la meilleure preuve d'identité que j'aie encore eue. C'est à cela seulement que nous attachons de la valeur.*

R. — Oui, car vous guettez l'occasion d'embarrasser.

— *Oh non! je n'ai besoin que de preuves.*

R. — Il serait difficile d'augmenter la quantité de preuves que vous avez.

(Ma foi, dans les informations ou les preuves, subit de nombreuses rechutes. J'étais hanté par le soupçon que ce qu'on nous disait n'était pas littéralement vrai, qu'on se couvrait de noms d'emprunt, bref qu'il y avait en tout un mystère ou une allégorie qui pouvait être une mystification ou simplement quelque chose que je ne pouvais comprendre. Cette disposition d'esprit, détestable pour entretenir la communication avec les sphères, rompit pratiquement notre cercle. Nous comprîmes qu'il était sage de suspendre les réunions. Imperator, en dernier lieu, nous imposa la dissolution. Il nous laissa, du moins en ce qui a trait aux séances, avec la plus formelle défense d'assister à d'autres assemblées ou de nous réunir après son départ, et il répéta l'injonction de réfléchir au passé.

L'écriture automatique continua spasmodiquement pour ainsi dire. Je faisais de nombreuses questions sur ce qui se passait à notre égard, les réponses dénotaient la même volonté déterminée, à poursuivre son dessein, qui caractérisait Imperator. Il était évident qu'une intelligence nette et résolue se posait en antagoniste de mon propre esprit, jamais je n'avais senti à ce point la présence d'une intelligence extérieure. Des plans élaborés avec soin furent tracés et exécutés, des arguments logiques furent employés à les défendre et je fus obligé d'admettre que le tout était cohérent.

Ce fut à cette époque que cette Intelligence écrivit un long récit qui me causa une profonde surprise et raffermit ma conviction que réellement une entité sincère s'occupait de moi. Je découvre longuement ce que je préférerais taire, mais je ne puis me résoudre à divulguer des choses purement intimes. Je ne me résigne à publier tant de remarques et de détails personnels que dans l'espoir qu'ils peuvent servir à éclairer l'ensemble de l'enseignement et à prouver l'Identité spirituelle.)

SECTION XXIII

(Le 2 novembre 1873, une question que j'allais poser fut écartée et on fit une communication sur la révélation progressive de Dieu dans la partie de l'Église Universelle dont il est parlé dans notre Bible: Révélation, on avait eu le soin de me le dire, qui n'était qu'une des nombreuses branches collatérales de l'enseignement; j'en citerai quelques passages, le reste ayant déjà été dit.)

Les plus anciens chapitres de votre Bible mettent en relief quelques nobles figures d'hommes, qui pendant leur vie corporelle furent des initiateurs pour le reste du peuple. Dieu ne s'est jamais associé à l'homme, selon le mode anthropomorphique décrit dans la Genèse, mais il a permis que les esprits dont nous parlons eussent, après avoir été libérés de la chair, le pouvoir d'inspirer ceux qui leur succédaient. Celui que vous connaissez sous le nom de Melchissédec bénit Abraham et lui conféra le soin de continuer sa mission. Abraham, célébré par les chrétiens et les mahométans, n'était pas aussi directement inspiré que le prêtre roi de Salem, son pouvoir s'est effacé quand il a dépouillé son corps, et dans les siècles qui ont suivi il s'est peu occupé de l'humanité. C'est Melchissédec, qui revint pour former le puissant réformateur, qui fit sortir d'Égypte les Israélites. La vive intelligence de Moïse avait été développée dans ce qui était alors la meilleure école : la sagesse ésotérique d'Égypte! Une forte volonté magnétique l'adaptait au rôle de Maître et un puissant groupe d'esprits agissait par lui sur les Juifs et par les Juifs sur le monde.

Les commandements qui se sont perpétués jusqu'à vous exprimaient une partie de Vérité, ils furent donnés à Moïse par ses guides spirituels, sur le sommet isolé du Sinaï, loin du tumulte d'Israël et des basses influences de la terre, car Moïse savait ce que l'homme a oublié, que l'isolement complet est nécessaire pour la parfaite communion spirituelle. Moïse et ses guides n'ont naturellement donné qu'une faible portion de la vérité qui leur était connue, il était déjà assez difficile de la faire prévaloir, malgré les précautions prises pour frapper l'esprit des hommes.

Moïse à son tour a influencé de nombreuses générations en qualité de guide d'Élie. Nous passons intentionnellement sur d'autres manifestations du pouvoir spirituel, nous établissons seulement que de Melchissédec au Christ la continuité d'influence bénie n'a pas cessé.

Élie, le grand maître, le plus grand esprit de la nation d'Israël, a reçu amplement la direction spirituelle de Moïse. La vénération des Juifs, pour ces maîtres, trouve son expression dans la fable qui dit que Dieu enterra le corps de Moïse et enleva aux cieux celui d'Élie. Il est inutile de vous assurer qu'aucun corps matériel n'a jamais été transporté dans le monde spirituel. Élisée continua l'œuvre d'Élie, ce dernier réapparut à d'autres époques et exerça de nouveau une grande influence. Dans la vision de Jean le Divin,

Moïse et Élie sont dépeints, revenant visiter la terre dans un avenir lointain alors, qui serait le temps actuel. (Je ne compris pas du tout cette allusion au retour de Moïse et d'Élie, coïncidant avec notre époque contemporaine. Ce n'est que dernièrement que j'ai été conduit à y rapporter « les deux témoins » mentionnés dans la Révélation, xi, 3, etc. Et encore n'y aurais-je plus pensé sans une brochure sur l'*Apocalypse* qu'un inconnu m'avait envoyée. Cette brochure traitait de « ces témoins » et de leurs prédictions, elle vint à propos pour élucider ce que je ne pouvais comprendre. Après cette parenthèse, je reviens au 2 novembre 1873, je questionnai encore demandant s'il n'y avait pas eu avant Melchissédec d'autres personnes élues pour recevoir la divine Inspiration.)

Assurément, nous ne nous sommes occupés que de la chaîne qui conduit d'anneau en anneau au Christ ; nous avons laissé dans l'ombre ce qui ne s'y rapportait pas, mais nous avons dit expressément qu'en dehors beaucoup de personnes reçurent l'Inspiration divine. Il serait trop long de nous écarter des annales juives, nous nous y tenons et nous vous parlerons de certains cas particuliers.

— *Vous avez dit qu'on ne pouvait compter sur l'exactitude littérale des anciens documents. Le* Pentateuque *est-il l'œuvre d'un auteur ?*

Les livres dont vous parlez ont été écrits pour conserver d'anciens récits qui risquaient d'être perdus ; on suppléa de mémoire à ce qui manquait, et on rechercha dans la tradition. Les annales originales des jours antérieurs à Moïse n'existaient pas ; la narration de la Genèse est en partie légendaire, en partie imaginaire, le reste transcrit d'après des manuscrits.

Les épisodes de la vie du maître égyptien Joseph sont transcrits d'après des manuscrits. En aucun cas, les livres tels que vous les lisez ne sont l'œuvre de celui auquel on les attribue. Ils ont été compilés par Ezra et ses scribes et ne font que donner corps aux conceptions et aux légendes de cette époque déjà lointaine.

Ce qui a rapport à la loi mosaïque est plus exact, parce que les pièces contenant le code ont été longtemps conservées. Nous ne nous occupons de cela que pour couper court aux arguments qu'on voudrait puiser dans ces textes, ils ne sont pas exacts, sauf ce qui regarde un fragment du document mosaïque, et quelques-uns sont faux.

— *Vous dites imaginaire ?*

Oui, on voulait suppléer aux livres perdus, on eut recours à la mémoire et à la légende.

— *Vous parlez légèrement d'Abraham ?*

Non, mais, comparé au grand Esprit qui fut auprès de lui le messager de Dieu, il est à un plan inférieur. L'opinion de l'homme n'est pas en cause, mais la nôtre.

— *La translation des corps d'Énoch et d'Élie, qu'est-ce ?*

Légendaire. Les hommes ne pouvaient croire que

les maîtres, qu'ils vénéraient, fussent soumis aux mêmes règles que celles qui régissaient le peuple. Ils ne pouvaient d'ailleurs se figurer qu'un Dieu anthropomorphique et un ciel assez matériel. Mais il est temps de se dégager de la masse informe de toutes ces hyperboles.

☩ Imperator.

SECTION XXIV

(Je signalai l'ignorance dans laquelle on est sur ce qui s'est passé pendant la période qui sépare l'Ancien Testament du Nouveau et sur laquelle les Évangiles gardent le silence.)

Vous n'avez pas de renseignements sur cette époque parce que, à de très rares exceptions près, l'influence de l'esprit était nulle. Nous n'entendons pas insister là-dessus, sachez seulement que ce fut un âge d'obscurité, de désolation et de disette spirituelle. De temps en temps la matière semble dominer absolument l'esprit ; puis le pouvoir spirituel se renouvelle, l'homme se réveille sous un soleil brillant qui le couvre de ses rayons bénis et il se réjouit à l'aspect de la vie et de la beauté.

(Je demandai si ces phases d'obscurité suivaient et précédaient invariablement une époque de révélation.)

Ce n'est pas toujours une période d'obscurité, mais parfois un intervalle de calme après de profondes agitations. Pour vous emprunter une comparaison nous dirons: Le corps a besoin de repos pour assimiler ; le monde a besoin d'assimiler la vérité qu'il a reçue, et l'opération continue jusqu'à ce qu'il en demande une autre. Le désir violent précède la révélation.

— *Alors la révélation est subjective ?*

L'ardente aspiration intérieure correspond à la révélation extérieure. Dès le début de nos relations avec vous, nous vous avons expliqué que l'homme est le véhicule de la direction spirituelle. Ce qu'il croit à tort être l'évolution de son propre esprit n'est en réalité que le produit de l'enseignement spirituel qui agit *par lui, à travers lui*. Vos plus grands penseurs religieux ont approché de la vérité quand ils ont spéculé dans ce sens. Il n'est pas pratique, pendant votre vie terrestre, d'étudier la corrélation exacte qui existe entre l'action mentale de l'homme et la révélation de Dieu. Vous vous égareriez aisément en faisant de vaines tentatives pour séparer l'inséparable et définir l'indéfinissable. La préparation spirituelle précède votre connaissance et permet à l'esprit progressiste de développer en lui des idées plus élevées. Ces idées n'en sont pas moins la propre voix du messager de Vérité. Et ainsi la révélation est corrélative aux besoins de l'homme. Il est curieux pour nous de voir l'homme chercher sans cesse à définir la part qu'il peut avoir dans notre travail. Quoi! Si nous nous servons des plus prompts moyens mis à notre portée au lieu de nous en tenir à l'œuvre stérile d'agir sans agent humain, est-ce un travail moins noble et moins utile que de produire quelque curieuse action phénoménale sans le médium humain ? Nous avons assez fait pour démontrer une action indépendante. Apprenez à recevoir les impressions que nous pouvons introduire dans l'esprit et qui sont d'autant plus vives que nous trouvons des matériaux. Vous n'avez pas à craindre que ces conditions soient défavorables à notre enseignement.

— *A peine ; mais, en dehors de moi, beaucoup de grands penseurs ont nié la possibilité d'une révélation divine. Ils arguaient que l'homme ne peut pas accepter ce qu'il ne peut comprendre et que nulle révélation externe qu'il n'a pas lui-même développée ne peut s'établir dans son esprit?*

Il a déjà été répondu à cela : et quand vous vous imaginez que votre propre esprit agit, vous errez, car vous ne pouvez faire un acte indépendant. Vous avez toujours été guidé et influencé par nous.

(Quelques jours après, je questionnai sur des conclusions que j'avais tirées en relisant les Évangiles. Il me semblait voir ces livres sous un nouveau jour grâce aux idées nouvelles que j'avais reçues.)

— *Mes conclusions sont-elles vraies et neuves?*

Elles sont correctes dans l'ensemble et point neuves. Beaucoup d'esprits libres y sont arrivés il y a longtemps.

— *Alors pourquoi ne puis-je pas lire leurs ouvrages? Ce serait éviter de la peine?*

Il vaut mieux que vous arriviez par vous-même ; vous pouvez alors comparer vos conclusions avec celles des autres.

— *Travaillez-vous toujours ainsi? C'est du temps perdu. Pourquoi a-t-il été permis que je vive aussi longtemps dans l'erreur?*

Nous vous avons déjà dit que vous n'étiez pas préparé à recevoir la vérité. Votre vie passée, qui n'a pas été aussi longue que vous l'imaginez, a été un soigneux apprentissage pour vous mener au progrès. La vie de votre être est progressiste en tout ; ses premiers stages ne sont que la préface du développement actuel ; la théologie était nécessaire à votre éducation. Nous ne voulons ni ne pouvons vous empêcher de vous tromper. Une de nos principales difficultés a été d'arracher de votre esprit les faux dogmes ; nous espérons maintenant que ce que vous découvrirez au sujet de la révélation nous permettra d'éliminer les dernières erreurs. Tant que vous répliquerez à nos arguments par un texte, nous ne pouvons vous enseigner, car répondre ainsi, c'est prouver qu'on n'est pas mûr pour recevoir un enseignement raisonnable.

Vous pouvez aujourd'hui vous livrer à un examen loyal des récits de la vie et des doctrines de Jésus, autrefois vous n'auriez su aboutir qu'à une conclusion préconçue. Étudiez l'incarnation, l'expiation, les miracles, le crucifiement, la résurrection, d'après les paroles de Jésus et d'après ceux qui ont parlé de lui ; examinez, en le comparant au nôtre, l'enseignement du Christ, par rapport au devoir de l'homme envers son Dieu et son prochain ; suivez la même méthode pour les idées de Jésus et de ses disciples sur la prière, la résignation, l'abnégation, le pardon obtenu par repentir ou conversion, le ciel et l'enfer, la récompense et le châtiment. Rendez-vous compte de la validité des documents et de la confiance qu'on peut leur accorder, puis faites votre choix dans l'enseignement de Jésus comme vous le feriez dans celui d'un Socrate, d'un Platon ou d'un Aristote. Réduisez l'hyperbole orientale, ramenez-la au fait osez marcher seul, libre de tout lien, sans hésitation ; osez vous confier en Dieu et chercher la vérité, osez penser avec calme et gravité à la révélation.

A celui qui chemine ainsi sont réservées des découvertes inattendues, une paix qu'aucune croyance traditionnelle ne peut offrir. Les ministres de la Vérité se réuniront autour de lui, les vieux préjugés tomberont et l'âme délivrée se tiendra en présence de la Vérité, ayez bon courage. Le Christ a dit : « La Vérité vous fera libres et vous serez libres en vérité. »

(Je dis que rien ne devait coûter pour atteindre un tel but, si on le pouvait. Je n'étais pas confiant et je murmurais plutôt d'être obligé de tâtonner.)

Nous ne vous quittons pas, mais nous ne pouvons pas vous éviter le labeur personnel. Quand vous aurez travaillé, nous vous guiderons vers la connaissance. Croyez-nous. Cela vaut mieux pour vous. Vous ne pouvez pas apprendre la vérité autrement. *Si nous vous disions, vous ne nous croiriez pas ou vous ne nous comprendriez pas.*

En dehors de cette question de la révélation chrétienne, il y a beaucoup d'autres paroles divines à considérer, beaucoup d'autres influences spirituelles. Mais pas encore.

Cessez et puisse l'Unique vous éclairer.

✠ Imperator.

SECTION XXV

(En poursuivant mes investigations sur la nature des récits mosaïstes, je reconnus, en effet, les traces évidentes d'une évolution graduelle de l'idée de Dieu ; et d'après, les idées nouvelles qui m'éclairaient, j'en arrivai à penser que le Pentateuque n'émanait pas d'un seul auteur et était la compilation de nombreuses légendes et traditions.)

Le Pentateuque, nous vous l'avons déjà dit, se compose de légendes, de traditions transmises oralement de générations en générations ; Ezra les recueillit pour prévenir leur perte. Les chapitres les plus anciens sont de simples rêveries légendaires, collationnées et arrangées par les scribes. Les légendes de Noé et d'Abraham, par exemple, qui existent aussi dans les livres sacrés d'autres peuples. Les récits du Deutéronome sont également des additions directes faites du temps même d'Ezra ; pour le reste la compilation fut tirée d'imparfaites collections, datant des jours de Salomon et de Josiah, qui rapportaient elles-mêmes d'anciennes légendes dont l'origine se perdait dans la nuit du temps. En aucun cas le recueil d'Ezra ne contient les propres paroles de Moïse ni l'expression de la vérité, sauf quand il traite de la loi qui était appuyée sur des documents authentiques.

— Ceci confirme mes propres recherches. Ai-je raison de suivre les deux sources Elohiste et Jehoviste d'où la compilation tirait ses informations comme dans le récit de la Création, Genèse, I, II, 3, comparé à Genèse, II, 4, III, 24, et dans l'enlèvement de Sarah à Gérar par Abimelech, Genèse, XX, comparé avec XII, 10-19, XXVI, 1, 11 ?

Les documents en question furent la source légendaire où puisèrent les scribes d'Ezra : Elnathan et Joiarib ; ils étaient très nombreux, quelques-uns compilés dans les jours de Saül et même plus tôt, d'autres dans les jours de Salomon, Ezéchiel et Josiah, cristallisations de légendes flottantes transmises oralement. Nous vous avons montré la vraie ligne d'inspiration à partir de Melchissédec. Tout ce qui est antérieur est indigne de créance.

— Si le canon de l'Ancien Testament a été ainsi établi, en est-il de même pour les prophètes ?

Les livres des prophètes furent tous ajoutés et arrangés d'après les sources existantes, par Ezra. Haggai et Malachi complétèrent l'Ancien Testament par l'addition des derniers livres, nommés Aga, Zacharie et Malachi. Ces hommes étaient en grande communion avec le monde spirituel, ayant été, avec Zacharie, les assistants privilégiés de Daniel, quand il vit sa grande vision. Certainement, Daniel le Voyant fut hautement favorisé et inspiré. Que le Dieu grand soit remercié de sa miséricorde et de la manifestation de son pouvoir!

— *Parlez-vous de la vision racontée dans Daniel ?*

Celle des bords de l'Hiddekel.

— *La même ! Alors on a fait des choix dans les prophéties ?*

Des sélections, principalement pour exprimer un sens caché. Quand la période de vision allait finir, on faisait un choix dans les récits du passé et le canon était fermé, jusqu'à l'époque où la voix spirituelle résonnerait de nouveau parmi les hommes.

— *Vous parlez de Daniel comme d'un grand voyant ou médium. Savez-vous si le don était commun ?*

Les hommes alors cultivaient davantage le pouvoir. Ils connaissaient et appréciaient mieux le savoir et les dons spirituels. Daniel fut très favorisé et reçut beaucoup de pouvoir, mais cela devint de plus en plus rare à mesure que l'âge spirituel approchait de son terme.

— *Des masses de discours prononcés en état de transe, de visions et autres choses semblables à celles racontées dans l'Ancien Testament doivent avoir été perdues ?*

Assurément. Il n'y avait aucune utilité à les conserver ; parmi celles qu'on avait conservées beaucoup sont maintenant exclues de votre Bible.

(A quelques jours de là, le 16 novembre 1873, sur ma demande, de nouveaux commentaires furent écrits sur l'idée de Dieu, répétant d'ailleurs ce qui avait été maintes fois expliqué sur l'évolution graduelle de Dieu — « le Dieu d'Abraham étant une conception inférieure à celle du Dieu de Jacob ». Je citerai seulement quelques lignes :)

Le Dieu d'Abraham, Isaac et Jacob était supérieur dans l'opinion de ceux qui lui rendaient un culte, mais *seulement* supérieur aux dieux de leurs voisins. Le père d'Abraham, vous le savez, adorait des dieux étrangers, c'est-à-dire autres que ceux de son fils. Chaque famille avait sa propre divinité par laquelle ses membres juraient et se liaient. Le nom donné au Suprême Jehovah, Elohim vous le démontre. Laban poursuivit et menaça Jacob qui lui avait volé ses dieux, et le même patriarche dans une certaine circonstance rassemble les images des dieux de sa famille et les cache sous un chêne. Jehovah était comme il est constamment appelé le Dieu d'Abraham, Isaac et Jacob, divinité de famille, et non le Dieu seul Unique. Le grand législateur même, dans sa conception élevée du Suprême, n'est pas entièrement affranchi de la notion d'un Dieu supérieur.

Dans votre Bible Dieu est révélé sous beaucoup de formes, les unes nobles comme dans les livres de Job et de Daniel, les autres misérablement basses, comme dans les livres historiques. Et ce ne fut pas toujours une révélation progressive. Mais quand un à un les Maîtres esprits ont trouvé une âme à laquelle ils ont pu transmettre les idées lumineuses, elles se sont transmises d'âge en âge, car presque toutes vos générations ont recélé quelques esprits avancés.

— *Oui, qui se passaient la lumière de main en main ; on trouve en effet dans l'histoire des hommes en avance sur leur siècle, comme nous disons. L'histoire du monde, je suppose, est celle du développement de l'homme qui ne peut étreindre que bien peu de vérité à la fois ?*

Reconnaître sa propre ignorance est le premier pas vers le progrès. Vous n'êtes encore que dans une cour extérieure fort éloignée du temple de Vérité. Vous devez marcher autour et autour pour connaître les dehors avant de pouvoir pénétrer dans les cours intérieures et de longs et laborieux efforts doivent vous préparer à pouvoir éventuellement entrer dans le temple.

Soyez satisfait. Attendez et priez, restez silencieux et veillez avec patience.

✠ Imperator.

SECTION XXVI

(19 janvier 1874. Depuis quelque temps, les communications étaient beaucoup moins fréquentes, le travail semblait se transformer ou être suspendu par mon incapacité à résoudre mes doutes. A cette date, divers changements eurent lieu, de nouvelles directions furent données et Imperator fit écrire une sorte de revue rétrospective où il répétait les observations que j'ai citées plus d'une fois, sur mes exigences et sur la source divine de sa mission. Je reçus des preuves répétées de la persistance de la personnalité après la mort corporelle. Je ne m'interromps pas pour les détailler. Des communications écrites reproduisirent exactement des particularités d'écriture, d'orthographe et de rédaction, d'autres furent verbales par l'entremise de mon propre guide; quelques-unes furent péniblement frappées au milieu du cercle. Certains des renseignements ainsi obtenus furent corroborés par ma vision clairvoyante. Les moyens employés pour transmettre l'information étaient variés, mais les faits avancés étaient exacts, invariablement et littéralement. Dans la plupart des cas, ils se rapportaient à des personnes que nous ne connaissions que de nom, parfois nous ignorions même le nom ; ou bien ils avaient trait à des amis ou connais-

sances. Cette série de preuves continues dura longtemps, et collatéralement il se développa en moi une faculté de clairvoyance visuelle qui s'accrut rapidement et il me fut possible de voir et de converser longuement avec mes amis... jusqu'alors invisibles. J'eus un grand nombre de visions extrêmement mouvementées, il me semblait que mon esprit agissait indépendamment de mon corps. Pendant quelques-unes de ces visions j'avais conscience que je vivais au milieu de scènes extra-terrestres, d'autres représentaient devant moi des scènes dramatiques, figurant sans doute quelque vérité ou enseignement spirituel. Je n'ai pu que dans deux cas m'assurer par une preuve collatérale de la réalité de ma vision. A chacune de ces occasions, j'étais dans une trance profonde ; je ne pouvais pas distinguer entre les impressions subjectives d'un rêve et la réalité de ce que je voyais avec tant d'intensité, sauf dans les deux cas, auxquels je fais allusion où la réalité de la vision me fut confirmée par des incidents extérieurs. Je ne fais que noter ces visions qui marquent une phase du développement de mon éducation spirituelle. On m'affirma toujours que ce qui m'était montré avait une existence réelle et que mes sens intérieurs étaient ouverts dans le dessein de m'instruire et de confirmer ma foi en me permettant de contempler des choses invisibles à l'œil du corps.

Au mois de janvier 1874, on publia des communications du 14 avril et du 12 septembre 1873, qui avaient trait à un fils du Dr Speer, entouré d'influences spirituelles qui exerçaient une action sur ses facultés musicales. Je posai quelques questions à ce sujet le 1er février 1874 et on nous procura des détails. Après avoir donné quelques informations personnelles, on écrivit :)

Vous avez encore à apprendre sous quelles conditions la musique peut être obtenue ; hier au soir elles étaient mauvaises. Vous ne connaîtrez la vraie poésie du son qu'après avoir entendu la musique des sphères. La musique dépend, beaucoup plus que vos savants ne l'ont jamais rêvé, de ces mêmes agents spirituels dont nous parlons sans cesse. Les éléments spirituels doivent être en harmonie pour que l'inspiration puisse se développer réellement et vous donner ce qu'on peut obtenir sur terre en ce genre. La chambre dans laquelle le jeune homme interprétait hier les pensées du maître était remplie d'une atmosphère antiharmonieuse. Le musicien comme l'orateur doit être en rapport harmonieux avec son auditoire, il faut qu'il soit entouré d'esprits qui impressionnent son esprit, affinent, fondent, spiritualisent ses pensées ou les pensées de Celui qu'il supplée.

Il y a une grande différence entre un mot qui tombe froidement des lèvres ou qui est rudement articulé et ce même mot prononcé avec une émotion cordiale, il en est de même pour la musique. Le corps du son peut être là, mais l'âme en est absente. Sans savoir pourquoi, vous remarquez combien le son seul est froid, trivial, mince ; vous êtes mécontent et mal à l'aise ; au contraire, quand la voix pleine, riche, de l'âme de la mélodie, vous fait entendre des pensées nées dans de plus belles sphères, vivifiées par un air plus pur, vous êtes heureux. Les sons sont instinctifs à l'âme, ils impressionnent les êtres les plus inertes. Ils exhalent leur message, exaltent l'esprit, subjuguent les sens matériels et harmonisent les discordances de l'esprit.

Le corps mort du son est animé par l'âme de la musique. Aussi est-il rare de rencontrer des conditions assez favorables pour que la vraie musique puisse se développer. Ce n'est pas dans les grandes assemblées populaires. C'est dans un air plus harmonieux que la voix inarticulée de l'esprit peut le mieux, par ses accords mélodieux, retracer son histoire.

(La communication était signée avec les autographes [exact fac-similé] de deux compositeurs bien connus et par d'autres noms que je connaissais.)

SECTION XXVII

(Pendant une de nos séances on avait parlé de l'Inde, berceau des races et des religions, j'avais lu aussi quelque chose à ce sujet, je posai des questions pour en savoir plus long :)

L'Inde est, en effet, la source d'où dérive en grande partie l'idée religieuse dominante de votre foi. Les mythes qui cachent les simples vérités révélées sont originaires de l'Inde ; les légendes messianiques datent des premiers temps ; les hommes ont toujours imaginé qu'un sauveur viendrait délivrer leur race. L'histoire primitive religieuse de l'Inde indique bien la croissance spirituelle de l'homme. Cette étude est essentielle pour vous et l'érud... on hindoue a beaucoup de relation avec le côté scientifique du langage que vous enseignez. Occupez-vous de cette question. Ceux qui peuvent vous aider sont avec nous.

Il y a longtemps que nous avons parlé d'informations spéciales que nous désirions vous donner, mais votre noire ignorance et l'attitude singulière de votre esprit nous ont obligés à des réserves. Il convient que vous sachiez comment Djeminj et Veda Wjasa ont été les prédécesseurs de Socrate et de Platon ; vous connaîtrez l'origine mythique de l'histoire de Chrishna, fils miraculeux de la pure vierge Devanagny. L'Égypte, la Perse, la Grèce, Rome, les grands royaumes du monde doivent la plus grande partie de leur philosophie et de leur religion à l'Inde. Manou le réformateur et initiateur hindou reparaît : Manès en Égypte, Minos en Grèce ou Moïse pour les Hébreux. Le nom est impersonnel, c'est l'appellation « homme ». Les grands pionniers de Vérité étaient appelés emphatiquement « l'homme » par leurs peuples rétrospectifs. Ils étaient aux yeux de leurs contemporains la plus haute incarnation du pouvoir, de la dignité et de la science humaines.

Manou de l'Inde était un érudit, un profond philosophe plus de 3.000 ans avant que le Christ ne parût. Manou n'était qu'un récent réformateur comparé à ceux dont les paroles sont rapportées dans les anciens documents de la vénérable érudition brahmanique, qui précèdent de milliers d'années l'époque où le sage hindou fit l'exposition philosophique des mystères de Dieu, de la création et de la destinée de l'homme. C'est à lui que Zaratushta ou Zoroastre dut le peu de vérité qu'il fit connaître en Perse.

Toutes les plus sublimes conceptions sur la Divinité viennent de Manou et l'influence de l'Inde en matière législative, théologique, philosophique et scientifique est aussi certaine, qu'il est prouvé que le langage que vous employez est le même que celui dont Manou se servait. Les adultérations modernes vous empêchent de retrouver la similitude, mais vos savants philologues la reconnaissent.

Les idées hindoues suivies par Manès en Égypte et plus tard par Moïse se manifestent également dans l'institution des vierges consacrées des temples égyptiens d'Osiris, des pythonisses de Delphes, des prêtresses de Cérès, des vestales romaines dérivant des Devadassi, vierges saintes qui se dévouaient, dans les sanctuaires de l'Inde, au culte pur du Suprême selon la manière dont elles le comprenaient.

Ce n'est qu'un exemple isolé. Nous dirigeons votre esprit vers ces études. Quand vous serez capable d'en savoir davantage, nous comblerons les vides.

— *Certainement je suis assez ignorant. Vous présentez l'homme comme un simple véhicule pour l'esprit plus ou moins parfait, plus ou moins instruit ?*

Tout savoir vient de nous. La substance est avec nous, l'ombre seulement avec vous. Ce sont, dans votre monde, les plus aptes qui apprennent le mieux, il en est de même dans les relations avec nous. *Nous pouvons enseigner si vous voulez apprendre.*

— *Pas grand mérite pour l'homme alors ?*

Le mérite de l'obéissance et de l'humilité qui l'aident à croître en savoir.

— *Et supposons que ses maîtres lui donnent un faux enseignement?*

Toute vérité est mélangée d'erreur. Les scories seront rejetées.

— *Tous les Esprits enseignent différemment. Qui alors est dans le vrai? Qu'est-ce que la vérité?*

Nous enseignons indépendamment ; les détails

peuvent varier, mais le large contour reste le même. Vous saurez un jour que ce que vous nommez le mal n'est que l'envers du bien. Vous ne pouvez dans votre état présent posséder une vérité pure d'alliage, elle est relative et doit l'être longtemps encore.

Rêver autre chose est puéril. Contentez-vous de ramper avant de marcher; d'aller au pas avant de courir et de courir avant de planer.

Prudens.

(C'est à cette époque que se produisit un fait singulier que j'ai raconté dans l'identité spirituelle. Un homme avait été écrasé sous un rouleau à vapeur qui fonctionnait près de Baker-Street. Sans rien savoir de l'accident, je passai peu d'heures après à l'endroit même où il avait eu lieu. Dans la soirée, je rencontrai le baron du Potet chez Mme Mack Dougall Gregory et l'esprit de la victime manifesta sa présence. Le 23 février 1874, je posai des questions et ce que cet esprit avait dit fut confirmé.)

Nous sommes très surpris qu'il ait pu s'attacher à vous. Cela tient à ce qu'il est resté près du lieu où il avait trouvé sa mort corporelle. Ne portez pas trop fortement votre attention sur ce sujet qui pourrait être une cause de vexation pour vous.

— *Comment se fait-il qu'il se soit éveillé à l'instant, quand notre ami qui a passé récemment ne l'est pas ?*

Il n'a pas pris de repos après avoir été arraché de son corps; dans son cas, le repos est un pas vers le progrès, il faudrait que la pauvre âme puisse se reposer et ne pas hanter le milieu vicieux dans lequel elle a dissipé sa vie, sinon elle restera longtemps enchaînée à la terre.

— *L'esprit ne ressent donc pas de souffrance après une aussi horrible mutilation?*

L'esprit ne souffre que de la rudesse du choc; ce qu'il ressent le pousse plutôt à l'action qu'à l'apaisement.

— *L'esprit hantait l'endroit où il était mort? Comment m'atteignit-il ?*

Il arrive souvent qu'un esprit brusquement séparé de son corps s'immobilise sur place, assez longtemps après l'accident. Vous passiez et votre état extra-sensitif attirait à vous n'importe quel être spirituel, comme l'aimant attire le fer.

La puissance de l'attraction sympathique ne devrait pas être un mystère pour vous, vous en voyez les effets dans votre monde où l'attraction et la répulsion agissent fortement sur les relations journalières. L'action est plus intense quand le corps est supprimé. Ce qu'on recevait par les sens matériels arrive directement par cette faculté intuitive de sympathie ou de répulsion.

Écartez cette préoccupation de votre esprit afin de ne pas attirer sur vous la calamité d'être accaparé jusqu'à un certain point par un esprit non développé, car vous ne pouvez pas servir la pauvre âme.

✠ Imperator.

SECTION XXVIII

(Le 20 février 1874, nous avions reçu pendant une de nos séances un spécimen d'écriture directe dont nous ne savions que faire. Les caractères formaient de curieux hiéroglyphes.)

— *Qu'est-ce que cette écriture ?*

Cette écriture inintelligible pour vous est l'œuvre d'une haute intelligence qui a été incarnée chez les Égyptiens, alors qu'ils formaient la nation la plus spiritualiste. Ils étaient profondément instruits dans la connaissance de l'immortalité et de l'indestructibilité des esprits, ils savaient la puissance et l'intervention des agents spirituels. Vous savez à quel degré de civilisation ils étaient arrivés, et par leur érudition ils étaient les dépositaires de la science. Oui, vraiment ils possédaient un savoir que l'âge matériel a perdu, savoir qui illuminait les âmes de Pythagore et de Platon et qui par eux a filtré jusqu'à vous. Les anciens Égyptiens étaient des philosophes sages, savants, et votre ami peut vous enseigner ce que vous ignorez sur ce chapitre. Après un intervalle de plus de 3.000 ans, l'un d'eux, qui incarné a connu Dieu et l'au delà, vient témoigner ici de la permanence de sa foi.

— *Comment se nomme-t-il et pourquoi se sert-il de hiéroglyphes inintelligibles ?*

Vous le connaîtrez, mais sa personnalité terrestre est depuis longtemps oubliée, vous ne la reconnaîtriez pas plus que vous ne savez lire ses signes. Il a même su pendant son incarnation que cette vie corporelle était le court et premier stage d'une existence perpétuelle, il a été devant lui montant, selon sa croyance, vers Ra, la source de lumière.

— *Croyait-il à l'absorption en Dieu après une longue carrière de progrès ?*

Il y avait, en effet, quelque chose de cela dans la foi égyptienne. Pour le moment, il suffit que vous sachiez ce qu'un point théologique spécial à la doctrine égyptienne : la sainteté du corps, offre de vrai et de faux.

Les Égyptiens voyaient le Dieu Grand dans tout ce qui était animé, et le corps humain leur était si sacré qu'ils tenaient essentiellement à le préserver, autant que possible, de la décomposition naturelle. Le soin exagéré du corps était une erreur, mais la sage préservation de la santé corporelle était vraie. Ils avaient raison de voir Dieu en tout ; ils se trompaient dans leur doctrine de la transmigration à travers l'infini des âges. L'esprit déjà éclairé délaisse les systèmes, qui, sous prétexte de symboliser le Créateur, conduisent au culte de la vie animale sous ses multiples formes, mais il conserve la grande vérité du développement progressif sous l'égide de la grande Force Créatrice.

Notre ami et ses frères voient maintenant que la nature de votre monde est une manifestation phénoménale du Suprême, et, si la vie telle que vous la connaissez sur terre ne peut être un objet d'adoration, l'esprit qui s'efforce à découvrir son Dieu à travers la nature ne peut être déraisonnablement blâmé. Ne comprenez-vous pas cela?

— *Je peux comprendre qu'on se serve de tout pour atteindre ce Dieu. Mais je pensais que la théologie égyptienne était très matérielle comparée à celle de l'Inde. Les communications que vous avez faites sur les religions du monde me laissent l'impression que l'Égypte réagit d'après l'Inde. Toute erreur contient quelque vérité juste comme chaque vérité offre un alliage d'erreurs. Les deux termes étant relatifs et non absolus ?*

Ce que vous dites est vrai. Nous appuierons plus tard sur les points caractéristiques de la théologie hindoue. Nous voulons vous montrer que telle vérité connue des anciens vous est dans beaucoup de cas inconnue. Il est bon que vous appreniez à être modeste en comparant votre savoir à celui des anciens.

— *Oui, je ne sache pas que je me flatte de connaître autre chose que mon ignorance en ces matières. Il est stupide de se moquer de n'importe quelle forme de religion. Notre ami a vécu dans les siècles passés. Prêtre égyptien, n'est-ce pas?*

Prophète d'Osiris initié aux mystères ésotériques cachés à la foule. Il adorait la trinité Osiris-Isis-Horus. Le Suprême, la mère universelle, l'enfant, sacrifiée pour le péché humain. Il connaissait Dieu comme votre historien sacré l'a révélé en termes empruntés à l'Égypte. Je suis l'Unique, l'Essence universelle, la Source de vie et de Lumière. Moïse a pris aux prêtres de Thèbes (d'Égypte) le titre de Jéhovah.

— *Quel était le nom original ?*

Nuk-pu-Nuk. JE SUIS LE JE SUIS. Celui qui inspire cette communication était prophète de Ra à On, la cité de lumière appelée Héliopolis, cité du soleil pour les Grecs. Il y vivait 1,630 ans avant ce que vous nommez l'ère chrétienne. Son nom était Chom et il vous parle en témoin de l'immortalité et je me porte garant de la vérité de son témoignage.

✠ Imperator.

— *Puis-je me procurer quelques documents accessibles de la théologie égyptienne ?*

Ce n'est pas nécessaire, il reste peu de chose des vieux livres Hermaïques. Les écrits du Rituel des morts qu'on trouve dans les cercueils des momies en sont extraits. Les inscriptions sur les tombes et les coffres funéraires sont les plus anciens souvenirs de la foi égyptienne.

La religion était pour l'Égyptien le mobile dominant, la vie quotidienne dans ses moindres détails y était soumise. L'art, la littérature et la science en dépendaient.

Le cérémonial des purifications donnait un ton de spiritualité aux affaires de la vie, tous les actes de l'Égyptien se rapportaient à l'existence d'au delà sur laquelle son ferme regard était fixé. Chaque jour était placé sous la protection spéciale d'un esprit ou divinité qui présidait à son cours. Chaque temple possédait ses prophètes, prêtres, pontifes, juges, scribes, versés dans la science mystique, ils occupaient leurs vies chastes et pures à pénétrer les secrets cachés de la nature et les mystères de la relation des esprits.

C'étaient des hommes savants, spiritualisés, et si certaines choses, aujourd'hui connues, leur échappaient, leur profonde connaissance philosophique et la netteté de leur perception spirituelle les portaient à une hauteur à laquelle vos sages ne peuvent prétendre.

En religion pratique votre peuple n'égale pas non plus les Égyptiens, et quoique la foi d'Égypte fût erronée sous de certains rapports, elle possédait ce qui rachetait ses erreurs et ennoblissait ses professeurs ; ils n'avaient pas, eux, embrassé un matérialisme mortel ; ils n'avaient pas fermé les issues à la haute vie de l'esprit, ils voyaient Dieu dans tous les actes de la vie journalière. Ils n'achetaient ni ne vendaient pour frauder et voler de propos délibéré et s'ils témoignaient d'un respect indu au périssable et au matériel, ils n'ignoraient pas l'esprit.

Vous savez combien votre époque est antispiritualiste, sans vues intérieures, rampante, sans foi active dans la vie de l'esprit. Faites la comparaison ; nous n'exaltons pas la religion égyptienne, nous vous montrons que ce qui vous semblait si vil et si terrestre était une foi incomplète mais vivante, puissante par son action journalière et recélant une profonde sagesse spirituelle.

— Oui, d'un côté sans doute. On peut en dire autant de chaque forme de foi. Elles viennent toutes du tâtonnement de l'homme à la recherche de l'immortalité et de la vérité; il y a beaucoup de matérialisme à notre époque, mais il se fait aussi de grands efforts pour y échapper. Vous êtes à peine équitable, car peu sont matérialistes par choix, et s'il y eût jamais un temps où la préoccupation dominante fut tournée vers la religion, Dieu et l'Au-delà, c'est celui-ci. Vos censures, ce semble, conviendraient mieux à un âge disparu?

Cela peut être, il y a en effet une grande tendance à s'occuper de ces questions; quand elle existe, il y a espoir, mais il y a aussi une volonté déterminée d'exclure tout ce qui a rapport à l'esprit, comme facteur dans l'existence humaine, de tout attribuer à la matière et d'écraser les recherches du côté de l'esprit et des relations spirituelles, sinon sous le ridicule et le mépris, mais en les traitant d'illusoires et futiles. L'état de transition qui intervient, entre la foi qui disparaît et celle qui lui succède, est nécessairement un état de convulsion. L'homme doit en passer par là et sa vision en est troublée.

— Oui, les choses paraissent à l'état fluidique, changeantes et obscures; beaucoup de gens refusent de sortir de leurs rêves, ils ne peuvent souffrir de penser que leur croyance en la matière n'était, après tout, que le voile de l'esprit. Mais ceci n'altère en rien ma conviction qu'à aucune autre époque que la nôtre on n'a fait plus d'enquête active et intelligente sur les profondes vérités naturelles et spirituelles. Je ne trouve d'autre équivalent dans le passé que la grande ère de l'antique Grèce.

Nous ne tenons pas à ébranler votre opinion. Nous avons voulu seulement montrer par un exemple frappant qu'il y a des vérités cachées même sous les religions que vous jugez grossières.

— *Le législateur juif, « savant de toute la sagesse des Égyptiens », en a, je suppose, incorporé une grande partie dans son code ?*

Oui, vraiment. La circoncision est empruntée aux mystères égyptiens ainsi que le cérémonial des purifications. Les robes de lin des prêtres, le chérubin mystique qui garde le siège de miséricorde, la sainte place, le saint des saints, venaient des temples d'Égypte. Mais Moïse, versé comme il l'était dans la science du sanctuaire où il avait été élevé, n'a pas su, en empruntant le rituel, s'emparer des idées spiritualistes qu'il symbolisait. Il ne fait jamais allusion à la destinée de l'esprit, les apparitions sont de simples manifestations phénoménales introduites incidemment, la grande doctrine de l'immortalité n'est pas indiquée.

— *Le rite de la circoncision existait-il en Égypte avant Moïse ?*

Oh oui ! Les corps religieusement conservés à une époque antérieure à celle d'Abraham et qu'on retrouve en sont la preuve.

— *Je l'ignorais. Moïse a-t-il pris quelques articles de foi ?*

SECTION XXVIII

La doctrine de la Trinité, en Égypte comme dans l'Inde. Le code mosaïque reproduit le caractère minutieux du rituel égyptien sans sa spiritualité.

— *Comment se fait-il que les mines de savoir possédées par l'Égypte nous soient fermées? Confucius, Bouddha, Moïse, Mohamed vivent. Pourquoi pas Manès?*

Il vit par l'action qu'il exerça sur d'autres. La religion d'Égypte était confinée dans une classe favorisée, elle ne s'étendait pas suffisamment pour être permanente, elle était gardée par une secte cléricale et mourut avec elle. Ses effets cependant se retrouvent dans des croyances postérieures.

— *L'idée de la Trinité est-elle hindoue ou égyptienne?*

La trinité des pouvoirs créateur, destructeur et médiateur existait dans l'Inde avec Brahma, Siva, Vichnou. En Égypte avec Osiris, Typhon, Horus. La théologie égyptienne admettait de nombreuses trinités. En Perse, avec Orzmud, Ahriman, Mithra, le réconciliateur. Des pays faisant partie de l'Égypte avaient des théologies différentes.

Pthah, le Père suprême, Ra le Soleil dieu, manifestation du Suprême, Amun, le dieu inconnu, étaient des manifestations variées de l'idée de Dieu.

— *N'aviez-vous pas dit qu'Osiris, Isis, Horus formaient la trinité égyptienne?*

Nous n'y avons placé Isis que comme principe producteur ; il y avait de nombreux développements sur ce thème de la Trinité, c'est sans importance, sauf par sa relation avec la vaste question.

— *L'Égypte a-t-elle reçu sa religion de l'Inde ?*

En partie ; mais nous n'avons personne qui puisse parler sur ce point.

PRUDENS.

(La réponse à cette question posée le 28 février 1874, fut donnée le 8 avril suivant. Beaucoup d'autres sujets avaient été traités dans l'intervalle.)

Vous vous êtes informé de la connexité existant entre l'Inde et l'Égypte. La religion égyptienne se composait de multiples actes extérieurs dictés par un rituel ; l'Inde s'adonnait à la contemplation, Dieu était l'introuvable essence ; pour les Égyptiens il était manifeste dans chaque type de l'existence animale ; le temps n'était rien pour l'Hindou, l'éternité tout. Pour l'Égyptien chaque instant avait son occupation consacrée. Cependant il est vrai que l'Égypte reçut de l'Inde sa première inspiration, de même que la Perse, par Zoroastrate. Nous avons déjà dit que la grandeur spéciale à la foi égyptienne était la consécration de la vie quotidienne à la religion. Il serait bon que le même soin du corps, la même idée constante du devoir religieux, la même perception d'une divinité partout répandue pussent prévaloir parmi vous.

— *Je suppose que la théologie égyptienne fut une*

réaction contre le mysticisme hindou. Vous paraissez approuver le rituel, j'aurais pensé que le prêtre égyptien perdait trop de temps et que ses cérémonieuses ablutions, ainsi que le soin de se raser avec une foule de formalités n'étaient que stupides ?

Non pas. Pour l'époque, le rituel était nécessaire. Vivre en présence de la divinité, voir son image en tout et partout, consacrer chaque acte à son service, garder son intelligence, son esprit et son corps purs, comme elle est pure, rapporter tout à elle et à elle seule, c'est marcher à la vie divine, malgré les erreurs de détail.

— *Sans doute le préjugé nous entrave. Mais voudriez-vous dire que la foi d'un homme est indifférente en elle-même s'il la professe honnêtement ? Si l'Égypte, par exemple, se reconstituait telle qu'elle était, elle ne serait pas l'idéal ?*

Sûrement non. Le monde progresse, mais s'il a gagné, il a perdu, ce qui appartient à toutes les formes de foi : la consécration de soi au devoir et à Dieu. Le Christ vous en a donné le plus haut exemple, vous l'avez oublié. Il est bon que vous voyiez qu'en cette matière vous avez été dépassés par ceux que vous méprisez.

La foi de l'homme sous son aspect extérieur est comparativement de peu d'importance, il progresse ou non, selon l'usage qu'il fait du lot qui lui a été alloué. C'est un accident d'être juif, chrétien, musulman, brahmine ou parsi. C'est une pure question d'esprit dans laquelle vous ne pouvez pas encore en trer. Vous ne voyez que l'écorce et ne pouvez atteindre l'amande.

— *Mais le chrétien qui agit d'après ce qu'il sait, dont les actes justes sont d'accord avec ses connaissances et ses capacités, ne gagne-t-il pas sûrement une grande avance sur le barbare adorateur de fétiches, quelque honnête qu'il soit?*

Tout gain perdu dans votre petit fragment d'existence peut être retrouvé dans un autre état. Les accidents qui vous paraissent si graves peuvent être les moyens choisis pour faire surgir quelque qualité nécessaire : endurance, patience, confiance ou amour. Vous jugez avec précipitation, vous n'êtes pas capable de savoir l'intention des gardiens, ni de faire la part due à la tentation et à ses résultats. Vous n'êtes pas encore à portée de juger ces choses. De plus, c'est un devoir imposé à chacun d'agir *d'après ce qu'il sait de la plus haute vérité* qui lui a été enseignée. Son progrès sera estimé d'après cela.

— *Enseignez-vous un jugement spécial? Y en a-t-il plusieurs?*

Oui et non. Beaucoup et aucun, car le jugement est incessant, l'âme se prépare toujours à changer.

A chaque stage, l'esprit se construit un caractère par ses actes durables, ce caractère le prépare à la prochaine situation et il y entre nécessairement ; la sentence est un résultat immédiat, juste comme le total d'un nombre de chiffres. L'âme est l'arbitre de sa destinée, son propre juge, qu'elle progresse ou qu'elle rétrograde.

— *Chaque entrée dans une nouvelle sphère ou état est-elle marquée par un changement analogue à la mort ?*

Analogue en ce qu'il y a une graduelle sublimation du *corps spirituel* jusqu'à ce que par degrés tous les éléments grossiers soient éliminés. A mesure qu'il s'élève, *ce corps spirituel* s'affine de plus en plus. Il n'y a pas d'enveloppe matérielle à rejeter, mais le changement ressemble à la mort en ce que l'entrée de l'esprit dans une sphère supérieure est un moyen de développement.

— *Et quand les éléments grossiers ont disparu, l'esprit entre-t-il dans les sphères de contemplation, affiné jusqu'à ce qu'il n'y ait plus rien à affiner ?*

Non ; nous ne connaissons pas sa vie dans le ciel intérieur. Nous savons seulement qu'il croît de plus en plus en ressemblance avec Dieu, qu'il s'approche de plus en plus de sa présence. Il se peut, bon ami, que la plus noble destinée de l'esprit perfectionné soit dans l'union avec le Dieu, à la ressemblance duquel il est parvenu et dont la *parcelle de divinité temporairement désagrégée pendant son pèlerinage est rendue* à Celui qui l'avait donnée. Ceci pour nous comme pour vous n'est que spéculatif. Laissons et contentons-nous de ce qui seul doit être connu. Votre esprit ne serait plus occupé s'il pouvait pénétrer tous les mystères. Vous ne pouvez apprendre que fort peu ici-bas, mais vous pouvez aspirer et en aspirant élever votre âme jusqu'à une meilleure demeure au-dessus des sordides soucis de la terre. Puisse la bénédiction de l'Unique reposer sur vous !

✠ Imperator.

SECTION XXIX

(15 mars 1874. Nous avions été avertis plusieurs fois du danger d'être trompés par des esprits qui assument de faux noms ; ces avertissements avaient été répétés à la suite d'un cas qui s'était produit en dehors de notre cercle, mais dont nous avions eu connaissance. Plusieurs messages très frappants nous furent donnés à ce sujet, le suivant seul peut intéresser le public.)

Nous sommes anxieux de réitérer les observations que nous avons souvent faites sur le danger d'être attaqué par les esprits fallacieux et fourbes, que vous connaissez : les non-développés. Nous vous avons averti spécialement dans la crainte que vous ne deveniez le but de leurs attaques. Nous sommes certains que l'esprit qui a prétendu qu'il collaborait avec nous est un simulateur qui tend à nuire à nos travaux et à les retarder.

Expliquons-nous nettement. Nous vous avons parlé de l'antagonisme direct qui existe entre nous et les adversaires de tout ce qui tend à spiritualiser l'homme. Les rangs de cette armée ennemie recèlent des esprits animés de tous les sentiments de malignité, perversité, ruse et mensonge : les ivrognes, les débauchés, les violents, les assassins. L'incapacité où vous êtes de voir les opérations de ces hordes semble vous rendre incapables de réaliser leur existence et l'étendue de leur influence sur votre monde. Vous avez du reste une grande part de responsabilité dans ce déplorable état de choses. Où sont les protestations qui devraient retentir d'une extrémité de votre terre à l'autre, contre ces antres pestiférés qui prospèrent et abondent parmi vous? Pourquoi les faibles efforts sont-ils vains ? Pourquoi ? parce que la sombre influence de ces pernicieux esprits vous paralyse. Ce n'est pas seulement dans les palais du gin qu'elle s'exerce, mais elle rayonne à grande distance et perpétue le vice. La faute du meurtrier est souvent le résultat de votre civilisation et *il est ce que vous l'avez fait.*

N'ignorez pas le pouvoir de ces esprits et de myriades d'autres ennemis de l'homme et de son progrès; n'attirez pas leurs attaques en vous y exposant.

Nous voulons employer tous les modes d'avertissement, ne pas négliger de prononcer même un mot pouvant être utile, car le danger est d'autant plus réel qu'il est secret et étend à l'infini ses malfaisantes ramifications. Rapportez à ces adversaires la plupart des crimes, la misère qui existe, la guerre qui, avec sa suite d'horreurs, souille encore votre monde, et efface la civilisation et le raffinement dont vous vous vantez.

Votre civilisation et votre culture ne sont qu'à la surface, elles couvrent à peine les plaies purulentes, trop visibles pour l'esprit; elles démoralisent trop souvent les instincts nobles et vrais qu'elles remplacent par le vide, le mensonge et l'égoïsme. L'Arabe du désert, l'Indien de l'extrême Ouest, dont les instincts naturels n'ont pas été déformés et diminués par la civilisation, sont parfois des hommes supérieurs au marchand sans scrupules ou à ce pire produit de la vie civilisée, l'homme, dont la langue immonde et la nature dépravée ne respectent rien.

A côté du vice qui s'étale grossier et répugnant, et que des hommes à l'abri du besoin ne craignent pas d'aller chercher, nous trouvons aussi la chasse à l'argent; l'air est épaissi par la convoitise de l'or et des plaisirs qu'il peut procurer, la Passion du pouvoir et les recherches égoïstes sous leurs formes multiples. Nous n'atteignons pas plus ceux qui se ruent dans les bourses et marchés, où l'argent règne suprême, que nous n'avons prise sur les misérables qui fourmillent dans les ruelles et impasses, livrés aux plus basses corruptions.

Mais vous ne savez pas ! Votre ignorance perpétue ces maux et nous fait obstacle. Quelques-uns de vos réformateurs les plus avancés ont compris l'immense importance de la question du mariage, nous avons essayé de faire prévaloir des idées à la portée de votre monde, il n'est pas encore prêt. Nous ne faisons qu'une allusion à ce sujet, intimement lié aux questions capitales de maladie, crime, pauvreté, insanité, qui nous sont pénibles et entravent nos relations avec les hommes. Beaucoup de ces calamités sont attribuables à la folie et pire à la criminelle légèreté, à la non moins criminelle et sotte loi conventionnelle qui régit le mariage parmi vous. Ceci s'applique également à ceux que vous nommez les bien élevés et raffinés et aux ignorants et non cultivés. Le grand péché d'ailleurs est plutôt du côté des riches.

Vous devez vous défaire de ce que la société a sanctionné dans le trafic qui s'accomplit sous le nom de mariage ; vous devez apprendre des règles plus vraies et plus divines que celles que vous tolérez ; il faut, pour le bonheur et le progrès, que vous fassiez disparaître la cause originelle de tant de détérioration et de rétrogression. Ne vous méprenez pas. Nous ne sommes point les avocats de la licence ni les apôtres de ce qu'on nomme la liberté sociale. La liberté avec les sots dégénère toujours en licence. Nous repoussons avec mépris de semblables notions, plus même que l'infâme commerce de vente et d'achat, l'esclavage social par lequel vous avez avili la plus sainte et divine loi de la vie.

Vous n'avez pas davantage appris que le corps est l'avenue de l'esprit, que les lois sanitaires et les conditions nécessaires au développement corporel sont essentielles à l'homme incarné sur terre. Nous en avons déjà parlé, nous répétons seulement qu'en cette matière comme en d'autres vous faites alliance avec nos ennemis.

Dix-neuf siècles ont passé sur les purs enseignements qui vous ont été adressés et que vous faites profession de suivre, et vous êtes à peine meilleurs dans ce qui constitue le vrai progrès, à peine plus sages en sagesse réelle, à peine plus avancés en religion pure ; non, vous êtes pires que les Esséniens au milieu desquels Jésus fut élevé et vécut. Vous êtes comme les scribes et les pharisiens qui attirèrent sur eux ses plus sévères remontrances.

Souvenez-vous que la masse de nos adversaires, qui sont aussi les vôtres, est perpétuellement augmentée par les esprits que l'ignorance humaine a dégradés.

Nous ne parlons pas des efforts de ceux qui cherchent à se dévouer au développement de leur race, nous passons sous silence les actes d'abnégation, d'humble héroïsme, les vies simples et nobles, les traits généreux qui vous rachètent et nous donnent espoir pour l'avenir. Notre objet, aujourd'hui, est d'attirer votre attention sur le sombre côté du tableau. Nous vous déclarons que la peinture est exacte et nous vous prévenons avec solennité que la grande vérité, exposée dans ce message, savoir : l'antagonisme entre le bien et le mal, et l'extension du mal par l'ignorance et la folie humaines — est d'un intérêt vital pour vous et pour l'avenir de l'œuvre que nous avons en charge. Nous venons de récapituler ce que nous avions déjà énoncé sur l'opposition organisée par nos adversaires. Mais nous n'avons pas encore traité d'une forme d'attaque, qui tend à devenir fréquente, *favorisée par le désir inconsidéré de voir se renouveler continuellement les manifestations spirites objectives à mesure qu'elles se produisent plus souvent ; on en arrivera à ce que nos adversaires se serviront des sujets par lesquels ils pourront présenter leurs frivoles et artificieuses démonstrations; excellent moyen de discréditer le véritable travail spirituel.* De puissantes associations complotent maintenant, nous en sommes certains, pour saisir toutes les occasions qui leur permettront de développer des médiums, émissaires des plus surprenants phénomènes, de manière à triompher des investigations de ceux qui étudient ce qu'on appelle le pouvoir surnaturel. La conviction établie, le reste est facile. Par degré, la fraude et les artifices seront devinés, les prétendus enseignements moraux se révéleront sous leur véritable jour, le doute s'insinuera dans l'esprit des chercheurs ; l'incertitude et le soupçon s'empareront de l'intelligence, et les phénomènes, manifestations ou instructions, deviendront suspects.

Il est impossible d'inventer un système plus astucieux, pour discréditer l'enseignement de ceux qui sont envoyés pour instruire et non pour étonner ou amuser. Car les hommes peuvent dire : Nous avons essayé, nous avons éprouvé par nous-mêmes et nous avons démasqué ; ou c'est une fraude combinée, ou cela enseigne de basses doctrines immorales, bref, c'est diabolique.

Il est inutile de dire à ces hommes-là qu'ils doivent discerner le vrai du faux, leur foi détruite ne leur permet plus d'examiner.

Nous vous mettons solennellement en garde contre ces plans frauduleux, agissez en conséquence. Évitez d'encourager la confuse évolution d'un violent pouvoir physique, qui émane, en général, des esprits bas les moins développés et qui se déploie avec le concours d'agents pour l'absence desquels il faudrait prier.

Vous savez quelle est notre mission. Nous venons, dans les jours où la foi s'affaiblit, démontrer à l'homme qu'il est immortel en vertu de la *possession de l'âme, qui est une étincelle jaillie de la Divinité même ;* nous lui indiquons les erreurs du passé et la vie qui mène à la vérité, avec un tel but à poursuivre nous ne pouvons tranquillement permettre que notre travail soit délaissé et remplacé par la recherche de n'importe quel pouvoir phénoménal exercé sur la matière brute. Si nous usons du tout de ce pouvoir, c'est parce que nous le jugeons nécessaire parfois et non parce que nous le trouvons désirable, il n'est toujours qu'un moyen, jamais une fin. S'il était sans danger, nous ne mettrions pas cette insistance à vous prémunir contre l'opinion qui fait reposer, sur des merveilles physiques, nos relations avec vous.

Regardez ces manifestations comme des pièces à conviction, des preuves fournies à vos intelligences sur l'intervention du monde de l'esprit dans le monde de la matière; employez-les seulement pour construire la fondation matérielle sur laquelle le temple de l'esprit doit être édifié ; *soyez assurés que ces phénomènes ne peuvent par eux-mêmes vous apprendre rien de plus*, et si les esprits sages qui opèrent ne trouvent pas en vous la capacité d'assimiler des choses plus élevées, ils céderont insensiblement la place à ceux qui font mieux cette besogne, et ainsi vous laisserez échapper la possibilité d'acquérir des connaissances supérieures.

L'acte phénoménal est le point d'appui qui vous aide à monter. Vous devez chercher à connaître la nature des agents, à vous assurer qu'ils viennent de Dieu avec des intentions pures et bienfaisantes ; vous désirez savoir ce que les visiteurs d'outre-tombe ont à vous dire sur l'universelle demeure de votre race; comment ils peuvent vous satisfaire quant à la destinée de votre âme propre, quels moyens ils vous offrent pour vous bien préparer au changement que vous appelez mort. Car, si nous n'avons aucune ressemblance avec vous, comment notre expérience pourrait-elle vous servir ?

Si nous ne pouvons pas vous parler de votre propre immortalité, quel profit tireriez-vous de la preuve indubitable de notre propre existence ?

Quand vous dépassez le phénoménal pour vous livrer à l'investigation raisonnée de la vérité, bref quand nos affirmations vous inspirent confiance, nous pouvons alors vous découvrir un domaine qui vous est inconnu et qui est déjà largement révélé à d'ardents chercheurs qui vivent dans d'autres contrées que la vôtre. Les plus hautes révélations de la vérité spirituelle ont été accordées dans votre pays à un très petit nombre de personnes. Le moyen de communication par l'écriture qui vous semble réaliser un grand progrès sur les coups maladroits, transmetteurs de messages et sur d'autres procédés, n'est rien comparé à l'intime communion d'esprit à esprit sans intervention de signes matériels.

En Amérique, où le mouvement spiritualiste contemporain est né, beaucoup de personnes sont assez développées pour mener une vie double et être face à face en relations avec nous. Nous y avons même de nombreux travailleurs réunis, qui obtiennent des résultats que nous ne pouvons révéler ici à cause de la déloyauté d'intelligence, de la matérialité des intérêts et même de la grossière atmosphère ambiante. Mais, pour revenir à ce qui nous occupe, nous désirons seulement vous prémunir contre un danger et vous encourager à vous soulever au-dessus du plan matériel dans la direction du spirituel. La réceptivité ou la faculté d'assimiler les premières instructions doit précéder un développement plus avancé. Nous insistons et prions dans l'attente de l'heure où, délivré des mailles terrestres, vous rechercherez uniquement les hautes révélations de la vérité, vous devez, autant qu'un mortel le peut, secouer le joug de l'opinion humaine et vous dégager des attaches matérielles.

Père éternel ! Toi au nom duquel nous travaillons et qui nous a envoyés sur terre pour révéler la Vérité, aide-nous à transporter et à purifier les cœurs de ceux auxquels nous parlons, qu'ils puissent se lever de terre et ouvrir leurs sens spirituels pour discerner les choses que nous révélons. Puisse la foi croître en eux afin qu'ils aspirent à la Vérité, et, laissant derrière eux les intérêts terrestres, qu'ils se hâtent d'apprendre la révélation de l'esprit.

☥ Imperator.

— *Je n'ai aucun doute sur ce que vous venez de dire, mais il m'est difficile de comprendre pourquoi un ordre ou une loi ne prévaut pas pour courber ces esprits indisciplinés. Ils paraissent faire ce qu'ils veulent et n'être soumis à aucune autorité ? Pourquoi leurs fausses affirmations ? Quel plaisir trouvent-ils à simuler ?*

Vous errez en supposant qu'il n'y a pour nous ni ordre, ni loi. C'est vous qui frustrez les efforts bien ordonnés en négligeant les précautions indiquées ; observez-les, vous préserverez vos cercles et éliminerez moitié de la contradiction et de l'imposture. Ce que vous appelez mal ne disparaîtra pas, car c'est une nécessité de l'éducation spirituelle et nous sommes sans pouvoir pour vous sauver de l'épreuve qui sert à votre développement progressif. Il faut que vous en passiez par là. Vous avez beaucoup à apprendre et cette expérience pratique est une des voies d'instruction. Quant à la simulation, vous en saurez davantage plus tard ; nous nous bornons à vous dire qu'il y a des esprits qui se délectent à simuler et qui peuvent, sous de certaines conditions, pousser loin une fraude soigneusement préparée. Ils prennent les noms qu'ils voient qu'on désire et répondent à celui qu'on veut leur attribuer. Ils peuvent être exclus, si l'on observe attentivement les conditions et si l'on est secondé par les efforts d'un gardien énergique capable de protéger le groupe.

Dans beaucoup de cercles toute facilité est offerte à l'intervention de ces esprits, on est avide de phénomènes par simple curiosité. Des amis personnels sont appelés, aucun contrôle n'est exercé pour s'assurer si l'esprit qui répond est vraiment un ami ou un mystificateur. De sottes questions sont posées et de sottes réponses acceptées avec empressement. Peut-on s'étonner de la joie des non-développés ?

— *Comment peut-on savoir si cette simulation ne s'étend pas à tout et si ce qui paraît bon et cohérent dans le spiritualisme ne se trouvera pas être en fin de compte une habile mystification? Si de tels pouvoirs malfaisants sont toujours en action, qui est à l'abri?*

Vous avez déjà reçu la réponse. Nous vous avons donné preuve sur preuve de notre bonne foi. Vous nous connaissez assez pour pouvoir nous juger comme vous jugeriez dans les mêmes circonstances un de vos contemporains.

— *Oui. Mais cet esprit simulateur, dont nous avons parlé, aurait-il pu bientôt détruire la foi de quelqu'un s'il avait eu accès?*

Peut-être, nous ne pouvons dire jusqu'à quel point nous aurions pu réagir contre sa tentative, mais nous ne tenons pas à en courir le risque, des affirmations contradictoires auraient été faites, la mystification se continuant, votre foi très mince aurait à la fin subi un rude choc. C'est un réel danger pour vous, de semblables débats alimenteraient vos soupçons, mineraient sourdement notre influence et nous chasseraient.

— *Réellement il semble fort dangereux de se mêler de ces choses?*

L'abus en toute chose est mauvais, l'usage bon et recommandable.

Nous ne conseillerons jamais à un esprit mal équilibré de se mêler des mystères de la médiumnité; il n'y a que ceux qui agissent sans intérêt personnel, mais par obéissance aux impulsions de gardiens sages et puissants, qui peuvent s'en occuper, ils sont protégés, entourés et doivent prier avec ardeur. Un esprit incertain, une nature agitée, un caractère frivole ou capricieux deviennent facilement la proie des non-développés. Il est très périlleux pour eux de se mêler de la question, surtout s'ils ne s'intéressent qu'au merveilleux pour satisfaire leur puérile curiosité ou leur vanité, les hauts messages du Suprême ne peuvent être entendus par ceux-là; que ceux à qui il est donné de les comprendre abandonnent les futilités aux bas esprits et qu'ils se hâtent vers les hautes sphères.

— *Mais tout cela est ragoût pour le monde. On tient beaucoup plus à un bon coup sur la tête, à une chaise flottant en l'air, qu'à toutes vos informations, qu'il est, par parenthèse, assez difficile d'obtenir?*

C'est vrai, nous ne le savons que trop. Il faut passer par la phase actuelle de notre travail, le matériel l'accompagne, mais n'en *fait réellement pas partie*. Cette basse besogne doit précéder, nous l'avons dit, le véritable développement pour lequel nous sommes dans l'attente ; elle continuera autour de vous avec une activité croissante, et, pendant que nous vous mettons en garde contre ses dangers, nous ne nous dissimulons pas qu'il est nécessaire qu'il en soit ainsi dans le présent état matériel de vos connaissances. Nous vous en dirons davantage plus tard. Cessez pour le moment.

(Après un court repos l'addition suivante fut faite :)

Nous vous avons parlé des adversaires et des dangers qu'ils entraînent. Mais il y a aussi d'autres causes de trouble pour nous. Nombre des esprits qui ont quitté la terre ne sont ni très progressistes, ni très arriérés ; la majorité n'est ni très mauvaise, ni très bonne. Les esprits assez avancés gravitent rapidement à travers les sphères les plus rapprochées de la terre et n'y reviennent pas à moins d'y être appelés par une mission spéciale.

Il nous reste à parler des agissements d'une classe d'esprits qui, par dessein malveillant ou par plaisanterie ou par goût de mystifier, fréquentent les cercles, contrefont des manifestations, assument des noms, donnent des informations qui égarent. Ces esprits ne sont pas mauvais, déséquilibrés seulement ; ils se plaisent à tourmenter les médiums et les groupes ; ils donnent un ton exagéré aux communications, introduisent de faux éléments, lisent dans la pensée la réponse à faire ; ils imitent et jouent avec les sentiments de ceux qui leur accordent confiance ; ce sont eux qui simulent des parents dont la présence est désirée ;

eux encore qui rendent impossible la véritable identification des amis. La plupart des anecdotes courantes, sur le retour d'outre-tombe d'amis, sont dues à ces esprits qui introduisent aussi la note comique ou stupide dans les communications. Ils ne sont pas, en vérité, moralement conscients, ils prieront volontiers si on le leur demande, et vont de la gaminerie au mauvais tour. Ils n'ont pas d'aspiration au delà du présent, nul désir de nuire, ils ne veulent que s'amuser.

Ce sont ces esprits qui suggèrent des désirs et des pensées contraires à ce qui est et doit être. Ils voient, avec impatience, les nobles projets et insinuent la contre-partie matérielle. Ils s'occupent beaucoup des manifestations physiques, ils y sont, habituellement, fort habiles et se complaisent à présenter de stupéfiants phénomènes dans le but de troubler les intelligences. L'obsession, la possession et les formes variées d'importunité spirituelle viennent souvent d'eux. Ils sont capables d'influencer *jusqu'à l'âme* d'un esprit quand ils se sont emparés de lui.

Ce sont eux encore qui trompent les gens qui demandent des informations personnelles ; ils font des réponses plausibles et déroutent les questionneurs mystifiés ; si un ami a paru une fois dans un groupe, apportant une bonne preuve, à la prochaine occasion, la place de cet ami ou de cette amie sera prise par un de ces esprits qui donnera des réponses vagues et peu satisfaisantes ou qui contera de fausses histoires.

Il est toujours sage d'éloigner autant que possible l'élément personnel dans la crainte d'ouvrir la voie au mensonge.

✠ Imperator.

SECTION XXX

(Le goût qu'ont les esprits pour les anniversaires m'a procuré une quantité d'instructions, spéciales aux fêtes de l'Église. J'offre comme spécimen celles qui me furent données à Pâques, trois années de suite. La communication, écrite en 1875 et signée d'un nom qui n'est pas celui des autres messages, part d'un point de vue différent et n'est pas conçue dans le même esprit.

Jour de Pâques 1874. J'avais reparlé d'une communication reçue l'année précédente à pareille fête, signée Prudens et Doctor.)

Si vous passez en revue vos sentiments d'alors, en les comparant à ceux que vous éprouvez aujourd'hui, vous aurez un point de repère pour apprécier vos progrès. Nous vous avons enseigné la résurrection de l'âme par opposition à celle du corps, nous vous avons expliqué la vraie théorie du relèvement de l'esprit non dans un lointain avenir, mais au moment de la dissolution du corps. Nous vous avons aussi parlé de la mission de Jésus, qui se poursuit parmi vous au moyen de ses envoyés, nous vous avons montré le vrai aspect de Celui que vous adoriez en ignorants, nous l'avons dépeint comme il était, comme il s'est lui-même décrit, un homme comme vous, le plus noble des enfants des hommes, le plus rapproché de Dieu, l'idéal le plus pur et le plus vrai de la perfection humaine. Son corps n'a pas été enlevé, mais Il n'est pas mort et Il s'est manifesté en esprit à ses amis. Il a marché avec eux comme nous pouvons un jour marcher avec vous et Il leur a enseigné une part de vérité.

Vous êtes témoin maintenant des signes et des prodiges qui préludent à une nouvelle dispensation : l'avènement du Seigneur, non comme on vous l'a vainement enseigné, en présence corporelle pour juger une humanité relevée, mais par sa nouvelle mission, qui complète l'ancienne. Nous sommes ses ministres et nous déclarons un nouvel Évangile sous la direction sacrée de Jésus.

Nous avons pu, dernièrement, mieux agir sur vous à cause de votre passivité croissante et de votre disposition d'esprit plus accessible. Priez souvent, soyez fidèle et patient. Méditez sur les messages sacrés que Dieu envoie maintenant sur la terre. Ne vous laissez pas distraire du but auquel nous travaillons. Nous n'entendons pas que vous négligiez votre tâche quotidienne, le temps n'est pas encore venu où nous pourrons vous employer davantage. Efforcez-vous d'écarter les obstacles qui s'opposent au progrès, vous devez passer par cette épreuve additionnelle ; souvenez-vous, cher ami, que vous avez besoin d'entraînement même par le feu. Essayez de vous élever du niveau terrestre aux hautes sphères où résident les esprits les plus élevés. Ceci est notre message de Pâques. Éveillez-vous et levez-vous d'entre les morts ! Écartez les grossiers soucis de votre bas monde, jetez les liens matériels qui alourdissent votre esprit, sortez de la matière morte et allez vers l'esprit vivant, montez de la terre au ciel. Ainsi que le Maître l'a dit à ses amis : « Soyez dans le monde, mais non du monde. » Ainsi seront accomplis en vous ces mots de vos annales sacrées : « Éveille-toi, toi qui dors et lève-toi d'au milieu des morts et Christ te donnera la lumière. »

— *Vous parlez comme si je perdais mon temps en choses mondaines ?*

Non, nous disons qu'il faut que votre travail terrestre se fasse au risque même de retarder l'éducation de votre esprit. Mais nous souhaitons que vous portiez toute votre attention sur le haut enseignement spirituel, abandonnant les bas plans d'évidence objective qui sont devenus inutiles. Nous voudrions que vous progressiez et ce que nous vous disons, nous le disons à tous.

(Après quelques autres questions :)

— *Oui, le développement pourrait se poursuivre jusqu'à ce qu'on devienne complètement incapable de travailler dans le monde ; qu'on soit si sensitif qu'on ne serait bon qu'à être enfermé dans une boîte de verre ; si absorbé par la vie de l'esprit qu'on serait inutile sur une terre de labeur continuel, ne serait-ce pas, en vérité, la perfection de la médiumnité ?*

Il pourrait en être ainsi avec un autre type d'esprit, placé dans des circonstances différentes et dirigé par d'autres gardiens. Nous avons fait notre choix, après réflexion ; nous avons préféré risquer des délais que de prendre un instrument d'une intelligence mal réglée, prompt à devenir la proie des esprits vagabonds. Nous avons compté sur le temps pour atténuer doutes et difficultés et établir une ferme confiance ; ce point obtenu, les précautions seront moindres ; nous ne cesserons pas d'insister auprès de nos amis sur la nécessité de nourrir de plus hautes aspirations, nous voulons leur démontrer que la fondation matérielle est posée et qu'il faut édifier la superstructure spirituelle.

— *La médiumnité est loin d'être une bénédiction sans mélange ; la foi est sans doute nécessaire ; j'en ai tout ce que je peux en avoir, et certainement de nouvelles preuves physiques ajoutées à celles que nous avions reçues ne l'augmenteraient pas d'un iota ?*

Votre foi n'est pas la Foi, c'est une acceptation logique, ce n'est pas une foi spontanée et vivante, mais un assentiment intellectuel laborieusement arraché et toujours contre-balancé par des restrictions mentales. Votre foi ne remuerait pas les montagnes, quoiqu'elle puisse suffire à prendre un chemin sûr pour les contourner ; elle serait impuissante à animer et soulever l'esprit, quoiqu'elle puisse juger des preuves et peser les probabilités ; elle assure la défense intellectuelle, mais elle n'est pas la foi qui jaillit incessamment dans l'âme intérieure et devient, par la vertu de son pouvoir, un tout-puissant entraîneur, un ressort d'action pour de grands et saints projets. Le monde peut la railler, les sages la ridiculiser, mais elle est la source de tout ce qu'il y a de meilleur dans la vie de l'homme.

Vous l'ignorez, mais le temps viendra où vous vous émerveillerez d'avoir jamais pu honorer, du nom de foi, cette prudence calculée, ou d'avoir rêvé que son appel hésitant pouvait ouvrir les portes qui vous cachent la vérité divine. Attendez et, quand l'heure sera venue, vous ne dresserez plus cette pâle statue de marbre à la place du corps vivant enflammé par la conviction et rempli d'énergie pour accomplir les desseins les plus grandioses.

— *Vous avez une manière de présenter les choses qui, quoique vraie, est légèrement déconcertante. Puisque « la Foi est le don de Dieu », je ne peux pas voir en quoi je suis blâmable ; je suis ce qu'on m'a fait ?*

Non, mon ami, *vous vous êtes fait vous-même à travers une vie qui a été formée à la fois du dedans et du dehors.* Vous êtes ce que les circonstances extérieures, les prédilections intimes et la direction des esprits vous ont fait. Vous vous méprenez. Nous ne vous réprimandons que parce que vous vous vantez d'une foi qui ne mérite pas ce nom. Soyez satisfait, vous marchez vers une vérité plus haute. Autant que possible retirez-vous de ce qui est externe, occupez-vous de l'interne et du spirituel. Ne cessez pas de prier pour obtenir la Foi, afin que ce que vous nommez à juste titre « le don de Dieu » inonde votre esprit et le pousse énergiquement vers la connaissance supérieure. Vous nous retardez par votre anxiété même.

✠ Imperator.

(Pâques 1875. Dans la matinée, j'avais eu conscience que j'étais entouré d'un grand nombre d'esprits. J'y fis quelque allusion et ce qui suit fut écrit par le secrétaire-esprit habituel, sous une influence entièrement nouvelle :)

Nous vous avons dit que nous célébrons toujours les anniversaires et Pâques est une fête, pour nous comme pour vous, mais nous connaissons mieux les raisons qui nous portent à la célébrer. Pâques symbolise la résurrection, non celle du corps ou de la matière, mais la résurrection extra-matérielle, celle de l'esprit ; plus encore, la résurrection de l'esprit libéré de l'entourage et des entraves matérielles, l'*émancipation de l'âme quittant ce qui est charnel ou terrestre*, comme l'esprit abandonne le corps qu'il quitte à jamais.

Les Chrétiens se remémorent que leur maître, le Seigneur Jésus-Christ, a été délivré de la mort ; ils croient à tort que le corps matériel a été ranimé. Cependant ils honorent, sans le savoir, la grande vérité spirituelle qu'il n'y a pas de mort. Nous nous réjouissons parce que les hommes ont partiellement reconnu une vérité divine ; nous nous réjouissons aussi du puissant travail accompli en ce jour. Ce n'est pas la mort qui a été vaincue, mais c'est que l'homme commence à avoir une vague vision de la vie éternelle.

— *Quelle est la signification de la vie du Christ et comment était son corps ?*

L'incarnation d'un esprit sublime dans le but de régénérer l'humanité ne se borne pas à un seul exemple. L'aide que l'humanité obtient, par ces sauveurs particuliers, est celle dont elle a besoin au moment où ils paraissent. Ces incarnations spéciales, sur lesquelles vous serez mieux instruit plus tard, diffèrent jusqu'à un certain point de celles des autres hommes. Les corps des hommes appartiennent à tous les degrés les uns grossiers et sensuels, les autres raffinés et éthérés. Le corps humain de Jésus était de la nature la plus éthérée, la plus parfaite. Il avait été préparé pendant trente années de retraite aux trois ans de travail actif qu'il devait accomplir.

Vous errez en supposant (*mon esprit avait été traversé par la pensée que la préparation était disproportionnée à l'ouvrage*) que le travail fait par un esprit incarné est limité à la durée de son existence terrestre. Le plus souvent, et tel est le cas de Jésus de Nazareth, l'effet posthume de la vie est la plus réelle partie de la tâche qui, commencée pendant ces trois ans, s'est toujours continuée depuis.

La majesté et la bassesse d'état furent la note de la vie du Christ. La majesté se dévoilait par moments, à sa naissance, à sa mort, au Jourdain, quand la voix de l'esprit attesta sa mission.

Les hommes reconnurent pendant sa vie qu'il ne leur ressemblait pas complètement, qu'il n'était pas limité par les liens sociaux ou domestiques, quoique l'harmonie du cercle social lui fût agréable. Ses contemporains savaient cela, et sous ce rapport votre Bible vous donne une fort imparfaite notion de l'influence qu'il exerçait autour de lui ; elle n'insiste pas assez sur l'effet moral que produisaient ses paroles et ses actes, et elle appuie trop sur les fausses interprétations provenant des classes instruites et considérées, qui alors comme toujours furent les ennemis les plus invétérés de toute vérité nouvelle. Les scribes et les juges, les pharisiens et les sadducéens furent les adversaires ignorants et acharnés du Christ, comme vos hommes instruits et vos docteurs, vos théologiens et vos soi-disant savants haïssent la mission actuelle qui jaillit de Christ et qu'ils persécuteraient volontiers.

Quand vous écrirez l'histoire de notre œuvre, vous n'irez pas puiser vos renseignements parmi ces classes d'hommes ; la faute de ceux qui vous ont laissé le seul récit, que vous possédiez, de la vie de Jésus, est qu'ils ont trop appuyé sur la persécution menée contre lui par l'ignorance lettrée, et pas assez sur la dignité morale de son existence parmi ceux qui vivaient auprès de lui. Ces écrivains n'ont pas approché de ceux qui avaient reçu directement l'enseignement de Jésus, ils ont emprunté de dixièmes mains les anecdotes qui abondaient. Il est important de noter cela.

La vie publique de Jésus comprend trois années et quelques mois ; il s'y était préparé pendant trente années ; il communiait sans cesse avec le monde de l'esprit, recevait les instructions des anges exaltés qui l'inspirèrent avec zèle et amour, leurs enseignements le pénétraient d'autant mieux que son corps n'était pas un obstacle.

La plupart des esprits incarnés sur la terre, pour y exercer un ministère, sont dans une condition corporelle qui obscurcit leur vue spirituelle et abolit le souvenir de leur existence antérieure. Il n'en fut pas ainsi pour Christ, son corps dominait si peu le sens spirituel qu'il conversait avec les anges comme s'il ne les avait pas quittés, connaissant leurs vies et se rappelant la sienne avant l'incarnation ; sa mémoire ne fut jamais oblitérée ; il passait une grande partie de son temps, hors de son corps, en consciente communion avec l'esprit. De longues trances, ainsi que vous nommez l'état intérieur, le tenaient toujours prêt à cela, vous retrouvez quelques indices de ces choses dans les passages défigurés de vos annales ; par exemple, la tentation supposée et ce qui est dit de son habitude de prier et de méditer seul sur le sommet de la montagne ou dans le jardin de l'Agonie.

Vous pouvez aussi découvrir, d'après ce que nous vous disons, des allusions à son état, avant l'incarnation, voire même à ce qu'on prétend qu'il a dit « dans la Gloire du Père avant le commencement du monde ». Ces allusions sont nombreuses.

Sa vie, peu encombrée par le corps qui n'était vraiment qu'une enveloppe éphémère, n'assumait que ce qui était nécessaire pour que l'esprit pût prendre contact avec les choses matérielles ; elle était différente en degré, quoique semblable en espèce, de la vie ordinaire de l'homme. Une telle vie si supérieurement pure, simple, noble, aimante et aimée, ne pouvait être appréciée à sa valeur par les contemporains. Ces vies sont de nécessité incomprises, mal interprétées, calomniées. Il en est de même pour tout ce qui sort des rangs, mais particulièrement pour lui.

L'ignorance et la méchanceté humaines fauchèrent prématurément cette vie divine. Les hommes se doutent peu de la signification de la vérité qu'ils énoncent négligemment en disant que Christ est venu dans le monde afin de mourir pour lui. Il vint à la fois mourir pour l'homme et le sauver, de même, quoique dans un sens encore plus élevé, que tous les régénérateurs des hommes, qui ont accepté une existence terrestre par dévoûment à une impérieuse idée maîtresse. La vie terrestre les soumet à la mort corporelle. Dans ce sens, Jésus vint pour sauver les hommes et mourir pour eux, non autrement. Le drame du Calvaire est l'œuvre de l'homme et non celle de Dieu, qui n'avait pas conçu de toute éternité le dessein de faire mourir Jésus quand sa tâche était à peine commencée. Cette mort fut l'acte de l'homme immonde et maudit. Ceci est une vérité capitale.

Les hommes auraient recueilli d'incalculables bénédictions si la pleine vie de Jésus avait eu son cours sur la terre; ils n'étaient pas dignes et ils repoussèrent, les ayant à peine goûtés, les biens qu'il leur offrait. Ainsi pour toutes les grandes vies, les hommes, non préparés, n'en prennent que ce qu'ils peuvent comprendre, et laissent le reste aux âges à venir, ou ils s'écartent avec impatience, refusant de rien écouter, et, dans les siècles qui suivent, ils offrent un culte et révèrent l'esprit méconnu pendant son incarnation prématurée. Ceci aussi est une vérité capitale.

Nous répétons encore que le Suprême ne veut pas imposer à l'homme une vérité pour laquelle il n'est pas mûr. Il y a par tout l'univers de Dieu une progression ordonnée, un développement systématique. Si les hommes étaient disposés à recevoir les vérités dont nous parlons, le monde serait béni par une révélation telle qu'il n'en a pas eue, depuis les derniers rayons de Vérité divine répandus sur lui par les anges. Mais il n'est pas prêt et *seul le petit nombre qui a appris la sagesse recevra maintenant le suc que les générations des siècles futurs absorberont avec joie.*

Guidée par l'angélique influence, l'Église qui porte le nom de Christ a recueilli les germes de vérité que sa vie symbolisait ; ces idées vieillies ont, hélas! perdu leur principal pouvoir.

Les trois branches de l'Église de Christ sont d'accord pour célébrer des fêtes, en mémoire de certains événements de sa vie. Ceux qui, hors de l'Église, ont refusé de conserver le jeûne et les fêtes ne sont pas sages ; ils se séparent d'une fraction de vérité. Mais l'Église chrétienne conserve, en souvenir de son chef, Noël, l'Épiphanie, le Carême, Pâques, l'Ascension et la Pentecôte, chacune d'elles représente un événement de la vie de Jésus qui a une signification spirituelle cachée.

Noël célèbre la naissance de l'Esprit, dont l'Incarnation symbolise l'amour et l'abnégation. L'esprit sublime s'enferme dans la chair, se dévoue animé par l'amour. C'est pour nous la fête de l'oubli de soi.

L'Épiphanie, manifestation de la nouvelle lumière dans le monde, est pour nous la fête de la compréhension spirituelle. Elle n'est pas apportée à chacun, cette vraie lumière, mais elle brille d'assez haut pour que tous puissent la voir et aller vers elle.

Le jeûne du Carême signifie pour nous les efforts de la Vérité pour vaincre les ténèbres et le Vendredi saint, la fête de l'amour triomphant par le sacrifice.

Nous avons dit plus haut ce qu'est Pâques. La Pentecôte, associée par le Christianisme au baptême de l'Esprit, a pour nous une grande importance ; elle symbolise la large expansion de la vérité spirituelle sur ceux qui cherchaient à imiter la vie de Jésus. Cette fête est le complément du Vendredi saint. L'ignorance humaine écrase la vérité qu'elle ne peut comprendre, mais une bénédiction descend du haut domaine de l'Esprit sur ceux qui ont embrassé ce que le monde a crucifié. C'est la commémoration de l'Esprit répandu à flots, des grâces plus abondantes, de la vérité plus imposante.

L'Ascension est la fête de la vie complétée ; du retour de l'Esprit dans sa demeure, de sa rupture finale avec la matière. Elle clôt la série dont Noël marque le début. C'est la fin, *non de la vie, mais de la vie terrestre, non le terme d'une existence, mais de l'espace du temps consacré à l'humanité par l'amour et le dévoûment.* C'est la fête de l'œuvre achevée.

S'il faut détruire, il faut aussi conserver. Nous avons voulu compléter l'enseignement que vous avez reçu en vous montrant les idées spirituelles cachées sous les fêtes anniversaires de votre Église. De même que Christ, le sauveur des hommes a délivré la vérité du joug de l'ignorance et de la superstition juives, nous la libérons aujourd'hui du poids écrasant de la théologie humaine. Comme Lui, grand guérisseur des nations, qui a fait tomber les fers des âmes progressistes et les a délivrées de la domination du mal spirituel, nous émancipons l'esprit des liens du dogme humain et faisons planer la vérité affranchie de manière à ce que les hommes la voient et reconnaissent qu'elle vient de Dieu.

Crucifiement et Résurrection. — Abnégation et Régénération. — Message de Pâques 1876

(J'avais demandé des enseignements supplémentaires sur la mort et la vie et leurs aspects symboliques.)

— *D'après ce que vous avez dit de la mort et de la résurrection de Jésus, la mort matérielle est la porte de la vie et la mort spirituelle symbolise la marche vers la régénération spirituelle?*

Reportez-vous à ce que nous avons écrit à la dernière fête de Pâques. Le symbolisme a été expliqué, savoir : la résurrection *hors de la matière* et non la résurrection de la matière. Revoyez.

(Je relus le message de 1875, qui explique symboliquement les fêtes de l'Église. Noël : abnégation, sacrifice ; Épiphanie : compréhension spirituelle ; Carême : conflit spirituel ; Vendredi saint : amour triomphant ; Pâques : la vie relevée ; Pentecôte : la diffusion de l'Esprit ; Ascension : l'œuvre achevée.)

Il en est ainsi. Le cours entier de la vie de l'Homme Modèle est l'emblème du développement progressif de la vie commencée sur terre, complétée au ciel (pour nous servir de vos expressions), née de l'abnégation et atteignant à un point culminant par son ascension spirituelle. L'homme peut lire dans la vie de Christ l'histoire du progrès de l'esprit, de l'incarnation à l'affranchissement. Le progrès de l'esprit, on peut le dire, est un cours de régénération brièvement symbolisé par le Calvaire et la Résurrection. Le vieil homme avec ses vices est crucifié, le nouveau se lève pour vivre d'une vie spirituelle et sainte.

Dans la vie de progrès point de stagnation ni de paralysie, il faut combattre énergiquement les tendances matérielles et sensuelles et développer les facultés spirituelles. L'esprit ne peut être purifié autrement. *Il faut passer par la fournaise du sacrifice de soi.* Le procédé est le même pour tous. Quelques âmes plus fortement enflammées de zèle arrivent rapidement au but glorieux pendant que les natures plus lourdes doivent passer par d'innombrables cycles d'épuration. Bénis sont ceux qui peuvent se délivrer de la matière et traverser vaillamment les brûlantes épreuves qui éliminent les scories. Pour eux, le progrès est prompt et la purification certaine.

— *Oui, la lutte est sévère et on sait à peine contre qui il faut combattre ?*

Commencez en dedans. Les anciens décrivaient justement les trois ennemis de l'esprit : lui-même, le monde extérieur qui l'entoure et les adversaires spirituels qui assiègent le sentier qui mène au sommet : le monde, la chair, le diable. Commencez par vous, la chair. Conquérez-la afin de ne pas être longtemps captif des appétits, des passions, de l'ambition.

Quand l'égoïsme sera aboli, l'esprit sortira de sa cellule pour vivre, respirer et agir dans la plénitude de la fraternité universelle. C'est le premier pas. Soi doit être crucifié.

Cela fait, l'âme aura peu de difficultés à vaincre pour mépriser les choses visibles et aspirer aux vérités éternelles.

Mais, à mesure que les perceptions spirituelles s'avivent, les ennemis prennent aussi une place proéminente ; adversaires jurés du progrès et de l'intelligence spirituels, ils attaqueront le disciple de la vérité et seront pour lui une cause incessante de conflit pendant sa période de probation. Graduellement ils seront vaincus par l'âme fidèle qui veut avancer et se hâte, mais la lutte ne cessera jamais complètement pendant la vie d'épreuve, car c'est par son moyen que les plus hautes facultés se développent et que le seuil des hautes sphères est atteint.

Bref, telle est la vie de l'esprit progressiste : sacrifice de soi, par lequel soi est sacrifié ; abnégation par laquelle le monde est vaincu ; conflit spirituel par lequel les adversaires sont repoussés ; ni repos, ni finalité. *C'est un combat continuel, dont le prix est un progrès perpétuel.* C'est l'incessant effort de la lumière intérieure qui veut briller dans l'air radieux du jour parfait. C'est seulement ainsi que vous pouvez gagner ce que vous appelez le ciel.

— *Sic itur ad astra. C'est l'idée centrale du Christianisme, du Bouddhisme et des Occultistes. La grande difficulté est de pratiquer dans le monde un système aussi abstrait.*

Là est l'effort comme Jésus l'a dit : « Être dans le monde, mais non du monde. » Le haut idéal est à peu près impossible pour ceux qui sont courbés sous le poids du labeur journalier. C'est pour cela que nous avons essayé, autant que possible, de vous éloigner du côté objectif des relations spirituelles. Il faut vous exercer à vous élever au-dessus du matériel et à le laisser derrière vous. Le commerce spirituel ne peut exister que pour ceux qui peuvent s'isoler des anxiétés de la vie quotidienne.

— *Depuis longtemps je crois que l'exercice de la médiumnité est incompatible avec une occupation journalière dans le monde ; le développement si ra-*

pide de la sensibilité suffit pour rendre le médium incapable de supporter les rudes contacts du monde ; tout au moins cette acuité sensitive attire autour de lui des influences qui l'empêchent de travailler?

C'est en grande partie vrai. En conséquence, nous vous avons retiré la faculté la plus matérielle de la médiumnité, ce qui développera la spirituelle et n'offre pas le même danger. Vous pouvez vous en remettre à nous pour faire ce qui est sage. Les risques deviennent sérieux quand les guides ne sont pas aptes à remplir leur tâche. Soyez satisfait, votre route est claire. Rappelez-vous seulement que maintenant est l'heure et le pouvoir des ténèbres. Soyez patient.

✠ Imperator.

(Pâques, 1877. — Le message de 1877 fut le résumé de tout ce qui avait été dit sur la vie de l'esprit symbolisée par la vie terrestre de Jésus-Christ.)

SECTION XXXI

28 avril 1876. Ce chapitre est consacré à un cas dans lequel la personnalité de l'esprit communicateur a été établie de la façon la plus évidente. Parmi un grand nombre d'exemples, celui-ci m'a paru remarquable, et, en faisant la plus large part à la volonté et à la possibilité de tromper, je ne trouve pas qu'on puisse expliquer, par n'importe quelle théorie de fraude ou de simulation, une série de preuves cohérentes et complètes. Le message a trait à la mort, dans des circonstances pénibles, d'un ami, que j'avais intimement connu toute sa vie.

A une séance chez M. Hudson, son image avait paru sur la plaque photographique et depuis j'avais constaté la présence continuelle de cet esprit autour de moi. J'étais en trance au moment où la photographie fut prise et on me donna le nom de l'esprit. Un autre esprit décrivait en même temps la position dans laquelle la figure s'était placée. Le développement de la plaque prouva l'exactitude de la description et je n'eus aucune hésitation à reconnaître une mauvaise image de mon ami, auquel j'avais particulièrement pensé avant de venir chez Hudson. Il y avait un autre point de repère encore plus frappant, je ne puis le publier. Il doit suffire que j'affirme que l'identité de mon ami dans sa forme extérieure et avec ses particularités mentales est distinctement établie dans mon esprit.

Le premier message que je reçus à propos de cette photographie s'occupait de la méthode suivie pour la produire. On dit qu'un esprit, qui était alors très actif autour de moi, avait dirigé les invisibles opérateurs d'Hudson. La draperie genre linceul qui caractérise toutes les photographies d'Hudson fut décrite comme un expédient pour épargner le temps et le pouvoir ; la tête était complètement formée, le reste ébauché. Un certain nombre d'opérateurs esprits faisait le simple ouvrage mécanique de la matérialisation partielle comme on leur avait appris à le faire.

De là une ressemblance de famille dans toutes les images produites chez le même photographe.

La manifestation complète fut déclarée contraire au désir d'Imperator, « qui ne désirait pas me voir de nouveau lancé dans les manifestations physiques », il ajouta : « Quand nous vîmes que nous ne pouvions pas empêcher, nous avons aidé. »

L'esprit avait été auprès de moi, il y avait ce jour-là des raisons particulières pour qu'il fût attiré ; il était ainsi plus facile de produire son image que celle d'un autre esprit. Cette considération me fit aller chez Hudson avec deux amis dans l'espoir d'obtenir quelque preuve pour eux, non pour moi.

Ceci établi, l'esprit fut pris en main par M... (qui dirigeait les esprits groupés chez Hudson) pour mouler une représentation de sa figure et dessiner la draperie. Le simulacre fut fait avec de la substance spirituelle, posé et photographié ; après cela Imperator dit :)

Nous vous parlerons de votre ami. Mais d'abord nous sommes opposés à ce que vous reveniez aux manifestations physiques. Nous ne désirons pas que le pouvoir médiumnique retourne à cette phase. Ce qui fait que nous vous avons placé dans des conditions où ce retour ne pouvait être encouragé. Nous avons déjà expliqué que vous ne devez pas rester au plan matériel et nous avions cessé nos rencontres. Nous ne souhaitions pas davantage que votre ami pût s'attacher à vous, son état spirituel est bas et il eût été préférable que vous ne l'attiriez pas ; maintenant que vous l'avez fait, il faut l'aider à progresser. M... a dit avec raison que vous étiez entré dans sa sphère par association et conversation avec — d'où vos pensées ont été fortement dirigées vers lui. C'est la loi d'attraction d'esprit à esprit, vous le savez.

— *Oui, mais elle n'agit pas toujours ou plutôt ses résultats nous sont rarement manifestés. Est-il malheureux ?*

Comment pourrait-il être heureux ? Il a levé une main sacrilège sur l'enveloppe dans laquelle le Dieu sage avait placé son esprit pour qu'il progresse et se développe. Il a négligé les occasions de bien faire et détruit, autant qu'il le pouvait, le temple où résidait la divine étincelle qui lui avait été départie. Il a envoyé son esprit seul, sans ami, dans un monde étranger où sa place n'était pas encore préparée. Il a impieusement manqué de respect au Père. Comment pourrait-il être heureux ? Impie, désobéissant, obstiné dans sa mort, négligent, paresseux, égoïste dans sa vie, encore plus égoïste par sa mort prématurée qui a douloureusement affligé ses amis terrestres. Comment pourrait-il être en repos ? Sa vie perdue crie vengeance. L'égoïsme qu'il cultivait en lui continue à le dominer et lui cause un extrême malaise.

Égoïste dans sa vie, égoïste dans sa mort charnelle ; misérable aveugle et non développé, il n'y a pas de repos pour lui ou ses pareils, jusqu'à ce que le repentir le pénètre et le conduise à la régénération. Il est hors la loi.

— *Y a-t-il espérance de progrès ?*

Oui, il y a espoir. Il commence à avoir conscience du péché. Il voit vaguement au travers de l'obscurité spirituelle combien sa vie a été mauvaise et stupide. Il a une sensation de désolation et désire la lumière ; c'est pour cela qu'il reste auprès de vous. Vous devez l'aider même à votre détriment.

— *Volontiers, comment ?*

Par la prière d'abord. En fortifiant les perceptions qui s'éveillent en lui ; en permettant au malheureux esprit de respirer l'atmosphère bienfaisante du travail, il en ignore la vertu réconfortante et pure. Vous devez l'instruire, quoique sa présence soit désagréable pour vous. Vous l'avez appelé et il est venu. Vous devez maintenant le supporter. Vous ne pouvez pas défaire ce que vous avez fait, malgré nous. Votre consolation sera d'être engagé dans un travail qui est béni.

— *Il n'est pas juste de dire que je l'ai appelé, mais je ferai tout ce qui dépendra de moi. Il était fou.*

Il était et il est responsable, il commence à s'en apercevoir. Il s'est maudit lui-même, car il a préparé son péché final en menant une vie de paresseuse inutilité. Il s'est complu dans l'examen morbide de soi, il s'est couvé, non dans le but de progresser, d'effacer des fautes ou d'acquérir des vertus, mais par l'égoïsme le plus exclusif. Il était enveloppé d'un nuage anormal d'égoïsme; cela l'a rendu malade; à la fin il est devenu la proie des esprits tentateurs qui, attachés à lui, l'ont mené à sa ruine; il était fou comme vous le dites, mais le suicide insensé a été le résultat de ses propres actes et maintenant il exerce la même influence sur ceux qu'il a blessés par sa mort. Fléau pour lui-même, il devient le fléau de ceux qu'il aime.

— *Horrible! C'est la plus amère rétribution. Je comprends qu'une vie de paresse et d'égoïsme produise une maladie spirituelle. L'égoïsme me paraît être la racine de tout péché?*

C'est la calamité de l'esprit et plus d'âmes que vous ne le croyez en sont victimes. C'est la paralysie de l'âme et l'égoïsme passif est ce qu'il y a de plus fatal. L'égoïsme actif est moins pernicieux, son activité fait contrepoids et peut même devenir le motif d'actions qui ont du bon. Il y a un égoïsme qui pousse l'esprit à bien faire pour avoir une bonne réputation, il y en a un autre qui veut être bon pour n'être ni molesté ni inquiété et qui cède à n'importe quelle influence pour échapper aux émotions ou à l'anxiété. Ce sont des fautes qui retardent le progrès de l'esprit, mais elles ne sont pas le pernicieux poison qui dévore sa vie et le mène au désespoir et à la mort. Votre ami était possédé par le plus méprisable des égoïsmes, il était paresseux, inutile et satisfait ; non, il ne l'était même pas, car son existence était gâtée par cet examen morbide de lui-même et il l'a détruite jusqu'au dernier filament. Cet égoïsme était aussi cruel pour ses amis que pour lui. Il y a des degrés de péché, le sien était des pires. Écoutez pendant que cette histoire est racontée pour votre instruction. Soyez tranquille pourtant, nous éloignerons de vous cette énervante influence.

(J'étais fort troublé ; je tombai dans une trance profonde ressemblant au sommeil ; j'eus une vision calmante et je me réveillai dispos.)

Il n'est pas nécessaire d'entrer dans le détail de cette vie perdue, son esprit fut consumé par le cruel égoïsme et sa fin fut la destruction de sa conscience. Votre ami était fou, d'après votre façon de comprendre la folie. Nul ne se frappe de mort lui-même, si son esprit dérangé n'a pas perdu la faculté de juger. Votre ami avait livré son esprit aux ennemis et travaillait à sa propre ruine, son cas n'est pas celui où des conditions héréditaires de maladie privent l'esprit de la capacité de se bien gouverner, mais il est la conséquence de sa vie d'égoïsme paresseux.

La loi de l'existence humaine est : *Travail pour Dieu, le prochain et soi, non pour l'un ou pour l'autre, mais pour tous.* Transgressez la Loi et le châtiment suit. La vie stagnante corrompt et contamine les autres ; elle est vicieuse et bruyante, nuisible à la communauté en ce qu'elle lui dérobe ce qui lui est dû et crée un point infectieux qui devient bientôt un centre fertile en méfaits. La source du mal est toujours la même, quels que soient les détours et les formes qu'il prenne.

Quand votre ami a cédé à l'accès de tentation qui l'a conduit au crime de couper le fil qui l'attachait à la terre, son esprit s'est trouvé en détresse dans les ténèbres, il a été longtemps incapable de se séparer de son corps, il errait autour, même après que la tombe fût fermée ; il ne trouvait ni repos, ni accueil dans le monde, où il avait voulu venir sans y être appelé. Inconscient, inerte, faible, blessé, et désolé, l'obscurité l'enveloppait, puis il entrevit vaguement les formes d'esprits congénères qui s'étaient aussi détruits et flottaient dans un isolement inquiet. Ils s'approchèrent et leur présence ajoutait à l'angoisse de l'esprit à demi conscient.

Le premier frisson de la conscience et son agitation attirèrent les esprits secourables prêts à pallier la détresse et à éveiller le remords ; au risque de paraître cruels, ils essayèrent de l'amener à comprendre son état et la gravité de son péché ; longtemps leurs efforts furent vains, mais ils parvinrent lentement à réveiller quelque regret du péché et l'esprit commença à tâtonner pour chercher le moyen d'échapper à un état qui lui devenait odieux. De fréquentes rechutes le retardèrent ; les tentateurs le circonvenaient, n'épargnant rien pour qu'il subît sans rémission sa pénalité, ils obéissent à leurs instincts dégradés et sont ainsi les exécuteurs de la sentence portée par le crime même.

L'espoir pour l'esprit est qu'il puisse être assez retrempé pour être capable de se livrer à quelque travail bienfaisant qui lui permet de contribuer à son propre salut ; pour y arriver, il doit passer par le remords et un labeur antipathique ; il n'y a pas d'autre moyen de purification. L'égoïsme doit être atténué par le sacrifice de soi ; la paresse vaincue par un travail acharné ; l'esprit purifié par la souffrance. Son passé lui a presque fermé la voie du progrès, elle ne peut donc lui être rouverte qu'au prix d'efforts réitérés, et sa persévérance sera éprouvée par des reculs et de fréquentes chutes.

Le secours des ministres de Dieu ne sera pas retiré. Leur glorieuse mission consiste à aider ceux qui aspirent au progrès et à soutenir l'âme qui faiblit, mais s'ils peuvent la réconforter, ils ne peuvent lui épargner aucune angoisse ni pallier d'un iota la pénalité encourue par la transgression. *Personne ne peut expier pour le coupable, ni les mérites d'un sauveur, ni le dévouement d'un ami.* Le fardeau doit être porté par l'âme qui a péché.

Il se peut que l'étincelle à demi éteinte soit de nouveau rallumée et activée jusqu'à devenir une flamme assez forte pour éclairer l'esprit dans son ascension ; il se peut que l'esprit erre dans la désolation, sourd aux voix bienfaisantes, gémissant dans son inquiétude solitaire, sans force pour lutter, jusqu'à ce qu'à force de passer par les cycles de souffrances, il rachète sa faute après y avoir employé un temps qui vous paraît une éternité ! il se peut aussi que l'âme s'éveille et s'agite avant que sa condition soit fixée et que, par un effort d'énergie désespérée, elle s'élance vers la lumière ; appelant la souffrance purificatrice et que, assez forte pour rejeter les habitudes de sa vie, elle renaisse à la vraie vie.

Cela se peut, mais le cas est rare. Les caractères ne se modifient pas si facilement. Trop souvent celui qui est mort impur et égoïste reste le même et le présent continue le passé. Priez pour avoir la force d'aider celui qui commence à avoir une faible perception du progrès. Priez pour que son obscurité soit éclairée, son agitation calmée par les secours angéliques; de telles prières sont les plus puissants remèdes contre sa maladie.

(Après avoir relu ce qui venait d'être écrit, je dis :)

— *La peinture est faite pour frapper l'homme de découragement, quel que soit son désir de progresser. L'idéal est trop haut pour la terre ?*

Non, nous n'avons pas peint le tableau dans tous ses détails, il n'est ni surchargé, ni coloré outre mesure. Nous ne trouvons pas d'expressions capables d'exprimer l'horreur de la désolation, la plénitude d'angoisse, ressenties par une âme qui s'éveille après une vie telle que celle dont nous parlons. Nous ne sommes responsables d'aucun idéal; nous n'en établissons aucun. Nous n'avons fait que vous indiquer *une fois de plus le mécanisme d'une loi* dont vous pouvez voir l'action autour de vous. Ce n'est pas nous qui l'avons établie, mais l'Éternel et Tout Sage.

L'égoïsme et le péché comportent la détresse et le remords jusqu'à ce qu'ils soient éliminés. Nous voulons montrer aux hommes ce qu'ils sont enclins à oublier, c'est que, s'il n'y a pas de jugement formel devant l'univers assemblé, *chaque acte, chaque habitude, chaque pensée porte en soi sa récompense et son châtiment et constitue le futur caractère.* Il n'y a pas d'autre juge que l'esprit communiant avec lui-même et liant son propre sort, pas d'autre livre que la conscience, pas d'autre enfer que la flamme du remords qui dévore l'âme et la renouvelle.

Et cela ne s'accomplit pas à longue échéance, mais à l'instant de la mort, ce n'est pas un vague peut-être. C'est un fait certain, immédiat et inévitable.

Nous vous enseignons ceci, car il a été dit que notre Évangile supprime la terreur religieuse, qui est le frein de la plupart des hommes et que nous annonçons une foi qui révèle le salut de *tous*, quelles que soient leurs actions ou la croyance qu'ils professent. Nous n'enseignons pas cette doctrine insensée ; vous le savez, mais vous avez besoin qu'on vous répète sans cesse cette vérité que *l'homme prépare son propre avenir, façonne son caractère propre, souffre par ses propres fautes et doit travailler à son propre salut.*

Nous avons appuyé sur ce sujet parce que l'histoire de cette vie perdue nous y a incité. Nous vous avons assez parlé de l'abondante miséricorde du Suprême et du tendre et soigneux intérêt incessamment exercé par ceux qui sont ses intermédiaires auprès de vous, pour qu'il soit utile de vous montrer parfois la solitude et la désolation réservées à ceux qui succombent aux tentations, parce qu'ils ne savent pas résister aux ennemis.

Avez-vous besoin qu'on vous dise que le vrai bonheur ne peut être obtenu qu'en se donnant pour but l'idéal le plus élevé, que le paresseux et l'inutile ne le savent pas, que l'homme vicieux ou malfaisant qui pèche *par choix et par préférence* n'y a aucune part ; que la paix sur la terre règne seulement dans l'âme qui s'élève vers le ciel et se réjouit à la vue des dangers et des difficultés qu'elle a surmontés. Avez-vous besoin qu'on vous répète encore que les anges veillent sur ces âmes vaillantes et que les ministres de Dieu tiennent à honneur de les soutenir ; aucun mal définitif ne peut s'attacher à elles. La victoire leur est assurée, elle vient après la lutte ardente, comme la paix succède à la tribulation et le développement aux efforts persévérants.

— *C'est évident ! mais puisque le travail et la poursuite de la connaissance de Dieu et de l'avenir de l'homme doivent précéder la paix et le repos, il n'est peut-être pas laissé assez de place à la méditation ?*

Non, la vie est triple : méditation et prière, culte et adoration, conflit avec le triple ennemi. *La méditation est nécessaire pour apprendre sans cesse ;* la prière est sa fidèle associée, par elle l'âme prisonnière communie avec le Père des esprits et avec nous ses ministres. Le culte et l'adoration, sous n'importe laquelle des formes qui attirent l'âme, soit dans le silence de la solitude, sous les cieux, en intimité avec la nature, manifestation extérieure de la Divinité; soit en prenant part dans quelque temple imposant à un service solennel de chants adressés au Seigneur, soit enfin dans la muette aspiration du cœur vers le bien. Ce sont les secours nécessaires dans le combat continuel que l'homme doit livrer ; nous ne les déprécions pas, nous insistons plutôt en leur faveur. Il serait excellent que vous puissiez consacrer plus de temps à des pensées paisibles. Votre vie manque de tranquillité.

— *Quant à la responsabilité de l'esprit pour son*

SECTION XXXI

acte irréfléchi, vous admettez sûrement quelques cas où l'esprit n'est pas responsable ?

Assurément. L'instrument humain peut être ébranlé, faussé, il peut alors mal transmettre la volonté de l'esprit qu'il renferme. Dans beaucoup de cas, la folie est le résultat d'une maladie corporelle. L'esprit ne peut être blâmé. Un accident peut détruire l'équilibre ; défaut congénital ou excès de douleur et de détresse ; pour de telles causes l'esprit n'est blâmé par personne, encore moins par le Saint et Juste Unique, qui ne s'occupe pas du corps, mais de l'esprit. Il juge d'après l'intention et le motif spirituels. Nous réprouvons le cas, sujet de nos entretiens, parce qu'il a été la fin d'une vie de péché. Votre ami était et est responsable ; il commence à le savoir.

Puisse le Tout Sage nourrir et augmenter la connaissance.

✠ Imperator.

SECTION XXXII

(J'ajoute le message suivant donné plus tard. C'est un beau spécimen de l'enseignement supérieur. Il a été écrit avec une très grande rapidité et publié tel quel. Pendant que je le recevais, j'avais conscience qu'une très puissante et noble influence pénétrait tout mon être.)

VÉRITÉ

La bénédiction du Bienheureux soit sur vous. Nous avons aujourd'hui une occasion, peut-être unique, pour répondre à quelques-unes de vos questions et vous apprendre quelque vérité nécessaire. D'après les lettres que vous recevez, vous voyez que les temps de trouble et de détresse que nous avons annoncés sont aussi attendus par d'autres. Préparez-vous à la douleur, elle viendra assurément ; les afflictions sont indispensables. Jésus le savait et l'enseignait, il le faut pour l'éducation de l'âme comme il faut de la discipline physique pour garder le corps robuste. Sans l'épreuve, point de profonde connaissance; sans elle, personne ne peut escalader les glorieux sommets. La clé de la science appartient à l'esprit et nul ne peut la lui arracher, si ce n'est l'âme ardente, disciplinée par la douleur. Ne l'oubliez pas.

Le bien-être et le luxe sont les chemins agréables dans lesquels l'âme s'attarde et laisse passer en rêvant le jour d'été. Abnégation de soi, discipline intime, sont les sentiers épineux qui montent aux cimes et atteignent au savoir et à la puissance. Étudiez la vie de Jésus et soyez sages.

De plus, nous traversons une phase de difficile et amer conflit entre nous et nos ennemis; vous sentez le contre-coup de cette lutte. Elle est inhérente à chaque développement de la vérité divine. C'est, on peut le dire, l'obscurité qui précède l'aube.

A mesure qu'une révélation de Dieu vieillit, elle est ensevelie sous les erreurs de l'homme, elle s'éteint graduellement, car ce qui en reste est tellement défiguré, que l'homme lui-même, en voulant l'examiner, n'y trouve plus rien et se demande avec le vieux Pilate « où est la vérité »? Alors naît une révélation nouvelle, supérieure à la précédente. Les angoisses de cet enfantement ébranlent la terre et les pouvoirs du monde spirituel combattent autour de son berceau. Le tumulte et le bruit de la contention sont grands!

Quand les nuages commencent à se dissiper, les veilleurs, dont les yeux sont spirituellement ouverts pour discerner les signes des temps, eux qui sont sur les tours, aperçoivent les premières lueurs et sont prêts à souhaiter joyeuse bienvenue à l'aurore. « La joie vient avec le matin! » « Chagrins et soupirs s'enfuient. » Les terreurs de la nuit, « les puissances des ténèbres » ont passé! mais non pour tous. Il y a les hommes pour lesquels la lumière n'est visible que quand le soleil est au méridien. Ils dorment, sans souci de la clarté qui brille sur le monde.

N'espérez pas que ce qui est offert à tous soit accepté par tous. *Un tel rêve d'égalité ne se réalisera jamais sur votre globe*, il n'est pas plus désirable qu'il n'est possible. Quelques hommes seulement reçoivent le pouvoir, qui leur permet de pénétrer sans danger dans les mystères que les autres hommes doivent éviter. Aux initiés, le soin de guider leurs contemporains et le devoir solennel de lutter sans cesse contre eux-mêmes, d'être des exemples de zèle et de préparation continuelle. Ne soyez pas découragé, il y a différents degrés de vérité, et les médiums imparfaits n'apportent souvent qu'une lumière vacillante ou trouble. La vérité dans sa splendeur ne peut être exposée publiquement ; présentée à la foule, ternie par le souffle de la terre, elle perd de sa pureté et se dessèche, l'homme apprend, s'il est sage, que la rosée d'Hermon se distille dans le silence et la solitude de l'âme ; que la vérité sainte et pure va directement d'esprit à esprit et ne peut être proclamée au monde du faîte de la maison.

Il y a de rudes blocs de vérité mis à la portée de chacun, ce sont les pierres des fondations, chaque ouvrier peut s'en servir. Mais les pierres précieuses et immaculées sont conservées dans la châsse, pour être contemplées en silence, dans la solitude. Ainsi, quand Jean le Voyant parlait des murs de joyaux et des portes de perles de la Cité céleste, il désignait les vérités extérieures que tous peuvent voir, mais dans l'intérieur du temple il ne plaçait que la Présence et la Gloire du Seigneur.

Ce qui est pour vous la vérité divine n'est qu'un atome infime, *du cercle entier intact*, qui vous est jeté en réponse à votre appel, Vous en aviez besoin, il est venu. Ce qui est pour vous la perfection et Dieu serait incompréhensible pour un autre, ne le consolerait pas et ne serait à ses yeux revêtu d'aucune beauté. *C'est à vous, et à vous seul, une réponse du Grand Esprit à l'aspiration passionnée de votre âme.*

Cette vérité sera toujours ésotérique, elle ne peut être donnée qu'à celui qui est préparé ; son parfum trop subtil est uniquement réservé à l'*essence même de l'esprit*. Rappelez-vous ceci et rappelez-vous aussi que c'est faire violence à la vérité que de l'imposer à des esprits non préparés, c'est leur faire grand mal et pour longtemps.

Souvenez-vous que la poursuite de la vérité, pour elle-même, est à la fois le but le plus attachant, le plus désirable et le plus élevé à poursuivre, au plan de vie où vous vous trouvez. Rien sur la terre ne surpasse cette noble occupation.

Nous ne considérons pas comme y faisant obstacle les vulgaires projets qui remplissent la vie humaine les luttes et les ambitions qui passionnent les hommes, nées de la vanité, nourries par la jalousie, elles finissent ne laissant qu'amertume et déception et sont aussi faciles à reconnaître que les pommes de Sodome. Mais une tentation plus subtile se glisse dans les âmes affinées, celle de proclamer avec enthousiasme quelque vérité qui s'est emparée de leur vie ; elles sont possédées du désir de la faire connaître, elles veulent le bien de leur prochain et elles parlent.

Si leur noble parole est d'accord avec les besoins de l'humanité, elle fait écho, d'autres âmes dans les mêmes dispositions d'esprit la reçoivent et elle se développe jusqu'à ce que les hommes soulevés par elle en bénéficient. Mais le contraire peut arriver et il aurait mieux valu ne pas crier dans le désert et consacrer toutes les énergies à rechercher la vérité, à apprendre davantage avant de s'adresser à la foule.

Il est bon d'enseigner, encore meilleur de s'instruire. Il n'est, certes, pas impossible de faire les deux choses simultanément. Mais souvenez-vous que l'étude doit précéder la divulgation, et qu'il faut être sûr que la vérité que l'on veut démontrer est celle que réclame l'humanité. Le disciple de la Vérité, qui plonge profondément dans les mystères qui voilent son éclat, ne violera pas étourdiment la retraite dans laquelle elle s'enferme, il dira ses beautés et proclamera à ceux qui ont des oreilles pour entendre les paroles d'apaisement, que son *sens intérieur* a découvertes dans le sanctuaire de la Vérité, mais, adorateur respectueux, il conservera toujours en lui une réserve sacrée, un saint silence, une révélation ésotérique trop pure, trop intime, trop chère pour être exprimée.

(En réponse à une question peu importante, on écrivit :)

Non, vous serez informé à temps. Nous ne pouvons vous épargner l'exercice qui fait partie de la discipline à laquelle vous êtes soumis. Soyez satisfait de marcher dans le chemin, il mène directement à la vérité et vous devez le suivre avec soin et difficulté. Il est utile pour vous de recueillir la sagesse du passé et d'apprendre de ceux qui sont partis avant vous. Nous avons dès longtemps prévu que ceux qui poursuivraient avec assiduité l'étude des relations entre notre monde et le vôtre recevraient de rudes chocs, par suite des folies et des faussetés qui se pressent autour de ce sujet, présenté sous son aspect le plus exotérique. Nous avons attendu avec confiance le moment où ces démonstrations inférieures prendraient une place prépondérante, nous nous y sommes préparés. Il faut savoir que *cette science a et doit toujours avoir deux aspects. Ayant examiné l'un, vous devez pénétrer l'autre.*

A cette fin apprenez qui et quoi sont ceux qui communiquent avec les hommes ; autrement vous ne pourriez pas déchiffrer l'énigme qui vous cause tant d'angoisse. Vous devez savoir comment et sous quelles conditions on peut obtenir la vérité et comment on peut éviter l'erreur, le mensonge, la frivolité et la folie. L'homme doit connaître tout cela s'il veut, sans péril, être en relation avec notre monde. Et quand il a appris ou pendant qu'il apprend, il doit arriver à voir que de lui dépend le succès.

— *Qu'il se brise lui-même, qu'il purifie son* ESPRIT LE PLUS INTÉRIEUR, *qu'il en chasse l'impureté comme une peste, qu'il élève ses vues à la plus grande hauteur possible. Qu'il aime la Vérité comme sa divinité, devant laquelle tout doit s'incliner, qu'il la suive sans s'inquiéter où sa recherche peut le mener ; et autour de lui les messagers du Très-Haut feront cercle et dans son* AME INTÉRIEURE *il verra la Lumière.*

✠ IMPERATOR.

En 1874, les messages ne furent plus continués régulièrement. Les séries étaient complétées et le but atteint. Le pouvoir revenait parfois sans jamais atteindre la vigueur soutenue qui se manifeste dans les instructions qui composent ce volume. Il a été cependant beaucoup écrit avec des interruptions de plus en plus fréquentes jusqu'en 1879, époque à laquelle cette forme de communication a été pratiquement abandonnée pour faire place à un mode plus simple et plus facile.

Je pourrais choisir dans mes nombreux cahiers d'autres enseignements remarquables ; mais, pour le présent, cette série me paraît devoir suffire, présentée comme spécimen de l'expérience d'un seul.

Les opinions émises peuvent être repoussées ou acceptées par le lecteur, mais j'ose dire qu'il se méprendra sur la véritable signification de ce volume, s'il n'y reconnaît pas l'effort soutenu et justifié d'une intelligence extra-humaine, pour influencer un homme qui ne se targue que d'avoir honnêtement et très laborieusement essayé d'arriver à la vérité.

FIN

INDEX

	Pages
Préface.	1
Biographie	3
Note du Traducteur	17
Introduction	19
Section première. — Révélation, Ancienne et nouvelle	29
Section II. — Le conflit spirituel	37
Section III. — Les messagers et le message	46
Section IV. — Lecture dans un livre	57
Appendice a la Section IV. — Preuve d'une influence extérieure.	61
Section V. — Diversité des dons spirituels.	67
Section VI. — Fêtes nationales.	75
Section VII. — Quel est le but des Esprits	85
Section VIII. — La croyance spirituelle.	92
Section IX. — La croix et la croyance spirituelle.	98
Section X. — Le grand maître	116
Section XI. — Qu'est-ce que la religion?	124
Section XII. — L'idée de Dieu	135
Section XIII. — La prière	144
Section XIV. — Difficulté de croire.	155
Section XV. — L'enseignement religieux du spiritualisme	166
Section XVI. — Aucune religion n'a le monopole de la vérité.	177
Section XVII. — Objections et réponses	183

Section XVIII. — La religion du corps et de l'âme	192
Section XIX. — Dieu et l'homme	204
Section XX. — Ecriture directe	212
Section XXI. — Argumentation et blâme	219
Section XXII. — La terre au point de vue de l'esprit	223
Section XXIII. — Les histoires bibliques primitives	230
Section XXIV. — L'obscurité avant la lumière	235
Section XXV. — Inspiration	240
Section XXVI. — La preuve de l'identité	245
Section XXVII. — L'Inde, berceau des religions	249
Section XXVIII. — Théologie égyptienne	254
Section XXIX. — Tentation par les esprits non développés	267
Section XXX. — Développement spirituel	280
Section XXXI. — Vie et mort. Progrès et rétrogression	296
Section XXXII. — Vérité	308

30-1-9. — Tours, imp. E. Arrault et C

A LA MÊME LIBRAIRIE

ALLAN KARDEC. — *Le Livre des Esprits*	3 50
— *Le Livre des Médiums*	3 50
— *L'Évangile selon le spiritisme*	3 50
— *Le Ciel et l'Enfer*	3 50
— *La Genèse*	3 50
— *Œuvres posthumes*	3 50
AKSAKOF. — *Animisme et Spiritisme*	10 »
— *Un cas de dématérialisation partielle du corps d'un médium*	4 »
WALLACE. — *Les Miracles et le Moderne Spiritualisme*	5 »
W. CROOKES. — *Recherches sur les phénomènes du spiritualisme*	3 50
VAN DER NAILLEN. — *Dans les Temples de l'Himalaya*	3 50
— *Dans le Sanctuaire*	3 50
EUGÈNE NUS. — *Les Grands Mystères*	3 50
COLONEL DE ROCHAS. — *Extériorisation de la sensibilité*	7 »
— *Extériorisation de la motricité*	8 »
— *Les Effluves odiques de Reichenbach*	6 »
— *Recueil de documents relatifs à la lévitation du corps humain*	2 50
LÉON DENIS. — *Après la mort*	2 50
— *Pourquoi la vie?*	» 15
— *Christianisme et Spiritisme*	2 50
Dr E. GYEL. — *Essai de revue générale et d'interprétation synthétique du spiritisme*	2 50
GUILLAUME DE FONTENAY. — *A propos d'Eusapia Paladino, les séances de Montfort-l'Amaury en juillet 1897; compte rendu, photographies, témoignages et commentaires*	6 »
METZGER. — *Essai de spiritisme scientifique*	2 50
L. GARDY. — *Cherchons*	2 »
E. D'ESPÉRANCE. — *Au pays de l'Ombre*, traduit de l'anglais, par A. B., avec 28 planches hors texte.	4 »
RUFFINA NOEGGERATH. — *La survie, sa réalité, sa manifestation, sa philosophie. Echos de l'au-delà*, préface de C. FLAMMARION	3 50
ED. GRIMARD. — *Une Echappée sur l'Infini; Vivre — Mourir — Revivre.* — 420 pages	3 50
Revue spirite, journal d'Études psychologiques, fondé par ALLAN KARDEC en 1858, continué par P. G. LEYMARIE; mensuel, 64 pages grand in-8; par an.	10 »

30-1-9. — Tours, imprimerie E. ARRAULT et Cie.

www.ingramcontent.com/pod-product-compliance
Lightning Source LLC
Chambersburg PA
CBHW060408170426
43199CB00013B/2048